现代会展培训指定教材

中国第一展 ——广交会文库

总顾问 王志平　主编 王彦华　本册主编 陈秋茹

图书在版编目(CIP)数据

中国第一展：广交会文库/王彦华主编. ——北京：
中国商务出版社,2015.5
现代会展培训指定教材
ISBN 978-7-5103-1283-0

Ⅰ.①中⋯　Ⅱ.①王⋯　Ⅲ.①中国出口商品交易会-
介绍　Ⅳ.①F752.3

中国版本图书馆 CIP 数据核字(2015)第 096791 号

现代会展培训指定教材
中国第一展——广交会文库
ZHONGGUO DIYIZHAN——GUANGJIAOHUI WENKU

总 顾 问　王志平
主　　编　王彦华
本册主编　陈秋茹

出　　版：中国商务出版社
发　　行：北京中商图出版物发行有限责任公司
社　　址：北京市东城区安定门外大街东后巷 28 号
邮　　编：100710
电　　话：010-64245686　64515140(编辑二室)
　　　　　010-64266119(发行部)
　　　　　010-64263201(零售、邮购)
网　　址：http://www.cctpress.com
网　　店：http://cctpress.taobao.com
邮　　箱：cctp@cctpress.com
照　　排：北京科事洁技术开发有限责任公司
印　　刷：北京密兴印刷有限公司
开　　本：787 毫米×980 毫米　　1/16
印　　张：22　　字　数：333 千字
版　　次：2015 年 5 月第 1 版　　2015 年 5 月第 1 次印刷
书　　号：ISBN 978-7-5103-1283-0
定　　价：48.00 元

现代会展培训指定教材
编 委 会

序

  中国加入世贸组织以来的十多年间，会展业作为联系生产与消费的中介，在中国也得到了迅猛发展，已经成为现代服务业的一个重要分支并呈现出一系列新特征：

  一是境内展会数量和规模快速增长。据商务部统计，2013 年全国共举办各类展览 7 319 场，同比 2008 年的 4 490 场增长 63％；2013 年展览面积9 391 万平方米，同比 2008 年的 4 517 万平方米增长 108％。展览范围涵盖机械、化工、印刷、家电、家具、服装、通信、生物医药、汽车、珠宝、建材、美容、文化等各个行业。

  二是出国展览市场稳定发展。2013 年全国 102 家组展单位共赴 75 个国家实施经贸展览会计划 1 492 项，比 2009 年的 1 183 项增长 26％，其中参加国际博览会 1 422 项，占实施总量的 95.3％，单独举办展览会 70 项，占实施总量的 4.7％。2013 年出展项目净展出面积 64.7 万平方米，比 2009 年的42.64 万平方米增长 51％。

  三是展馆规模全球领先，布局更加科学。截至 2012 年年底，全国拥有5 000 平方米以上会展场馆 316 个，可供展览面积 1 237 万平方米。2013 年，全国在建会展场馆 13 个，面积 154.49 万平方米。预计全部建成后，全国会展场馆总数将达 329 个，可供展览面积达到 1 391.49 万平方米。随着展馆设施不断完善，全国已经形成长三角、珠三角、环渤海三个会展经济带。

  四是办展主体呈多元化发展。在办展主体方面，我国形成了政府、商(协)会、事业单位、国有企业、民营展览公司、中外合资展览公司以及外资展览公司等多层次、多渠道办展的新格局。全国 5 000 平方米以上展会中，各类企业和行业协会举办展会约占全国展会总量的77％(其中,企业办展占57％,行业协会办展20％),已成为行业主流,为各行业企业提供了产品展示、信息交流、贸易合作的平台,对扩消费、促流通、推动对外经贸发展发挥了积极作用。

五是社会经济效益日益明显。会展业是连接生产与消费的桥梁和纽带,各类展会汇聚人流、物流、资金流、技术流,有效拉动餐饮、住宿、交通、零售、旅游等众多服务业增长,促进城市完善基础设施和配套服务,对于转变经济发展方式、增加服务业在国际经济中的比重、推动经济社会全面协调持续发展具有重要意义。会展业带动就业效果显著,2013年我国会展行业带动就业人数达2777万人次,综合拉动效益日益凸显。

目前,在产值、展馆数量、展馆面积、展会数量、展会面积、世界商展百强等六项主要指标上,中国在展馆面积和展会面积两项指标上居世界第一,其他指标也位居前列,中国已是名副其实的展览大国。同时,中国也是国际展览机构普遍关注及重点发展的市场,并成为其业务增长的主要来源国。随着中国经济持续稳定健康发展,对外开放进一步扩大,全球制造中心地位的形成,居民消费结构不断升级,形成了巨大的现实和潜在的市场,这些都将为会展业的发展提供广阔的发展空间。当然,从国际比较观察,我国会展业目前尚处在"大而不强,多而不精"的阶段,与欧美会展强国相比,我国会展业仍存在发展模式不清、产业规划滞后、资源相对分散、发展方式过于粗放等问题,中国会展业的可持续发展还面临着不少问题与挑战。

商务部是中国会展业的行业主管部门,始终重视、支持这一行业的健康发展和国际竞争力的增强。中国对外贸易中心作为国家商务部的直属单位,在承办广交会的发展历程中,积累了丰富的办展经验,培养了一支专业素质较高的会展人才队伍。随着上海国家会展中心项目的建设完成,外贸中心已经成为名副其实的航母级会展企业集团,成为中国会展行业应对国际竞争的主要依靠力量和迎接国际会展中心向中国转移的重要载体。为适应会展业发展趋势与规律的这些新变化,外贸中心加大了在干部培训培养、企业大学建设、宏观经济政策研究、会展业发展规律研究等方面的投入。他们围绕国内外会展业发展面临的热点、难点问题,理论联系实际,深入调查研究,完成了许多行业影响大、参考价值高的课题。历时两年、由多位同志利用业余时间编写的广交会现代会展培训指定教材(共七册)就是上述投入的重要成果之一。这套丛书有以下三个方面的突出特点：

1. 视角宽广、重点突出。丛书从政府与企业、从国际到国内，全方位论述了会展业发展面临的主要问题，提出了许多针对性强、可操作的建议措施，对政府制定政策有较高参考价值；涵盖了从策划、招商、招展到现场管理等会展业涉及的各个重要环节，对企业制定发展战略有较强指导意义。

2. 案例丰富、图文并茂。丛书的主要编著者都是有着多年实战经验的负责同志，丛书中许多展览项目的案例就是这些同志的亲身经历和切实体会，特别是《中国第一展——广交会文库》收录的所有文章，都是每位作者国内外调研的精品之作，首次结集出版。

3. 方法科学、结构严谨。丛书共七册，第一部分是导论，是全套丛书的基础和总纲。第二部分是现代展会核心业务读本，按照展会的主要内容分为组织策划、招商推介、现场服务、展示工程、专业展览五个分册，是展会业务链的全景展示。第三部分是《中国第一展——广交会文库》，是从近几年来外贸中心完成的几百份研究报告中精选而来并按不同专题归类整理的，是独具特色的知识库，具有较高的教学与科研价值。

王志平

2015 年 3 月

前 言

改革开放以来，中国会展业搭上中国经济快速发展的列车，一路高歌猛进，已经确立展览大国地位，并正在向展览强国迈进。随着国际会展业重心加速东移的趋势日益明显，中国成为世界第三个会展业中心已成定局。

作为我国会展业的旗舰企业，中国对外贸易中心以其悠久的历史、专业的办展能力、卓越的经营业绩、全球总面积最大的展馆资源，在我国和国际会展业中享有良好声誉，占有重要地位。在半个多世纪的办展实践中，中国对外贸易中心始终关注国际展览行业的前沿和热点问题，并形成了一批具有较强专业性、知识性和实用性的研究成果。《中国第一展——广交会文库》正是对这批研究成果的系统归纳整理，旨在积累资料、总结经验，给国内外同行提供最新的研究思想与观点、最具参考价值的资讯。

文库从宏观层面探讨了中国展览业的发展现状，以及当前展览业的热点和前沿问题；文库收录了有关国际展览业发展状况、国际知名展览现场调研报告等文章，丰富了国内理论和实践界在这方面的著述；文库还从微观层面对展览业具体业务进行研究，并结合中国对外贸易中心和广交会的标杆性实践成果，传递展览业健康发展的理念。

理论是灰色的，而实践之树常青。文库最突出特点是它鲜明的时代性和实践性。希望读者能透过文库，思考中国会展业发展中面临的现实问题，共同推动中国会展研究与会展实务的发展。

陈秋茹

2015 年 3 月于广州

目 录

第三篇 展览实践探究

第四篇　前进中的广交会

第一篇

中国展览业前沿

本篇选取文章 17 篇，着重从宏观层面分析中国展览业发展现状和面临的主要问题，并就未来发展方向进行探讨。

全球会展业发展趋势及其
对我们的启示[①]

中国对外贸易中心主任　王志平

现代会展业通常被誉为一个国家和地区宏观经济的"晴雨表"。它不仅具有行业交流、贸易成交、整合营销、技术发布、拉动需求的功能，而且具有强大的产业带动效应，可有效促进产业结构的优化调整与转型升级，对一个国家和地区的经济和社会进步产生巨大的推动作用。

全球会展业发展的基本趋势

一、会展业是经济发展的晴雨表和推进器，国际会展中心呈东移的趋势

德国、意大利会展业发展实践表明：一方面，会展业作为联系生产与消费的中间环节，对推动德、意经济发展和促进转型升级发挥了重要的推进器作用。另一方面，只有当一国经济总量达到相当规模或在某一产业奠定世界领先地位时，国际会展中心城市或中心国家的地位才能确立，会展业是反映国家经济腾飞的晴雨表。

目前，中国的进出口总额、消费总量均已进入世界前列，已经具备了成

---

① 2012年6月3日—14日，时任中国对外贸易中心主任王志平率考察小组赴德国、瑞士、意大利进行调研，拜会了德国科隆、杜塞尔多夫、法兰克福、汉诺威、瑞士MCH集团、意大利米兰等6家展览公司以及德国展览行业协会，并就全球会展业的最新形势以及如何推动中国形成新的全球会展中心与国际同行进行了深入的交流和探讨。本文是此次调研的成果。

为国际会展中心国家的经济基础。2011 年以来，随着欧美经济的持续低迷，国际会展中心向新兴经济体特别是中国转移的趋势渐趋明显。据国际展览业协会统计，2010 年美国、中国、德国展会面积位居世界前 3 名，从展会面积计算，与 2008 年相比，世界前十个国家中，只有中国和巴西分别保持了 6%和 4%的增长，其他国家均呈下降趋势，最高降幅 24%。汉诺威展览公司董事顾桥博士认为，除欧洲、美国外，中国成为世界会展业的第三个重要市场已成定局。

二、欧美尤其是德国将继续成为世界品牌展会的主要举办地，中低端产业以及战略性新兴产业展会将主要集中在亚洲和中国

德国展览业协会总干事彼得·内文博士表示，全球约 60%的世界级品牌展会落户德国，德国不仅是展览大国，更是展览强国。2010 年德国展览净面积约为 683 万平方米，举办国际性展会 157 个，共接待国内参展商 8 万多家，国外参展商 9 万多家，超过 1 000 万名观众。2010 年世界商展百强，德国入选 58 个，世界制造业领域大约 2/3 的龙头展会都在德国举行。在全球著名的国际性、专业性贸易展会中，约有 2/3 都在德国举办；全球营业额最大的 10 大会展公司，德国就有 6 家；全球最大的 5 大展览中心，德国占了 3 家（汉诺威、法兰克福和科隆）。德国杜塞尔多夫展览公司副董事总经理汉斯·维尔纳·莱茵哈德认为，德国品牌展会在短期内不会转移到其他国家，西欧国家作为展会大国，除了在高、精、尖领域具有领先优势外，一直为参展商和采购商提供良好的贸易平台。例如，全球规模最大的信息、通信展会——汉诺威通信电子展自举办以来一直在全球保持着行业领先地位。

随着劳动密集型中低端制造业大规模地在全球范围内由西向东或由北向南转移，加上新兴市场强劲的消费力，鞋业、家居、建材、纺织等消费品展会在新兴经济体的发展速度明显超过发达经济体。意大利米兰展览公司国际事务总裁罗大力认为，从鞋业来看，意大利鞋子尽管质量好、价值高，但中国消费市场巨大，加上产业集群的转移，中国鞋类展会成交效果更好，鞋类展会移植中国举办前景一定更好。实际上，世界最著名的杜塞尔多夫鞋展最近三年规模和效果持续下滑就很好地印证了罗大力的观点。除了鞋类展会以

外，近年来在中国举办的纺织展、家具展、建材展影响力也迅速提升，总体规模跃居全球同类展会之前列。经过十多年的发展，广州家具展、建材展规模均已超越欧美同类展会，成为全球同类展会之最。2009 年印度全国展会面积较 2004 年增长了 109％。同时，在我国战略性新兴产业规划的带动下，2011 年我国新能源展会面积较 2010 年增长了 87 万平方米。

三、政府扶持是会展业发挥辐射带动作用的重要保障

鉴于会展业在扩大出口、拉动内需、转变产业结构、提高就业率、扩大城市营销与宣传等方面的特殊功能，各国政府强烈追求会展业的拉动效应，加大促进会展业发展的扶持和激励措施。

据德国科隆展览公司董事长格拉德·博森介绍，每年德国会展业为全德国带来约 235 亿欧元的生产效应，保证了约 226 000 个全职岗位，为政府带来 38 亿欧元的税收。以科隆公司为例，科隆每年营业额约 1.7 亿欧元，带来约 18 400 个全职岗位，每创造 1 欧元的营业额就为德国带来 8.4 欧元的税收。为此，第二次世界大战后，德国各州和市政府纷纷投资展览馆、成立地方政府所有的展览公司，并打造大批有特色的品牌展会。德国杜塞尔多夫展览公司副董事总经理汉斯·维尔纳·莱茵哈德表示，政府投资兴建展馆并成立本地展览公司是对本地会展业最大的支持，目前德国仅有法兰克福和杜塞尔多夫两家展览公司盈利，汉诺威展览公司从 2011 年开始亏损，但为了公司的正常运营，2011 年萨克森州政府和汉诺威市政府追加了 2 亿投资。汉斯·维尔纳·莱茵哈德还表示，政府持续注资的目的就是为了创造城市收入，如注资 1 500 万欧元可以收回 1 亿欧元的回报，政府的投入产出非常可观而且合理。而即使杜塞尔多夫展览公司盈利，公司也从未向股东上交利润，利润主要用于场馆维护，公司计划从 2011 年至 2024 年共投资约 6 亿欧元用于场馆翻新和改造。

在欧洲，德国展会从 2011 年 1 月 1 日起免收外国企业高达 19％的参展增值税，以降低企业参展成本。目前，德国是世界上展会国际化程度最高的国家，德国展会每年吸引来自 100 多个国家和地区的 250 万家参展企业。在美国，拉斯维加斯会展和观光局每年从全市酒店客房税收中提取 12％以支持其

运营拉斯维加斯会展中心的费用，2010 年客房税收占其经营收入的 77％。在亚洲，泰国政府对于首次在泰国举办的展会给予高达 200 万泰铢另加展会场租 50％的资金补助。

四、会展企业和品牌展会呈现强者愈强的趋势

据国际展览业协会及德国 JWC 咨询机构统计，2008—2009 年，全球前 10 位大型会展企业年复合增长率达 9.1％，升幅明显高于中小型会展企业。2009—2010 年，世界 30 家年办展面积超过 20 万平方米以上的会展企业占了全球 70％的市场份额。德国科隆展览公司董事长格拉德·博森认为，受金融危机的影响，会展行业集中度越来越高，大型会展企业和品牌展会的市场份额将继续扩大。

在应对金融危机以及国际经济形势不确定因素带来的挑战时，越来越多的大中型展览集团积极进行跨国合作，占据了更富竞争力的全球性垄断资源和提升了抗风险能力，在全球会展业的市场份额必将日益增大。例如，以德国为代表的基地展览公司通过国际网络，采取品牌展会的国际化战略，以举办卫星展的形式，控制了全球会展业的许多重大题材。目前，中国对外贸易中心是唯一进入世界十大会展企业行列的亚洲企业，2011 年营业收入已经跃居世界第二位。

五、并购成为大型会展企业扩张的主要手段

据国际展览业协会调查显示，82.76％的欧洲展览企业认为，面对题材趋于饱和与市场总量增长缓慢的状况，未来 5 年欧洲会展业并购将持续增长；53.33％的欧洲展览企业将出售或转让一些被认为不能带来利润的项目或业务。法兰克福展览公司董事乌韦·贝姆认为，未来公司将集中在诸如中国等市场前景较好的国家和地区发展，并且主要通过收购的方式开拓新展。另据统计，亚洲成为世界会展项目并购最活跃的市场之一。从 2003 至 2010 年，亚洲展会并购成交金额达 2.11 亿美元，并购数量达 48 个。其中英国博闻展览公司并购了 20 个展会，英国励展博览集团并购了 9 个展会，是亚洲会展业并购最活跃的两家会展企业。从 2003 至 2012 年，外资企业在中国并购了超

过 20 个展会，一定程度上控制了诸如医药、机床、照明、广告、幼婴、高尔夫等多个展会题材和品牌展会。值得一提的是，外企通过大举并购在中国市场圈占展览题材，将压缩、挤占我国展览品牌的生存空间，对此我国政府和行业要有危机感、警惕性。

六、互联网为会展业的发展带来新的机遇

互联网不仅不能取代实体展会，反而为会展业的发展带来新的商机。德国法兰克福展览公司董事乌韦·贝姆认为，互联网不会取代展会，展会一定长期存在。但是，互联网给展会带来的影响不容忽视，无论展商还是观众都希望主办方尽可能在互联网上提供更多展会信息，保证买卖双方保持永不间断的联系，这现象一方面为我们带来新的机遇，另一方面也需要我们投入巨大资金。

目前，世界上所有会展企业几乎都考虑发展电子商务，但要找到电子商务盈利解决方案并非易事，需要对电子商务进行深刻地理解。乌韦·贝姆介绍说，5 年前法兰克福展览公司启动并开放产品预展平台（http：//www.productpilot.com），但这一平台的建立仅为电子商务的第一步，主要以服务为目的，不能像 Google、Ebay、Facebook 一样持续投入巨大资金，因此，盈利能力一般。尽管如此，法兰克福仍然密切关注电子商务的发展，期望进一步深化产品预展平台，取得新的突破。德国汉诺威展览公司董事顾桥博士认为，互联网与展会应该互相结合，而不是互为取代。汉诺威展览公司则利用互联网进一步提升展会的公共关系和客户关系，例如出版电子书刊、提供网上配对以及产品搜索服务等。目前，公司拥有超过 200 万条客户数据，通过自有搜索引擎为客户提供产品搜索服务，并按照买卖双方建立联系的数量收取费用。

关于我国会展业发展的建议

当前，世界会展业发展趋势有利于会展大国形成一种制约、竞争、合作、协调的相互关系，为我国"十二五"期间大力发展会展业提供战略机遇。但是，与欧美会展强国相比，我国会展业发展模式不清、产业规划滞后、资源

相对分散、发展方式过于粗放。为此，我们有如下建议。

一、确定适合我国实际的会展业发展模式

当今国际会展经济分为"德国模式"和"美国模式"。德国模式被认为是政府推动型的模式，即展馆政府所有、权威协会管理、展览公司经营、面向国际的政府干预型模式，实行经营市场化、管理行业化、运作国际化的发展模式。德国模式的优势在于保证了德国作为工业强国和出口大国拥有超过60％的世界大型品牌展会，会展经济的整体拉动效应高于其他国家，劣势在于展览企业过分依赖展馆和展览的经营，盈亏难以平衡。

以拉斯维加斯为代表的美国模式被认为是市场主导型的模式，即展馆私人投资、专业公司管理、立足美国本地、融合会展、餐饮、娱乐、购物、观光、酒店等为一体的综合模式。拉斯维加斯模式的优势在于走出了以展馆为主导的德国模式的运营困境，弥补了展览淡季的运营空挡期，以长、短期展览项目和完全不同的商业业态相结合以保证展览企业的运营能力，同时集食、住、展、娱、游、购于一体的"一站式服务"，更好地满足了客户特别是高端客户多方面的需求。劣势在于综合经营管理复杂，外包公司素质难以控制。对地方政府而言，私人公司投资并经营管理展馆，展会可能会不适应当地产业发展规划，不符合国家或城市发展的整体利益。

从长远战略考虑，我国会展业应走适合中国国情的政府和市场结合型模式，即"政府强力推动、企业市场化运作，以会展领军企业为主导，以国家级行业组织为依托"，统筹兼顾，发挥后发优势。

二、优化会展业发展环境，合理配置会展业资源

会展业发展很大程度上依赖于会展支持产业、会展公共环境和会展核心产业，内容包括总体规划、政策引导、产业水平、市场结构、软硬件环境、人才培养等。目前，我国会展业存在区域结构和供需结构不平衡的现象，空间布局和档次结构不合理，资源分布不均。虽然我国展馆存量仅次于美国，排世界第二位，但是上海和北京依然面临大型展馆"供不应求"的问题，从而严重制约两地会展经济的发展。我国不少城市会展业发展方向不准确，定

位不清楚，资源配置不合理，激励措施不健全，重复建设和恶性竞争严重。为此，建议会展业主管部门从战略角度指导和推动我国会展业科学布局和结构调整，优化会展业发展战略要素，合理配置中央与地方、政府与市场的资源，打造"重点突出，合理分布"的多层级国家会展中心城市。

三、加快发展方式转变，推动会展业集约式发展

20世纪中后期，通过投资与并购进行集团化运营成为欧美会展业发展的主要方式。我国会展业目前尚处于"大而不强，多而不精"的阶段，专业化、市场化水平偏低，国际竞争力不强，发展模式较为粗放，低水平重复办展的现象较普遍。商务部《关于"十二五"期间促进会展业发展的指导意见》明确提出，鼓励大型骨干企业通过收购、兼并、控股、参股、联合等形式组建国际会展集团，促进会展业发展模式从粗放的外延式增长向内涵式增长的转变，进一步调结构、促转型，推动集约式发展，提高发展质量。

纵观世界会展业发展形势，抓大放小，扶强选优，突出重点，做大做强一批世界级品牌展会，特别是战略性产业领域品牌展会，将成为我国会展业发展的重要战略之一。为此，建议政府扶持会展领军企业，按照区域和行业特色打造区域特点显著、产业特色鲜明、市场定位准确的品牌展会，并推动品牌展会向国际化、高端化发展。同时，从政策、资金方面例如采取免税、外贸基金等措施支持中国企业以并购或合作的方式做大做强，扶强选优。

四、完善会展业法制化建设，加快国家级行业组织建设

目前，我国会展市场竞争无序，会展主体良莠不齐，展馆建设遍地开花。2010年我国取消了《展销会登记证》的行政审批后，"搭车展"、"同期展"等不正当竞争现象愈演愈烈。市场化是我国会展业发展的重要方向，但必须以完善法律法规、健全诚信体系为前提。德国《公司法》、《公共安全法》、《知识产权法》和《商标保护法》都对会展业经营行为做出了明确规定。德国展览业协会在协调和指导德国境内外展会过程中发挥重要的作用。因此，我们一方面应完善法律法规，进一步规范市场秩序，另一方面应在商务部的主导下，尽快成立中国展览行业协会，切实提高全行业自律水平。

以文化"软实力"
引领我国会展业转型升级①

中国对外贸易中心主任　王志平

全球化背景下一国综合国力的强弱，既体现为国家的 GDP、硬件设施等"国家硬实力"，也包括以文化、制度、意识形态等为代表的"文化软实力"。"文化软实力"作为现代社会发展的精神动力、智力支持和思想保证，越来越成为国家竞争力的重要体现。我国当前大力发展文化产业，党的十七届六中全会确定了"建设社会主义文化强国"的目标，国家制定了《"十二五"时期文化改革发展规划纲要》，实施"文化强国"、"以德治国"等战略，归根结底都是在进行"文化软实力"的建设。

文化与会展相结合产生的"软实力"，被视为会展业发展的内生动力。脱胎于 12 世纪欧洲集市的会展活动，本身就是人类物质文化交流发展到一定阶段的产物。随着经济发展和时代变迁，展会承担了综合性的文化交流功能。一个高端会展活动所带来的直接价值和附加价值是无法用金钱衡量的。

我国会展业要充分利用文化驱动力，把握全球经济格局变动的有利因素，化挑战为机遇，以创新求发展。

以"中国特色"的会展文化
引领我国会展业创新求变，以变求兴

会展文化的"中国特色"应体现：产业目标共识是会展业和谐发展；产

---

① 2012 年 8 月 18 日，时任中国对外贸易中心主任王志平在成都举办的第八届中国国际会展文化节上发表了主旨演讲。这是根据讲话内容摘编。

业核心理念是遵守规范；产业价值观念是合作共赢；产业道德自律以诚信为内核；产业整体作为有机系统，通过协调多元化的利益主体，合理调整利益格局，实现有序发展。

一、国际会展中心东移带来发展契机，但会展强国之路任重道远

我国会展业目前尚处在"大而不强，多而不精"的阶段。与欧美会展强国相比，我国会展业发展模式不清，产业规划滞后，资源相对分散，发展方式过于粗放。主要表现在：从制度层面看，缺乏较为完善的管理体制和行业体系；从运作层面看，市场秩序较为混乱，低水平重复办展的现象较普遍；作为完全开放的领域，应对国际会展巨头竞争的经验与实力不足。此外，会展组织主体的实力不足、会展产业链配套不足、会展人才队伍缺乏等都是造成我国会展业发展滞后的因素。

二、我国会展业发展模式亟须实现转型升级

目前国际会展业主流运作模式主要有两种，即"政府干预型"的德国模式和"市场主导型"的美国模式。我们提倡通过建设有中国特色的会展文化，紧扣科学发展的主题和转变增长方式的主线，积极推动会展业转型升级。适合中国国情的发展模式是，政府"看得见的手"和市场"看不见的手"密切配合，分工协作，即"政府强力推动、企业市场化运作，以会展领军企业为主导，以国家级行业组织为依托"的"政府和市场结合型"模式。

以"文化软实力"提升会展业核心竞争力

提升会展业核心竞争力，从国家、行业、企业、展会品牌、会展城市等五个层面着手。

一、着眼全局，立足长远，制定我国会展业整体发展战略

会展业要实现健康发展，需要形成政府宏观管理、行会中观协调、企业微观参与的良好格局。建议会展业主管部门从战略角度及时出台、逐步完善

国家级产业发展规划，进一步指导和推动我国会展业实现科学布局和结构调整，优化会展业发展战略要素，合理配置中央与地方、政府与市场的资源，打造"重点突出，合理分布"的多层级国家会展中心城市。大力扶持会展领军企业，按照区域和行业特色打造区域特点显著、产业特色鲜明、市场定位准确的品牌展会，进一步调结构、促转型，推动我国会展业向集约式发展转变。扶强选优，从政策、资金方面采取例如免税、外贸基金等措施支持中国企业以并购或合作的方式做大做强。

二、完善法律法规，加快国家级行业组织建设

市场化是我国会展业发展的重要方向，但应以完善法律法规、健全诚信体系为前提。会展强国德国在国家层面制定《公司法》、《公共安全法》、《知识产权法》和《商标保护法》等相关系列法规，对会展业经营行为做出明确规定；德国展览业协会在协调和指导德国境内外展会中发挥重要的作用。

展览业发达的国家都有全国性的展览行业协会，主要职能是调控会展经济的宏观运行，规范展会行业，在政府与企业间进行协调与沟通，引导约束企业行为，提供行业服务。

我们认为，一方面应完善法律法规，进一步规范市场秩序；另一方面应切实提高全行业自律水平。我们呼吁在会展业主管部门主导下，联合各方，尽快成立中国展览行业协会，作为政府和企业之间的桥梁和纽带。协会既是执行政府政策的可靠助手，又是会展企业的代言人，协调展览业自律，引导和规范行业发展。

三、打造领军企业，服务国家战略，参与国际竞争

会展经济应服务国民经济的发展，这是中国特色会展文化的重要精神内涵。

外贸中心深刻领会国家商务发展战略，紧密结合全国商务工作"十二五"规划，把握会展业东移的战略机遇，投资于北京、天津、上海进行项目建设。未来外贸中心将掌控津沪穗三大会展中心和北京的中国国际商务中心，完善全国展览基地布局，并在商务部的领导下，以广交会为中心，立足广州，辐

射长三角和环渤海，在办好广交会的同时，致力于成为承接国际会展中心向中国转移的重要载体，实现从中国第一展到世界第一展览集团的历史跨越，以领军企业的责任直面国际竞争。

四、扶持龙头展会，创建国际级民族会展品牌

全球化背景下，中外会展企业同台竞技。展览题材普遍"同质化"，要求企业通过凸现品牌"差异化"寻路突围，并按照专业化、国际化标准打造一批具有影响力的民族品牌展会。

广交会在创新办会理念、转变发展方式方面始终坚持先试先行。以"四个转变"为基础、以"五个平台"为抓手，广交会正加速"做大、做强"。广交会正在争取广州的大力扶持，包括支持外贸中心在广交会期间举办配套高端商贸论坛、会议等各类交流活动，探索同期发布中国进出口商品价格采购指数，加快广交会展馆周边交通路网、物流转运中心等配套设施的规划建设，提升大型展会期间展馆周边的城市管理水平。此外，广交会将探索在展会期间政企联合举办各种大型节庆活动和政治、经济、文化各层面的交流活动，扩大广交会对广州经济社会的拉动效应。

五、互利共赢，会展文化与城市发展齐头并进

成功的展览往往被誉为举办地的"城市名片"，与当地对外开放、招商引资、外事活动，甚至与政府政绩和城市发展密切相关。文化是城市的内涵，会展名城往往文化底蕴丰厚，商贸历史悠久，营商环境良好，并善于进行城市营销。文化与展会联合发力，成为驱动城市与展会互利共赢的有力推手。

硬实力可以被赶超，而软实力无法被复制。建设好富有中国特色的会展文化，将为我国会展经济的可持续发展提供强大的"软动力"。

做大做强广交会
促进广州会展业大发展^①

中国对外贸易中心主任　王志平

　　会展业联系生产和消费两端，引领产业转型升级。近年来，会展业逐渐向综合消费中心形态演变，拉动内需功能日益凸现。调研显示，随着欧美经济的持续低迷，全球会展中心向新兴经济体转移的趋势渐趋明显；未来中低端产业以及战略性新兴产业展会将主要向亚洲和中国集中。据中国会展经济研究会统计分析，2011 年中国展会总计 7 333 场，总展出面积8 173万平方米。按国际展览业协会统计口径，这两项指标均居世界第二。我国全球制造业中心地位的巩固、庞大的国内需求、经济结构的转型升级，以及国务院和各级政府对会展业的重视等诸多因素，将为会展业的发展提供巨大的机遇。

把握趋势，科学布局，推动中国形成新的全球会展中心

　　商务部目前正按照国家"十二五"商务规划进行会展业战略布局，"十二五"期间将初步形成我国广州、上海、天津三大国际会展集群，每个集群辐射半径1 000公里，珠三角、长三角、环渤海空间格局上遥相呼应；三个会展集群由一个事业机构主导，以广州为中心，错位经营，联手合作，提高我高端服务业水平，合力推动中国形成新的全球会展中心。

---

　　① 2012 年 10 月 15 日，时任中国对外贸易中心主任王志平在广州市会展业座谈会发表了讲话。这是根据讲话内容摘编。

我国会展业面临的突出问题是发展模式过于粗放

一、展馆总量过剩，展馆布局和档次不合理，资源分布不均，重复建设和恶性竞争的现象仍较为严重

中国会展业研究会发布的数据显示，截至 2011 年，中国会展场馆 269 个，包括 34 个省市区以及港澳地区。场馆总展场面积超过 1 000 万平方米，其中，室内展场面积超过 700 万平方米。需要强调的是，2011 年，全国举办的 7 333 场展会中，京沪穗三大一线城市共举办展会 1 380 场，同比增长 33.8%，占全国展览数量的 20%。这意味着 1/5 的展会集中在一线会展城市举办。二三线会展城市的展馆年均办展数量 27 个，还达不到全国展馆平均办展数，全国场馆平均出租率一直在低位徘徊。

二、展馆建设投资巨大，运营成本昂贵，单靠场馆出租入不敷出

世界上绝大多数展馆都是不盈利的，基本都由政府投资建设。2012 年 6 月我们在欧洲调研获悉，全德国仅法兰克福和杜塞尔多夫两个展馆略为盈利，因金融危机及经济不景气，目前世界最大的汉诺威展馆正在拆除部分展馆，以维持运营平衡。中国的展馆经营情况与此类似。以广交会展馆为例，一年办展 82 个，334 天开展，如果没有广交会，广交会展馆经营同样会严重亏损。

单一展馆、错位经营是城市展览业良性发展的前提。从欧美会展强国的经验看，各国展览城市通常只有一个大型展馆，且相邻城市题材错位，以避免同城竞争、同质化恶性竞争。广州展馆硬件与广州市会展业的现状及前景基本相适宜。如另行建设大型展馆，因市场总量不可能无限增长，各展馆空置率必然提高，不同经营主体运营困难容易导致恶性竞争，形成"内耗"，进而影响广州会展业健康发展。

三、展览门槛放低，办展主体鱼龙混杂，无序竞争愈演愈烈

2010 年我国取消《展销会登记证》的行政审批后，"搭车展"、"同期展"

等不正当竞争现象愈演愈烈。目前除国际展览需要审批以外，其他各类展览均无需审批备案，导致各类展会一哄而上，市场无序状态加剧。

四、规模以上展会数量增长，但品牌展会数量有限，质量亟需提升

2011年我国规模以上（毛面积3万平方米以上）展会达368个，展出总面积2 874万平方米。其中10万平方米以上特大型展会78个，比2010年增加22个，展出总面积1 337万平方米，占全部规模以上展会总面积的46.55％。数字可观，增速喜人，但展会大而不精。世界商展百强中，中国仅入围14席，而德国有55个。此外，品牌展会标准模糊、认证缺位等仍是我国会展业必须正视的软肋。

国际展览机构通过并购圈占我国展览题材，
威胁我国产业安全

展览业属于我国入世时承诺全面开放的领域。欧美展览集团看好展览业高速增长，入世之初就抢先在我国上海等地并购国内展览企业和题材。近年来并购趋势无减缓迹象。据国际展览业协会调查显示，82.76％的欧洲会展企业认为，未来5年欧洲展会并购将持续增长。

外企通过大举并购在中国市场圈占展览题材，将压缩、挤占我国展览品牌的生存空间，不仅影响我国展览企业的生存环境和长远发展，大规模、大范围的会展业渗透可能影响甚至威胁我国产业安全。从2003年至2012年，外资企业在中国并购了超过20个展会，一定程度上控制了诸如机床、医药、照明、广告、幼婴、高尔夫等多个展会题材和品牌展会。对此我国政府和行业要有危机感、警惕性。

商务部《关于"十二五"期间促进会展业发展的指导意见》明确提出，鼓励大型骨干企业通过收购、兼并、控股、参股、联合等形式组建国际会展集团。打造国际一流的航母级会展集团，将成为承接全球会展中心向中国转移的重要载体。

目前，外贸中心是唯一进入世界十大会展企业行列的亚洲企业。配合广

州打造国际商贸中心和国际会展中心建设，我们将推动企业并购，打造航母级展览集团。

落实商务部、广东省、广州市领导指示，与广州市深化合作，做大做强广交会，进而带动会展业大发展

服务于国家战略始终是广交会的应尽之责。为贯彻领导指示，广交会积极谋求转型升级。"十二五"期间，将以"四个转变"为基础、以"五个平台"为抓手，与广州通力合作，打造世界顶级会展品牌，共建会展名城。

第一，与广州市合作，扩建展馆和配套设施，继续保持广州市在全国及世界范围内展馆设施方面的领先地位。

第二，与广州市合作举办大型展览，共同培育世界级品牌展会。一是共同举办中国国际绿色创新产品展。二是合作筹办中国进口商品展。三是加大支持力度，给予在广交会展馆举办的广州市重点展会更大优惠。

第三，与广州市共同打造中国最大的 B2B 电子商贸平台。广交会电子商务以"打造中国最大规模的电子商贸平台、服务中国外经贸事业"为己任。这个平台将突破时空限制，从单一展会迈向国际贸易服务综合体，将原来每年两届现场看样成交的广交会，发展成为全年 365 天为采购、供应双方提供全面服务的电子商务平台。同时依托广交会超过百万的采购商资源，通过互联网惠泽各地区、各交易团出口企业。

第四，加快筹建中国展览业协会。商务部已批准由外贸中心发起成立中国展览业协会。未来中国展览业协会将在广州市委、市政府的支持下，充分发挥全国性展览行业组织的号召力和影响力，促进广州市会展业全面发展。

第五，广交会平台将向广州市政府全面开放。目前广州会展业展馆面积、办展规模、拉动效应等指标均居世界领先水平。一年两届广交会所创造的经济效益占广州市 GDP 的 3.96%，对广州经济的拉动效应为 1∶13.6。广州会展业未来发展，更为重要的是优化会展环境、规范会展秩序、提升展会品质。

未来展览业的竞争将从展览场馆间的行业竞争，逐渐转变为举办城市之间的竞争。广交会将全力推动广州打造国际会展中心和国际商贸中心。

会展业助力总部经济^①

中国对外贸易中心（集团）董事长　王志平

会展业是城市经济发展的引擎

　　会展业以其强大的经济拉动作用成为市场经济的当代宠儿，它不仅本身能够创造巨大的经济效益，还可带动第三产业消费链。据专家测算，国际上展览业的产业带动系数为1:9。会展活动可以促进城市功能优化，让城市更具活力，同时也是城市经济发展的"助推器"。它可以带动相关服务业发展，让城市更具吸引力；可以提升城市形象，让城市"名声大振"；可以推动城市建设，让城市服务设施更完善，塑造城市的个性，提高城市国际化水平。

　　作为中国外贸"晴雨表"和"风向标"的广交会对广州区域经济的繁荣和总量的提升意义重大，对经济的巨大拉动有目共睹。据中山大学调研结论显示，2008年一年两届广交会给广州带来直接和间接经济效益占广州市全年GDP的3.96%，广交会对广州关联产业经济拉动效应明显，达1:13.6。可以说，会展业不仅是经济发展趋势的"晴雨表"、优化产业结构的"助推器"、城市功能的新体现，同时也是拉动国内消费需求的新动力。

会展经济是现代服务业的龙头

　　会展属于当前正大力提倡的现代高端服务业的范畴，与当前"国家十二

---

　　① 外贸中心（集团）是参与会展经济和总部经济投资的实践和建设主体之一。在2011年年底上海总部经济年会上，时任外贸中心（集团）董事长王志平从企业的角度分享了在会展经济与总部经济发展领域的心得。

五规划"产业结构调整的大方向不谋而合。会展集聚辐射力强，依靠其规模和影响力所带动的酒店、餐饮、旅游、物流等行业都是服务业的重要组成部分。

据统计，美国一年举办 200 多个大型商业展览，经济效益达 38 亿美元，带动当地服务业产值超过 300 亿美元。会展业也是香港经济的支柱产业，推动了香港服务业的快速发展。香港展览会议业协会最新公布的研究数据显示，展览业在 2010 年为香港本土经济带来 358 亿港元进账，相当于香港本土生产总值的 2.1%，同时创造了约 6.9 万个全职职位，为特区政府贡献了 11 亿港元的税收。

会展业让琶洲变成了广州城市发展的发动机，广交会则充当了广州市服务业发展的龙头。广交会曾四度迁址，每次迁址都带动了周边的大发展。广交会的落户成了琶洲发展的"起爆器"，琶洲从一个偏隅小岛成为万商云集的世界交易平台。从荒草丛生的城区"处女地"到大会展经济商圈逐渐浮出水面，琶洲仅用了七八年时间实现了跨越式发展。自 2003 年第 94 届广交会在琶洲的广交会展馆试运营，2006 年第 100 届广交会上时任国家总理温家宝宣布从第 101 届起中国出口商品交易会增加进口功能并更名为中国进出口商品交易会，到 2008 年广交会整体搬迁到琶洲的广交会展馆。琶洲地价从 2002 年的 2 000 元/平方米，跃升为 2006 年广州市当时的地王价，最高楼面价达 10 037元/平方米，住宅从 2003 年的不到 3 000 元/平方米升为 3 万元/平方米，涨升幅度远远高于广州其他地区，而琶洲写字楼单价目前更是直逼广州的最高水平。保利地产、香港南丰集团纷纷入驻开发会展综合体项目，周边写字楼面积超过了 120 万平方米，并聚集了威斯汀、香格里拉、朗豪、洲际等五星级酒店。2009 年开始，吉盛伟邦、红星美凯龙等卖场陆续进驻，琶洲提升为广州一线商圈。凭借广交会这只"金凤凰"，琶洲地区成为了广州市高端服务业发展的集聚区。

会展业促进总部经济发展

总部经济能提升中心城市聚集辐射力，带动区域经济统筹发展。会展经济有利于区域内形成良好的产业氛围和产业环境，既能带动总部经济发展，又与总部经济的发展互为促进，互为补充。二者的发展相得益彰，齐头并进，有利于提高区域经济的可持续性发展。

2008年广交会整体搬迁至琶洲后，琶洲被定位为广州市中心城区现代服务业核心地区、国际化大都市最核心区域，重点引进跨国公司地区总部、国内企业总部，形成以会展业为主导、上下游相关配套产业集聚发展的格局。琶洲会展业的发达为总部经济的形成提供了最重要的要素：信息。琶洲岛上几乎天天上演的会展大戏，都可以看作是各行业市场的最新鲜缩影。毋庸置疑，谁最先掌握这些一手的市场信号，谁就能更先做出决策，谁就拥有了未来。正是依托会展经济资源优势，琶洲吸引了地产、钢铁、电力、照明、服装、家居等行业总部入驻。

国家会展项目将助推西虹桥总部经济

总部经济将成为城市转型的大趋势。近年来，上海市为调结构实施了许多创新转型，青浦区正借力西虹桥开发战略，打造长三角总部经济聚集区。

一、共建上海国家会展项目

为了贯彻国家对上海"四个率先"，以及建设"四个中心"、现代化国际大都市和推进长三角区域经济社会一体化的战略部署，根据部市合作共建国家会展项目框架协议，由外贸中心（集团）与上海东浩国际服务贸易（集团）有限公司分别代表商务部和上海市合资设立上海博览会有限责任公司，在青浦西虹桥商务区开发建设中国博览会会展综合体项目。

该项目位于虹桥商务区核心区西侧，项目分为南北两块，北块以展览、会议及其辅助功能为主，南块汇集会展辅助、办公、商贸、酒店、海关等多种功能，总用地面积约1 560亩。中国博览会会展综合体是上海"十二五"规划和推进国际贸易中心建设中战略性重点项目，将建成世界上最具规模、最具水平、最具竞争力的会展综合体。它由展览场馆、综合配套设施、后勤保障设施三部分组成。项目全部建成后将达到德国汉诺威展览中心的体量，上海将因此成为全世界拥有最多展馆资源的会展中心城市。

中国博览会会展综合体的功能布局为：

会展与配套商业的综合。展览场馆部分是主体功能区，承担各种类型、各种规模的会展、活动；展馆配套设施部分是为参展商、观众和展览服务单位等提供各种服务的区域，规划了办公、会议、商业、餐厅、酒店等设施，具备展会服务、银行、海关、邮政、物流、商业、餐饮等多种服务功能，钻石交易中心、技术交易中心将入驻其中。

超大型展馆与中国博览会一体化经营。根据国家"十二五"规划中促进进口、拉动内需的要求，展馆建成后将策划举办"中国博览会"特大型展览。场馆将按照"标志性、实用性、科技性"的要求，打造建筑形态优美、整体标志性强、功能完善、经济实用、绿色环保、真正具有引领性和示范性的一流场馆，为各项贸易活动营造更方便、更高效、更易成功的空间载体。

二、会展项目推动区域经济发展

中国博览会项目落户西虹桥商务区，将大大加强区域产业基础，提升产业能级，扩大区域影响力，是总部经济的重要载体，对产业结构调整、加强合作交流、扩大贸易、开拓市场、促进消费和推动经济快速持续健康发展具有重要功能和作用；将为货物贸易和服务贸易同步发展、国际市场和国内市场相互融通，提供有效的实践平台，吸引行业领先的会展企业总部、贸易企业总部、物流企业总部以及其他相关产业的企业总部到区域落户。

中国博览会会展综合体项目将为西虹桥商务区现代服务行业进一步现代化、专业化、产业化带来优势资源，为现代服务业发展再上台阶带来重大机遇。它必定成为上海、全国乃至世界的会展亮点，为西虹桥商务区现代服务业的资源配置、产业调整、专业培养、贸易环境提升等方面直接提供充足动力，成为区域经济发展新的增长点。

西虹桥商务区将凭借会展经济、总部经济"双引擎"的拉动作用，率先加速产业创新转型，加速"四个中心"的建设，开创更美好的未来。

提升中国会展品牌的国际竞争力①

中国对外贸易中心（集团）总裁　王润生

一、会展业是拉动区域经济和行业发展的重要引擎

在经济全球化的推动下，服务业国际化和跨国转移成为世界经济贸易发展的重要特征。作为现代服务业的重要组成部分，会展业是拉动区域经济和行业发展的重要引擎，而品牌展会在"价值提升引擎"中的作用更为凸显。

广交会是中国会展业的龙头品牌，是会展经济的中国样本。它跨越 56 载春秋，至今无间断举办了 113 届，是中国外贸的"晴雨表"和"风向标"。一年两届广交会对广州关联产业的经济拉动效应为 1∶13.6，高于国际展览业 1∶9 的平均水平。凭借广交会多年的辐射和影响力，珠三角地区受益匪浅，已成为我国外向度最高的区域；凭借广交会外贸平台导向和产业相结合发展的优势，我国外贸在全球贸易体系中的重要性日益突出，已发展成为全球第一大出口国，第二大进口国。

二、以转型创新提升我国会展品牌的国际竞争力

古语云，行远者必自迩。五十余年来，我们一直默默地致力于贯彻政府经济发展战略，全力建设贸易促进与会展业发展的重要平台，推动中国企业、产品和品牌走向世界。刚刚结束的第 113 届广交会更是彰显了其较强的国际影响力，虽然当前我们还面临外需不振等不利因素，但境外采购商到会已呈恢复性增长，共有来自 211 个国家和地区的 20.3 万名国际买家赴会。

---

① 2013 年 5 月 30 日，中国对外贸易中心（集团）总裁王润生在第二届京交会上发表了主旨演讲。这是演讲摘编。

　　我们塑造广交会品牌的经验有三点：第一是取势。认清宏观形势，不断改革创新，找准广交会自身的定位。第二是明道。掌握会展业的发展规律，紧紧抓住展会的三大核心要素——组展、展商和服务。第三是优术。创新工作思路和方法。

　　如近年我们设立进口展区，设立广交会产品设计与贸易促进中心；第113届广交会推出广交会产品设计奖；鼓励参展企业加快培育以技术、品牌、质量、服务为核心的外贸竞争新优势；打造高可信度的国家级国际贸易电子商务平台；从布展、参展和撤展三方面推进低碳环保。这些重要举措，促进了广交会办展模式的转型升级，也必将推动广交会再次实现历史性跨越。

　　作为我国会展业的践行者，外贸中心近年来在为提升我国会展品牌和会展企业的国际竞争力方面不遗余力。按照商务部的部署，外贸中心近年在上海、天津投资建设中国博览会会展综合体和天津国家会展中心项目。我们还积极组建中国会展业协会，目标是整合我国会展产业链并使其协调发展，为加快我国经济结构调整，助推产业转型升级做贡献。

　　未来十年，中国经济将继续保持增长，我国全球制造业中心地位的巩固，庞大的国内需求，我国产业的转型升级将赋予我国会展业发展新的良机。包括广交会在内的会展业同行的发展都任重道远，我们希望中国涌现更多的会展知名品牌。我们期待与各界携手共赢，实现我国从会展大国到会展强国的转变，实现我国从贸易大国到贸易强国的转变。

坚 持 专 业 化

中国对外贸易中心副主任　徐兵

目前，外贸中心已经绘制了五年发展战略的蓝图，并在上海、天津等地全面启动了新项目的建设，这为外贸中心未来的发展提供更大发展空间的同时，也对我们的经营管理能力和水平提出了更高的要求和带来了新的挑战。要把外贸中心（集团）建设成为具有全球影响力的国际一流基地型展览机构，就必须要坚持"市场化、国际化和专业化"的方向。专业化是市场化和国际化的基础，是外贸中心（集团）未来做强做大的必然途径。不断提升专业化水平，需要做好以下工作。

一、人才的专业化

一是要加速培养专业化的会展人才。如今全球和中国会展业蓬勃发展，产业链条越来越长，针对会展策划、设计、营销、组织、实施和服务的会展管理已成为一门职业，会展经理人也已成为会展行业的专业人才。同时中国会展业市场准入门槛低，市场竞争日趋激烈。一个行业的竞争归根结底还是人才的竞争，谁留住人才，谁将获得竞争优势。外贸中心是中国乃至世界上最早进入展览业的专业机构之一，我们应该有基础、有能力、也有责任培养出会展策划、设计、营销、组织、电子商务和展馆运营及服务等会展产业链的高层次会展人才和专业化的员工队伍，为外贸中心的可持续发展储备专业化的人才。

二是要积极构建员工与外贸中心的"心理契约"，留住优秀人才。心理契约是联系员工与企业的心理纽带，是指企业能清楚并能满足员工的发展期望，员工也相信通过在企业全身心工作能实现他们的期望。心理契约一方面反映了员工加入组织的动机和目的，如薪酬、晋升和自我价值实现等。另一方面又反映了企业对员工的期望，如忠诚尽职、无私奉献等。高契合度的心理契约有利于凝聚激励员工，提高员工的满意度、忠诚度，是企业持续发展的重要保证。外贸中心要关注员工的职业发展、规划员工的职业培训、建设以人为本的企业文化和设计有效的激励方式。

二、服务的专业化

近年来，客服中心引入了 ISO9001 质量管理体系，在提高服务质量、提升服务形象、提高客户满意度等方面发挥了重要作用。ISO 质量管理体系是一种管理工具和手段，并不是引进的终极目标，要以此为契机，全面提高服务的专业化水平。

全员要牢固树立"以人为本、客户至上"的专业服务意识，要把我们的客户、参展商、采购商的满意程度作为衡量服务工作好坏、服务质量高低的标准。

不断提升现场服务的专业化水平。通过 ISO9001 质量管理体系建设，现场服务管理工作取得了明显进步，要继续巩固各建设成果，充分借鉴现代优秀企业的管理经验，不断创新，努力打造服务品牌和现场服务的良好专业形象，培养现场服务的专业化队伍。

系统推进信息化建设。信息技术是持续改进服务质量的主要推动力，也是赢得竞争优势的最有力手段之一。要以业务需求为主导，全面推进展馆运营服务的信息化建设，逐步建立"线上＋线下"相互协同、便捷高效的服务体系，突破时空界限，最终实现客户无论何人、何事、何时、何地、何种方式都可以与我们进行基于统一客户数据的实时便捷的有效沟通，构建具有竞争力的客户关系管理系统。

以客户联络中心为平台创新服务。目前世界范围内，呼叫中心式的客户服务已经成为一种相当成熟的规范，但通常体现在缩短通话时间方面。美国运通公司打破行规，将结构性的对话改变为更为人性化的服务，采用"净推荐值"（net promoter score），通过向客户询问"您可否将我们推荐给您的一位朋友"这一问题来进行衡量，充分利用每一次与客户互动的机会，将服务模式的重心转变为与客户建立关系。广交会客户联络中心要以美国运通公司为标杆，不能只是简单解答问题和接受投诉，要由单纯的电话接入中心向以建立客户关系导向型的现代客户联络中心转型，建立贯穿展前、展中、展后整个服务链的综合性、规范化、标准化的客户服务营销体系。

建设好两个网站。在信息化时代的今天，网站是企业的电子名片，是外部了解企业的第一信息源。网站的建设实际上是一个营销整合的过程，网站是开展对外营销活动的重要载体和手段，建设好外贸中心和广交会的两个网站对于提升外贸中心和广交会的专业形象，对于招展、招商和相关服务等工作均十分重要。要充分了解外贸中心内部各部门和外部客户需求，展示外贸中心和中国第一展的形象。在完善页面设计、充实鲜活内容、扩大对外宣传、提升专业形象的同时，广交会网站要以参展商、采购商为中心，实现功能清晰、使用便利的目标，外贸中心网站要侧重于强化和整合外贸中心（集团）统一协同的整体形象。

重组优化服务外包项目。服务外包是指企业将其非核心的业务外包出去，利用外部最优秀的专业化团队来承接其业务，从而使其专注核心业务，达到降低成本、提高效率、增强企业核心竞争力和对环境应变能力的一种管理模式。外贸中心现有服务外包业务 100 多项，对外包服务承包商也有一系列较好的管理办法和程序。但目前承包商的资质和服务质量参差不齐，外贸中心有关部门要对现有服务外包项目进行认真分析研究，立足于企业价值链的重构，结合内部资源整合和业务流程梳理，从战略的高度确定业务取舍，重组优化服务外包项目。通过整合，使企业自身更加专注于擅长的领域，并在自己不擅长或非核心领域选择专业的优秀合作伙伴，完善和实施对承包商全过程的监督评价体系。

三、营销的专业化

会展营销是一项专业性强、需要创新的工作，首先需要根据充分的市场调研，制定全面有效的营销计划，决定采用何种营销组合，也就是选择最合适的营销工具、最好的媒介和各种营销活动向目标客户传递信息。长期以来，外贸中心有关部门充分运用包括直接邮寄、广告、公共关系、电子营销、促销和出访招商、发展合作伙伴计划、跨国采购等营销手段，为广交会和其他自办展吸引了源源不断的采购商和参展商。在今后招商工作中要关注：

识别和扩大客户群。采购商、参展商是招商工作的两大最终客户群体。但是在开展营销活动过程当中，除了采购商、参展商这两大群体外，我们的营销对象还应包括目标市场的相关政府机构、工商机构和媒体等目标群体。因为通过这些群体同样可以影响潜在的采购商和参展商的与会意愿。同时也要充分研究不同群体的不同需求，采取不同的营销方式。

更有效地选择营销媒介。以上每一个营销手段对于整体营销计划都很重要，但不一定都是有效的媒介，要选择有效的营销媒介。比如直接邮寄和电子邮件营销是针对目标客户最有效的工具，但如果在邮件地址等细节问题上出现问题，它们就成了无效的工具。不要忽视自有媒介，如网站和展会现场的招商作用。要重视社会化媒体等新媒体的影响力。

强化"招商＋服务"的意识。招商的同时，要为潜在客户提供相应的与会服务，打造服务链。

做好效果评估。要对各种营销手段和招商推介活动进行效果评估，以便有的放矢，把有限的资源集中在有效的营销活动上。

四、流程的专业化

谈到企业的核心竞争力，很容易想到研发、品牌、团队等直观要素，而企业日常运作表象内部的流程却往往被忽略。波特在"竞争战略"中指出，无论采取成本领先或差异化竞争战略，很容易被对手模仿超过。而企业内部高效精细化的运转机制则是竞争对手很难模仿复制的，是企业独有的核心竞争力。

管理科学从来就没有什么新的发明创造，只是人们对知识经验的不断总结提炼而成的新名词罢了。流程也是如此，也是来自于大量基础性工作经验的积累总结，反过来流程又可以帮助我们规范管理、提高效率。外贸中心在展览行业实践了50多年，积累了大量丰富的一线工作经验和做法，需要上升到科学管理的高度进行总结提炼。要以客户需求而不是以企业自身为出发点，突破"地窖"式信息孤岛和资源整合鸿沟，通过从传统的商品和服务的出售者向服务与解决方案提供者的转变，从规模化生产向定制化和个性化生产转变，从基于层级的管理体制向基于流程重组和统一数据的扁平化管理体制转变，从而形成一个层次分明、结构合理、衔接精密、运行顺畅的信息化程度较高的无缝流程管理体系，并以此为基础逐步建立适应市场化和国际化竞争的商业运行模式，赢得竞争优势。

五、形象的专业化

我们现在处在一个全方位竞争的时代，企业之间的竞争已不再是仅仅停留在某些个别方面或单一层面上的传统意义上的竞争，而是从个别产品或服务的竞争、资源竞争、价格竞争、技术竞争等转向了企业形象及整体实力的竞争。良好的企业形象已经成为增强企业竞争力的有效手段。我们需要树立自己独特的专业形象，包括外贸中心（集团）、展馆和广交会等。

另外，外贸中心（集团）内部各业务单元要逐步转型到业务单元专业化，专注于自身核心和主营业务的发展；外贸中心内部要形成自主学习的环境，加强专业知识和技能培训，不断提高专业学习的能力。

我们通常用"专业"一词夸一个人干一件事干得漂亮，就是指干得好。要想干好一项工作，必须拥有专业的知识和技能、强烈的使命感和责任感以及无畏的执行能力。我相信，只要我们坚持走专业化的道路，经过全体员工的共同努力，中国外贸中心（集团）一定能够发展成为在行业内具有全球影响力的知名企业。

在光荣与创新中前行

——探究新形势下广交会发展的路径

中国对外贸易中心副主任　刘建军

自 1957 年创办以来，广交会作为中国第一展就被赋予一系列独特的功能和荣誉，包括中国对外开放的标志、窗口和缩影，中国历史最长、规模最大、商品种类最全、到会客商最多、成交最好的综合性国际盛会等。改革开放前，广交会更是中国唯一的外贸平台，尤其在 1972 年和 1973 年，连续两年广交会的年出口成交额占我国当年外贸出口总额的 50％以上。然而，自改革开放以来，我国的外贸经营和管理体制不断发生深刻变化。尤其是随着我国加快外贸方式的转变及外贸结构的调整，推动国际市场布局及外贸经营主体的优化，推进贸易平台多元化以及国际营销网络化的建设，广交会出口成交总额与我国全年外贸出口总额似乎渐行渐远，广交会作为我国外贸出口平台的战略地位不可避免地呈现一定的弱化趋势。广交会应如何进一步加快转型升级，丰富平台功能，优化平台环境，从而更好地履行促进我国外贸发展的责任和使命，成为了我们广交会人当下必须探究的问题。

爱因斯坦曾说："提出一个问题往往比解决一个问题更为重要。"提出新的问题和可能性，或从新的角度看旧问题，需要我们创造性的想象力和全面客观的认识水平。这同样适合于准确认识和把握当前广交会外贸出口平台的战略问题，即需要我们从历史的角度、以专业的态度、以发展的理念剖析问题的背景与现状，并提出解决问题的建议。

广交会是历史发展的必然性和时代的创造性的完美结合

广交会的创办、成长、发展和壮大是当今世界会展史上一个不可复制的案例。论其成功，既要尊重历史发展的必然性，又要承认发展的创造性。一是广交会组展的举国体制。这一体制保证了我们可以充分利用我国的整体实力，集最有效的人力、财力和物力，最大限度地推动我国外贸事业的发展，也为一个经济基础薄弱、政治外交环境复杂的新中国搭建出口平台找到一条最便捷、最有效的途径。二是中国改革开放的红利。过去30多年，中国实行的一系列改革包括经济体制和外贸体制的改革，中国加入WTO以及出口在拉动中国经济发展中扮演的重要角色，全球经济一体化的迅猛发展，以及中国在全球化浪潮中的天然禀赋等，使中国成为全球最大的制造大国和出口大国，并成为全球第二大经济体。出口红利、外贸红利和成本红利等三大标志性的红利直接推动"中国制造"尤其是中国消费品的大量出口，无疑为近10年来广交会规模不断扩容和海外采购商人数持续攀升奠定了坚实的基础。三是广交会采购季节的固化。50多年来，每年4月、10月已成为全球客商采购中国商品（尤其是消费品）的最佳季节。从采购商与会规律来看，广交会展期渐趋固化，特别是对于专业的忠诚采购商而言，广交会展期已融入他们的全球采购季节，并成为他们全球当年采购链条不可或缺的环节。四是广交会举办地的优越条件。纵观世界知名展会，举办地是一个展会成功的关键因素之一。无论从举办初期还是改革开放30年以来，广州凭其优越的经济和地理条件一直是我国对外贸易和改革开放的窗口，也是广交会成功举办的必要因素。五是几代外贸人和外贸中心全体员工的辛勤耕耘和不懈努力。一个展会的成功离不开一支优秀的办展队伍。对于广交会而言，这是一支承载着历史责任的国家级大队伍。当然，广交会成功除了以上核心要素外，还具备一个成功展会的其他基本要素，包括一定规模的展览场馆、与时俱进的专业服务手段等。

广交会作为外贸出口平台的生态环境面临变革

生态环境这一词起源于互联网平台，是指以平台为战略定位的商业模式生存与成长应具备的关键因素。当前，就广交会作为我国外贸出口平台而论，我们有必要对其发展的生态环境进行再认识和再分析。具体包括以下几点：

一是全球资源配置的变革。随着经济全球化加速发展，全球资源配置已经从单纯获取比较优势向争取战略优势转变，从而驱动经济发展的生产要素结构、关系以及相关机制、制度和手段发生深刻变化。作为一个推动资源配置市场化的重要平台，展会赖以生存和发展的关键因素包括产业经济、消费市场、政策导向等也随之变革。

二是生产与消费的转移。迄今为止，世界制造业经历了从欧洲、美国、到日本和亚洲四小龙，再到中国、印度、巴西、俄罗斯等新兴市场国家的四轮大转移。未来 10 年，全球消费市场将可能迎来新的格局，驱动消费增长的主要动力将从欧美转移至亚洲。事实上，世界会展版图一直伴随着国际制造业和消费市场的转移和要素重组而不断变迁。

三是改革红利在消失。过去 30 年，中国通过改革释放出的红利正在消失，中国加入 WTO 开启的大规模的外贸红利时代已经一去不复返，未来改革将由外延型增长向内涵型增长转变、由外向型增长向内需型增长转变、由国际资本向培育壮大本土资本转变，市场化红利、制度化红利将可能成为经济发展的主要推动力。经济发展方式的转变和新一轮红利的壮大迫切要求广交会自我革新。

四是贸易增长方式的转变。改革开放以来，依托中国产品的成本和价格优势，"中国制造"在国际市场上的份额不断攀升，中国出口贸易迅速增长，但"中国制造"的低廉价格并不总利于长期出口的增长。此外，中国出口主要依赖欧美等发达经济体，来自发达国家的新贸易保护主义与日俱增。粗放型的出口增长方式和新型贸易保护主义将可能阻碍一个以出口为战略平台的展会发展。

五是电子商务的发展。伴随着第三次工业革命的脚步，电子商务作为一种全新的商业模式已成为推动国际贸易快速增长的原动力之一。凭借低成本、高效率的比较优势，电子商务为虚拟交易搭建了广阔的平台，特别为中小企业进入国际市场提供了优越的解决方案，同时不断推动国际贸易营销方式的转变，日益成为与展会具有互补关系的竞争者。

六是组展环境的变化。随着办展市场化改革的不断深入，"举国体制"赖以生存的大环境也在悄然变化。为效仿广交会，近年各地政府依托地缘优势，以计划手段配置会展资源，以行政手段打造会展品牌，盲目发展会展经济的乱象随处可见。这不仅侵蚀了广交会举国办展体制的资源，而且提示我们要加快组展体制向市场化改革的必要性。如今，上述变革已经导致广交会的组展链、招商链和成交链出现不平衡和不协调的问题和现象。

新形势下广交会创新驱动的新思路

面对广交会生态环境的变革，作为中国会展业的航母，外贸中心应具备凤凰涅槃、浴火重生的决心和勇气，在顺应现代展会和贸易发展的规律与趋势的前提下，深入探求内核机制的创新与优化，敢于求新，善于求变，突破传统的思维与模式，稳步提升核心竞争力，实现广交会"提品质、扩平台、增实力"的发展目标。

一、加快国际化、市场化、专业化、信息化步伐

"四化"是当前会展业面对经济产业环境的变迁、商业模式的转变以及信息技术的革命而采取的总体策略。国际展览联盟（UFI）对展会国际化设定了明确的标准，对于国外企业参展面积超过 20％、国外参观商超过 20％的展会才给予国际展会认证。就广交会而言，国际化是在持续提升境外采购商的数量和质量的同时，重在提高境外企业的参展比例。只有加快国际化进程，我们才能更好地利用国内和国外两种资源和两种市场，应对由全球资源配置的变革、生产与消费的转移带来的影响。市场化是要进一步推进组展体系和招商体系向市场化转变，平衡好政府与市场的关系，并建立和完善市场化的营销网络和运作机制。专业化是在展区布局、参展结构和参展档次方面，按照全球采购一站式解决方案的理念按部就班地调整，进一步做专、做细、做精，提升广交会作为综合展会的专业性。信息化则是通过统筹和完善电子服务、数据资讯和电子商务等平台来提升广交会的软实力，为"提品质、扩平台"提供技术支持。快捷、方便、高效、环保、人性化是会展业竞争的不二法则，广交会在这些方面急需信息化来巩固和提升，以期实至名归。

二、建设"数据驱动"的牵引式招商平台

促进成交，不仅要提高采购商的数量，而且要提升采购商与参展商的匹配度、兼容度和黏合度，后者对于今天的广交会来说更为重要。从基础层面来看，"数据驱动"旨在通过数据分析为广交会招商决策提供科学依据。通过系统地规划和整合，须尽快形成一个源于跨部门并分享于跨部门的"大数据"格局，积极推动体制内的"数据革命"，为推进广交会的大招商提供数据支撑。从战略层面，"数据驱动"要求彻底颠覆传统的招商模式，创建牵引式（Pull）的招商平台。传统模式是先招参展商再招采购商，或招展招商同步展开。目前欧美的展会已开始采取逆向思维，尝试牵引式的招商模式，即先通过了解采购商的需求，然后应需招揽目标参展企业。牵引式招商模式必然大幅提升看样成交的效果，它的关键是要建立一个能捕捉采购商需求和追踪其行为轨迹的互动平台，通过线上和线下的需求匹配，提高展会买卖双方黏合度。据 2011 年 UFI 的调查显示，72.7％的展览机构过去三年为其展会组织了贸易配对活动，其中，73.1％的配对活动通过网络在线实现。可见，牵引式招商平台对现代展会招商的重要性，尤其是通过网络搭建起来的牵引式招商平台的重要性更为凸显。

三、加快推进进口展办展模式的创新

办好进口展不仅有利于提升广交会国际化程度，而且有利于增强广交会的国际贸易平台功能。一是在办展理念上，进口展应顺应国际性展会的规律与趋势，逐步去"进口化"，提高"国际化"的概念，着力搭建"内外并举"的双向贸易平台。二是进一步释放进口展的市场定位，从面向中国市场扩展到面向亚洲尤其东南亚市场。从世界消费格局来看，亚洲是未来一段时期内最具潜力的消费市场。三是根据专业展的做法，逐步将进口展分题材融入出口展，最大限度地方便买家，提高成交效果。四是进一步扩大进口展招展宣传，从目前广交会广告形象和宣传推广的策略来看，对进口展的投入还有待提高。五是进一步完善进口展的组展体系，扩大市场化的招展网络，特别是扩大与目标市场所在国或地区的专业招展机构的合作。

四、深入推进电子商务的发展

作为我国外贸出口的重要平台，广交会实体展受时空限制，发展已遭遇瓶颈，难以充分体现广交会的全价值。与此同时，广交会还面临采购商流失、数据缺乏深度开发、招商平台有待优化等相关问题。可见，深入推进电子商务的发展势在必行。

发展电子商务通过线上线下结合的方式进一步推动外贸发展，促进贸易成交，发挥广交会作为外贸晴雨表的作用，而且满足广交会自身转型升级的需要。看样成交是广交会的法宝，但随着会展行业信息化发展趋势，广交会传统的看样成交与新兴电子商务的有机结合，将会是更具竞争优势的综合体。此外，发展电子商务还将有助于清洗采购商数据，提高数据有效性和鲜活度，并通过持续跟踪采购商需求和行为轨迹，为广交会搭建牵引式的招商平台。

事实证明，实体展与电子商务的结合具有非常良好的发展前景。国外专业展非常注重与电子商务结合，为买卖双方提供线上线下的一站式服务；电子商务专业机构也注重服务落地，已开始向实体展发展。

中国的经济正步入一个新的周期，粗放扩张之路已到尽头，未来竞争中的王者须依赖有价值的增长，有条理的创新与管理理性的平衡，效率的提升。我们不仅要居安思危，审时度势，迎难而上，而且要进一步解放思想，凝聚力量，攻坚克难。只要坚持创新驱动的发展战略，坚持国际化、市场化、专业化、信息化的发展方向，加快建立牵引式招商平台，积极推进进口展的模式创新，深入推动电子商务的发展，广交会一定能常办常新、基业长青。

对"广交会模式"的再认识

中国对外贸易中心副主任　王彦华

每届广交会期间，都要接待不少来自全国各地、到广交会学习取经的地方政府领导。归纳一下，这些同志对广交会及会展经济的一致看法有三：一是展馆规模是衡量一个地区会展经济发展水平的关键指标；二是广交会是政府主导型展会的成功典范，政府主导型展会的第一阶段，就是财政扶持；三是政府主导型展会随着时间推移一定会实现自我良性循环，并对地方经济社会发展发挥巨量辐射带动作用。基于这三方面判断和全国加快发展现代服务业的大环境，各地在不断扩建展馆、组建博览局等运营机构的同时，迫切希望在广交会找到可易地复制的政府办展模式，以后发优势实现超常规发展，在本地区也出现万商云集的繁荣景象。随着这些信息的不断汇集，我们意识到，当前国内展馆建设热情不减、政府主导型展会前赴后继的内在原因，除了地方政府投资冲动以及受到所谓会展专家的影响之外，还有一个对"广交会模式"的片面认识问题。

对展会分类的再认识

在探讨广交会模式之前，有必要对展会的分类进行梳理。

目前，国内通行的展会分类方法有以下几种：按照办展主体划分为商业型和政府主导型；按照组织模式划分为综合展、专业展；按照办展地点划分为国内展、国外展等。这些分类方法的约定虽然通俗易懂、简单明了，但仅有统计意义，忽略了展会的核心要素，也误导了地方政府的前期决策。我的看法是：

我国的展览本质上只有两大类。一是以贸易促进为单一目标的交易型展会，如广交会、京交会、华交会、高交会、各种国内外专业展等。这类展会的一切工作，都是直接或间接围绕贸易促进展开的。规模交易的推动能力是这类展会的核心竞争力，买家数量与质量是生命线。这类展会可以通过市场化操作实现自我良性发展。二是以区域外交、贸易促进、友好交流、展览展示等多目标为宗旨的博览会，如东盟博览会、亚欧博览会、西部博览会、投洽会、东北亚博览会等。这类展会的出路有二：一是长期靠财政扶持继续维持多目标宗旨，经营上实现自我良性发展几无可能；二是向交易型展会过渡，多目标向单一目标过渡。

展览已经是一个达到充分竞争状态的行业市场，展会的竞争本质不是主承办机构规格高低的竞争，不是办展时间和地点的竞争，而是基于科学分类基础上展会功能定位与策划组织能力方面的竞争。在这个充分竞争的市场中，展会项目就是主办机构推出的产品，谁主办不是核心竞争力，办成哪类展会以及保障措施才是关键的竞争因素。就像企业之间的竞争，早已不是国有与民营、内资与外资这种所有制形式之间的竞争，也不是股份公司与国有独资公司这种企业组织形式之间的竞争，而是产品本身的科技领先优势、质量与价格之间的竞争。

对"广交会模式"的再认识

"广交会模式"到底指什么，包括什么内容，至今并没有形成一个成熟的结论性意见。广交会五十多年的发展历程，对内对外都有太多经验可以总结推广。仅就对地方政府和行业发展的指导借鉴角度而言，重点有以下四个方面。

一、实际上，广交会并不是政府主导型展会

一些所谓的会展专家，把中央部委和各级地方政府作为主办单位的展会都确定为政府主导型展会，并作为中国会展经济的独特模式四处兜售，把广交会作为政府主导型展会的代表到处宣讲。似乎只要商务部介入主办，都会快速办成广交会一样的效果。这种误读导致的负面影响已经显现：在地方政

府的强烈要求下，目前由商务部参与主办的各类展会已经达到几十个，各地按照事业单位模式组建了多个博览事务局、会展服务中心等。但办展效果及办展机构运营效率远低于预期。

因为商务部组建十多年来，对中国外贸中心的定位是部属政策执行机构，对广交会的定位是外贸政策实施平台。政府对广交会的主导更多的是介入，而不是干预。商务部作为主办单位，对广交会介入的重点并不在展会本身，更多是利用广交会这个全国最大的贸易促进平台，通过展位基数调整、品牌展位分配、进出口展区规划等手段，实现和体现中央政府在进出口贸易平衡战略、东中西区域协调发展战略、以质取胜和市场多元化战略方面的政策意图和导向。商务部作为主办方，发挥的是宏观指导与行业协调职能，是紧紧围绕这些政策意图和导向开展工作的。

招商、组展、现场服务是广交会的三大要素，也是各类展览项目的三大组成部分。外贸中心作为承办单位，在这三个方面早已完全企业化、市场化，且仍不断向纵深发展。这也是近年来我们之所以在广交会这一巨型展览项目运作方面取得成功的关键。

二、广交会不可复制，更不能复制

对于那些学习取经的地方领导同志，我们要讲广交会的不可复制：因为五十多年的发展历程不可复制；多年的唯一存在不可复制；过去依托的国内外环境也不可复制。我们更要讲广交会的不能复制：2001 年中国加入世界贸易组织起，会展市场全面对外开放，入世十多年来，中国经济深层次融入世界。广交会的组展模式也经历了一个由"省市组团、按团设馆"、"省市组团、商会组馆、馆团结合、行业布展"、"综合性定位、专业化办展"到"宏观指导、地方组团、行业协调、专业办展"的过程。这个渐次过程是一个不断适应国内外办展环境变化的过程，也是一个不断去行政化、不断市场化的过程；广交会的招商模式早已市场化，现场服务模式的市场化改革也在不断深入。所以，广交会的办展模式，在政府主导方面，目前已没有复制的空间和基础，在这个充分竞争的市场，任何一个地区和企业，进入展览行业并要取得竞争优势，只能在科学判断会展业发展趋势与规律上下功夫，在尽快提高展览的策划组织能力上下功夫。

三、规模交易推动力是广交会的制胜法宝

无论是早期的出口商品交易会还是近期的进出口商品交易会，五十多年来我们始终坚持了外贸商品的题材和现场交易的模式，从未有些许更改。正是这种坚守，造就了当前每届超过 300 亿美元的成交额，也成就了广交会这个中国企业走向国际市场和国际买家选购优质中国商品的最佳平台、唯一平台，对外开放的窗口、标志、缩影都是基于此。所以，交易型展会一定要以推动形成交易、尤其是形成规模交易为核心去策划、组织，这也是交易型展会的最本质特征，不能推动形成规模交易的交易型展会是不可持续的。确定准确的办展宗旨并坚持不懈可以作为广交会输出的经验之一。

四、采购商是广交会的灵魂和生命

在当前的国内外市场，尤其在日用消费品和工业制成品领域，可以说没有一种商品不是买方市场。对于广大国内外买家而言，一方面，他们是交易型展会的决定性因素；另一方面，他们不但有足够多的商品和服务可以选择，更有足够多的展览会可以选择。就广交会而言，如果没有每届 20 余万境外采购商的规模，展位的常年供不应求局面既不会出现，更不会持续。组展工作、现场服务工作也就失去了支撑。所以，对招商工作的重要性和紧迫性，对交易型展会而言，怎么强调都不过分。

无论是处于政府培育期的展会，还是已经进入自我循环的展会，无论是财政资金，还是企业自有资金，只要是交易型展会，资金投入的重点都应该是展会的需求方（采购商），而不是供给方（参展商）。把财政资金重点投在参展商展位补贴和办展机构建设上是有误的，终会陷入续投无效、止投即死的财政扶持陷阱。国内一些政府主办展会的运作实践已经证明并正在证明这一点。

基地展览集团的商业模式创新问题

中国对外贸易中心副主任　王彦华

到 2014 年底，由我方控股投资建设的上海、天津会展综合体项目均将建成并进入运营阶段。这两个项目的建设完成，使外贸中心一跃成为拥有世界最大展馆资源的基地展览集团。站在新的历史起点，要继续保持行业领先地位，需要对发生剧烈变化的新的商业环境做出战略性回应。

战略创新对行业领军企业的意义

一个企业的发展战略，不是奋斗目标，也不是理想愿景。发展战略的本质是强调前瞻性，也就是站在现在看未来，并对企业未来终局作出准确判断。成为行业领跑者是所有企业的共同追求，但成为领军者的道路并不平坦，保持持续领先更是难上加难。

诺基亚公司曾凭借创新精神开发出塞班系统，占据智能手机半壁江山，加上严格的流程管理、成本与质量控制进而成为全球手机领军企业。但谷歌的安卓系统、苹果的 IOS 系统异军突起并成为新的规则制定者后，诺基亚还是过于留恋塞班系统而没有及时推出替代系统而错失战略先机。近日宣布将手机业务出售给微软公司。

柯达公司作为胶片行业的领军者，其实也是数码技术的发明者，但柯达公司的判断是数码技术发展速度不会太快，短期内不会对胶片产生替代性影响。实际情况恰是数码技术对胶片的替代使柯达公司走向了没落。

微软公司发明了第一款平板电脑，但它的选择是把所有的功能都装进去，并设想这种多功能的平板电脑会取代 PC（现在看来根本不是取代，而是创造了一个新的产品品类），这种固化的思维模式导致了商业模式的固化，结果被苹果公司超越。

联想集团2005年收购了IBM公司的PC业务，成为此行业生产能力的世界第一名。但PC机的发展趋势已经证明：硬件的生产企业是没有发展前景的，软件技术才是决定性力量。那联想集团的这个世界第一的意义和前途又在哪里？

......

可见，发展战略的创新是一个企业面临的永恒课题，不创新就会使得企业原有的核心竞争力变成核心刚性，成为前进的负担和包袱，直至被淘汰出局。但在创新过程中，如果出现选择性错误，也会一着不慎、满盘皆输。

财务失衡——行业领军企业衰退的起点

基地展览集团或展览公司的发展战略具有趋同性，原因就是业内人士对行业发展及行业边界的界定标准都差不多，思考框架也差不多。

行业领军企业的兴衰都会有一个漫长的周期，但关键的威胁还是来自内部，在被外部因素击倒前，这些企业都会饱受长期的内部衰退困扰，而衰退源自自身竞争要素失衡。虽然这些失衡会在主营业务拓展、组织架构、文化氛围、干部队伍等多个领域都可以充分显现，但财务失衡才是舞台上最核心的演员，财务失衡是行业领军企业走向衰退的起点和标志。既然战略创新不可停歇，那么把创新基点建立在财务平衡基础上、从财务视角解析战略创新的路径，也许会得到一些有价值的参考。

基地展览集团的财务特性

基地展览集团是既建设运营展馆又以举办展览为主营业务的集团。其财务特性有三：一是主营的展览业务属于充分竞争行业，进入门槛低，行业盈利水平普遍较低。在本就不高的利润中，展览主办方与展馆拥有者的分成比例约为4：1，与双方的投入成本形成巨大反差。二是因为基地展览集团自建展馆，所以财务规模大，重资产运营，运营成本和转移成本（展馆很难改做其他经济用途）都很巨大。而竞争对手仅是租用展馆，是轻资产运营，相对收益率高，转移成本低。三是产业链条长且自营比例大，收入来源多元化，盈利点分散。

基地展览集团的战略创新路径

企业的发展战略创新问题，本质上是一个选择问题，要对企业做什么、不做什么、怎么做、什么时间做、哪些人去做等作出决定。从上面的企业案例可以看到，选择比努力更重要，选择错误，就是自己盲目时选择了另一个盲人给自己带路。路径选择不同，决定着一个企业的未来。

作为领军中的基地展览集团，要保持持续领先，就需要解决好三个方面的平衡：一是展馆与展览之间的平衡问题。一定要有足够的自办展收入来维持展馆运转并实现盈利，只有展览中的自办展才能对改善展馆财务状况起到决定性的拉动作用。二是自办展与客展之间的平衡问题。展馆出租不应对自办展发展策略产生现实或潜在的威胁，要解决好主次关系问题。三是展馆与配套商业之间的平衡问题。酒店、会议、办公等配套设施只是展馆或展览项目对外宣传的要素而已，实际操作中不能真正作为展馆或展览经营的配套而处于从属地位，而是要始终强调独立核算、专业经营、平行考核。

要实现这三个平衡，可选择的策略应该包括但不限于以下 4 个方面。

一、把自办展项目的巩固、提高、拓展放在最重要位置

在一个财务收支平衡或盈利的基地展览集团的收入构成中，主要收入来源是自办展参展企业交纳的展位费收入，展馆的租金收入及配套酒店、会议、展览工程、广告传媒等配套服务收入占比都较小。所以，基地展览集团的主营业务定位应是自办展特别是大型的专业化程度高的自办展。

当然，在自办展开拓过程中，存在多种模式。因为目前的展览市场，已经没有待开发的空白领域，从财务角度分析，对基地展览集团而言，如果现金流充裕，就要主要采取并购方式，迅速占领符合自身发展需要的专业题材

领域；如果现金流紧张，就要充分利用展馆资源，以租金作价、展馆使用权作价等方式入股并最终实现控股。

二、把展馆作为竞争工具而不是盈利工具

基地展览集团的资产中，展馆这个固定资产占绝大比重，建设投资大，运营成本高，转移成本高，租金是展馆直接收入的单一来源且租金较低。而展馆本来应该属于公共基础设施类别，应该由政府投资较为适当。如果展馆是企业投资，则企业只能将其作为竞争工具使用，也就是说不宜把出租率、接展面积、接展数量等作为自己的主要经济技术指标，不宜过多强调和追求这种表面繁荣，而应该是把展馆作为策划、开发、举办自办展的竞争工具，以实现集团收益最大化。在展馆稀缺、办展基础雄厚的中心城市，更需要如此。这是因为从全球特别是国内情况看，相对展馆的建设与运营投入来说，展馆租金整体水平太低，且一般都是连续多年租用，客展发展得好，展馆业主调展期和不再续租的难度就大；客展发展得不好，则很可能出现要求减免租金甚至一走了之的情况。所以，在展馆租金没有大幅提高和办展秩序还很不规范的情况下，客展再多，也不能弥补大型展馆的建设与运营成本，但负面作用是引入并培养了自己的竞争对手，挤压了自己未来计划进入的展览题材领域。

三、自办展展位价格和展馆租金的定价策略

自办展的展位费收入是基地展览集团的主要利润来源，展位价格确定就变得非常关键。价格是由行业整体水平和具体展览项目的供求关系、品牌、行业影响力决定的。一个已经具备行业影响力的展会，展位费价格低可以阻挡其他展览公司进入，但盈利低；价格高盈利性好但容易造成客户分流。一般来说，行业成本上升时，参与者会选择替代品，替代品具有形式不同但功能相同的特点。在展览行业，具备替代功能的展会很多，这也是行业内不断恶性竞争、行业整体利润水平不高的原因。对于基地展览集团来讲，其自办展的展位定价要建立数学模型，密切跟踪同类型国内外展会展位价格的变动趋势和规律，计算展位价格在参展企业参展成本中的比重并测定参展企业对

展位价格提高的敏感系数（展位费在参展企业参展成本中占的比例并不太大，这些企业还会承担物流运输、酒店食宿、往返机票、广告印刷、客户接待等多种费用。只要自办展的行业领先品牌形成，目前的展位价格标准就有较大上涨空间）。在此基础上，判断出价格调整特别是提高价格的层级和时机并能够果断决策。

当然，在行业整体价格水平普遍较低的情况下，通过提升行业整体价格总水平进而提高自身盈利水平也是一个非常重要的策略。欧美的行业组织就是持续、系统地做这件事情，通过集体行为优化行业生存环境。关于这一点，我们这样的基地展览集团有较大的发挥作用的空间，例如，我们掌握着中国展览市场中最重要的展馆资源，又是中国会展业协会的发起人，还有较强的政府支撑，在这种情况下，中国展览市场中的展馆租金价格水平由我们决定是正常的，否则是不正常的。目前国内展馆租金价格 15～18 元/平方米的水平，与展馆的投资与运营成本是严重倒挂的，在经济上也是不公平的（展览项目的大部分收入被主办方占有，展馆投资方仅是维持性运营且需提供全方位服务保障。我们需要加大对展馆建设与运营成本方面的对外宣传，改善展馆租金价格提高的外部环境）。试想一下，如果我们推动把全国展馆租金的行业价格水平提高 8～10 元/平方米，就会更加平衡展览主办者和展馆投资者之间的经济关系，我们展馆的经营压力可以比目前降低近一倍。

所以，把展馆与展览联动起来，把单个展馆、单个展览项目的定价与改善行业总水平联动起来，可以作为一个长期策略。

四、全产业链模式更要强调专业化，做不到专业化就不宜自营

是做全产业链，还是把一个专业做深做透，是基地展览集团面临的一个纠结问题。基地展览集团的财务特性已经为建立全产业链模式奠定了基础，而全产业链的优势是可以实现在集团内部的资源共享。但是，展览参与各方的需求是多元化且不断升级的，所以作为这个链条上的每一个环节，也就是每一个公司或业务单元，包括展馆、酒店、办公、商业、展览工程、广告、展览公司、物业公司、旅游公司等，每个环节必须专业化并追求高端化才是出路。否则所谓全产业链反而成为前进阻力。这是因为在展馆、酒店、办公

楼、会议中心、餐厅、商场这个硬件链条中，很难从财务角度测算到底是哪个部分起到了主导性的拉动作用；在展览组织策划、展览工程、广告、旅游等这个软件链条中，也很难测定上下游之间的相互经济贡献。既然如此，把每个环节都打造成极具专业化的法人实体就是基地展览集团的最优选择。所以，基地展览集团的全产业链应该是高度专业化基础上的竞争要素优势组合，而不是大而全、小而全的功能组合。当然，在全产业链模式下，还有一个是自营还是外包的选择问题，如何选择既要看企业自身管理队伍的状况，也要计算自营与外包的收支差异，但不论结果如何，有一个原则是确定的，不论链条上的哪一个环节，如果自己没有把握短期内做到专业化，就最好不要自营。

行业领军企业一定是具备核心竞争力的，具体到不同企业虽然各有不同，但核心竞争力的共同特征是不可模仿、跟随、学习和替代的。我们的核心竞争力到底是什么，创新的方面还有哪些，希望和同志们继续深入探讨。因为在战略问题上，创新不足比过度扩张还要危险。

多角度扎实推进展览业务
生态文明建设

国际联络部　　余意

　　党的十八大把生态文明建设提到与经济建设、政治建设、文化建设、社会建设并列的显著位置，从而把中国特色社会主义事业总体布局进一步扩展为五位一体。这一提法对于我国会展行业进一步解放思想、加快转型升级、实施创新驱动的发展战略具有重大现实意义，对于外贸中心在新的起点上开创展览业新局面具有战略性的指导意义。

会展综合体建设引入生态文明理念

　　十八大报告明确指出："要节约集约利用资源，推动资源利用方式根本转变，加强全过程节约管理，降低能源、水、土地消耗强度，提高利用效率和效益。"这一论断对于基地展览机构的启发尤为突出。当前，外贸中心正积极推进津、沪、穗三地会展综合体的建设和扩容。为树立尊重自然、顺应自然、保护自然的生态文明理念，我们应坚持科学发展观，统筹协调，兼收并蓄，权衡会展综合体的功能性、专业性与实用性。设计上既要从会展活动的角度出发，满足展会不同群体在不同阶段对设施和空间的需求，又要从资源和生态的角度出发，合理地开发和利用土地和空间资源，努力建设"环境友好型"的世界一流会展综合体。大多数欧美会展中心都很注重生态文明理念。例如，美国芝加哥麦考米克会展中心为了减轻"热岛"效应，建造了约 15 000 平方米的芝加哥最大的绿色屋顶，通过使用良好的建筑隔热外壳以及节能的机械和照明系统，每年为其西馆节约了 20% 的用电量，还建造了 930 米长的专用雨水渠，每年可将约 5 500 万加仑的雨水在不经过城市下水道系统的情况下而直接引入密执根湖。该会展中心因此还获得了美国绿色建筑委员会颁发的"节能环保设计领袖证书"。

加快推进展会运营的生态文明建设

专家普遍认为，生态文明是人类社会文明的高级状态，这不仅仅是简单的节能减排、保护环境的问题，还充分体现了执政党对人类社会发展规律和社会建设规律的深刻把握。作为中国会展业的领军企业，外贸中心应深刻认识会展经济的本质特征，牢牢把握会展业的发展规律，尊重客观，顺应趋势，切切实实地将生态文明理念融入展会运营与开发。具体来说，一方面，要大力开拓和培育以低碳环保、新能源为代表的战略性新兴产业展会，进一步发挥展会对绿色产业和绿色消费的拉动作用，促进我国经济发展的转型与升级。另一方面，加大对参展商和参观商生态文明的宣传教育，增强节约意识、环保意识和生态意识，并建立刚性评价和约束机制，形成文明的参展和观展的社会风尚。对于展位的设计和搭建，我们应进一步鼓励参展企业在空间规划和材料运用方面体现实用性和经济性的理念，采用简易的外观造型，朴实而不奢华，并使用可再生、高回收率的建筑装饰材料。意大利米兰家具展现代家具展区的整体布展风格简约、通透和开放，展位布局彰显人性化，在馆内任一区域均可将四周产品尽收眼底。

进一步加快展会服务方式的转变

面对资源约束趋紧、环境污染严重、生态系统退化的严峻形势，作为专业展会组织机构，我们还应进一步转变展会的服务方式，大力倡导电子化和无纸化的展会服务，着力引导参展商和参观商形成自助式的服务习惯，降低参展和参观成本，促进办展过程的减量化、再利用和资源化。此外，随着会展行业信息化的发展趋势，展会传统的看样成交如与新兴电子商务的有机结合，不仅扩大展会的时间和空间，提升展会的价值和优势，进一步促进贸易成交，而且通过丰富和提升我们展会平台功能，促进贸易方式转变，减少资源消耗，体现生态文明的理念。目前，世界上所有展览企业无一不在考虑发展电子商务。法兰克福展览公司 5 年前启动并开放产品预展平台，为电子商务的发展奠定了基础。汉诺威展览公司通过出版电子书刊、提供网上配对以及产品搜索等服务进一步提升展会的公共关系和客户关系。目前，该公司拥有超过 200 万条客户数据，通过自有搜索引擎为客户提供产品搜索服务，并按照买卖双方建立的联系数量收取费用。

总之，要多角度扎实推进展览业务的生态文明建设，无论是场馆建设、展会运营、新展开拓还是展会服务，我们都要着力推进绿色发展、循环发展、低碳发展，同时要建立一套体现生态文明要求的目标体系、考核办法、奖惩机制，建立长效机制，形成节约资源和保护环境的空间格局和经营格局，努力建设美丽会展基地，实现外贸中心展览业的永续发展。

中国重点城市及展馆 2012 年展览情况扫描^①

客户服务中心展馆销售部

调 研 概 况

一、调研目的

1. 研究中国重点城市展览市场的特点。

2. 研究中国重点展馆的展览项目特点。

3. 为中心广州、上海、天津展馆的营销策略提供建议。

4. 提供中心广州、上海、天津展馆目标客户群的基础信息。

二、调研方法

从网上收集目标展馆 2012 年各场展览会的信息，^② 通过数据统计与分析，得出相关结论。

三、调研展览信息结构

序号	展览信息结构	
1	展览基本信息	展览名称、使用起始日期、使用终止日期、展览面积、展览类别^③
2	展馆使用情况	举办的展馆、使用的展厅

---

① 2013 年上半年，客服中心展馆销售部对中国重点展览城市及展馆 2012 年的展览情况进行了专项调研。本文从中摘录部分结论和建议。

② 由于本次调研所有数据均来源于互联网，不排除存在个别展览信息与实际情况不符的情况。

③ 展览类别采用 UFI 的展览题材分类方式，另外针对中国展览情况增加了"政府展示"以及"活动"两类。

（续表）

序号		展览信息结构
3	组织单位情况	组展单位名称、组展单位性质、组展单位办公地点
4	补充资料	举办届数、展览会网站主页

四、调研展馆

序号	城市	展馆名称
1	广州	广交会展馆、保利展馆、锦汉展馆
2	北京	中国国际展览中心新馆及旧馆、中国农业展览馆、国家会议中心、北京国际会议中心
3	上海	上海新国际博览中心、上海光大会展中心、上海展览中心、上海国际展览中心、上海世贸商场、上海世博展览馆
4	天津	天津国展中心、天津梅江会展中心、天津滨海国际会展中心
5	其他	深圳会展中心、成都世纪新城国际会展中心、武汉国际博览中心

五、调研展览数量

城市	调研展览数量	城市	调研展览数量
上海	411	天津	81
北京	241	成都	68
广州	206	武汉	11
深圳	94	合计	1 112

调 研 结 论

一、重点城市的展览规模分析

单位：万平方米

城市	2012 年办展面积
上海	957.03
广州	815.86
北京	457.24
天津	86.59

相关结论：

1. 上海的展览总规模继续领跑全国；

2. 北京与上海、广州的展览规模差距巨大；

3. 天津展览市场的基数较低。

二、重点城市的展览规模结构分析[①]

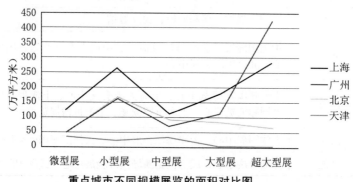

重点城市不同规模展览的面积对比图

相关结论：

1. 上海超大型展览面积明显处于压抑状态，存在巨大的展馆面积瓶颈；

2. 超大型展在广州展览市场中占比巨大；

3. 北京大型、超大型展两个细分市场的规模较小，短期内无法与上海、广州竞争；

4. 天津展览基础薄弱，同时存在展馆瓶颈，目前尚未出现大型、超大型展览。

---

① 各种规模展览的定义依据为商务部 2012 年"关于建立广交会展馆展览评估体系的研究报告"一文。具体如下：微型展 1 万平方米以内，小型展 1 万～3 万平方米，中型展 3 万～5 万平方米，大型展 5 万～10 万平方米，超大型展 10 万平方米以上。

三、上海展览市场规模的预测

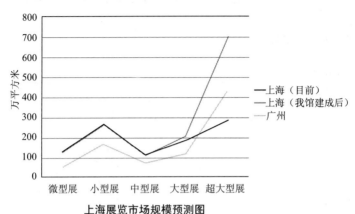

上海展览市场规模预测图

特别说明：该预测仅为基于图形分析的预测，我部目前尚未能建立定量分析展览市场规模的数学模型。

相关结论：

中心上海展馆建成后，上海超大型展细分市场的规模预计将会有较大幅度的增长；

上海展览市场的总规模将有可能达到 1 400 万平方米，比目前增加 450 万平方米。

四、国内重点展馆的展览规模排名[①]

单位：万平方米

	室内展览面积	2012 年办展面积	2011 年办展面积
广交会展馆	33.80	634.62	593
上海新国际博览中心	19.37	544.55	480
深圳会展中心	10.50	300.15	240
成都世纪城新国际会展中心	10.35	191.15	162.88

---

① 　数据说明：2011 年的展览规模数据来自于中国会展杂志社的《中国规模以上展览机构调研分析报告》。其中上海世博展览馆、武汉国际博览中心 2011 年办展面积数据为该展馆运营未满一年的相关数据；表格中未列明的数据为我部目前尚未取得其 2011 年展览规模数据。

（续表）

	室内展览面积	2012 年办展面积	2011 年办展面积
上海世博展览馆	7.59	189.12	50.4
中国国际展览中心（新馆）	9.76	182.62	91
保利世贸博览馆	4.52	133.68	80.25
上海光大会展中心	2.84	126.42	—
中国国际展览中心（旧馆）	5.45	114.28	130
国家会议中心	3.50	87.01	87.13
中国农业展览馆	2.13	62.23	66.48
武汉国际博览中心	12.20	54.20	16
锦汉展览中心	2.12	47.57	51.11
世贸商城	2.09	45.94	—
天津国际展览中心	3.14	41.90	—
上海展览中心	2.16	32.92	—
天津滨海国际会展中心	4.88	27.59	—
上海国际展览中心	1.22	18.08	31.73
天津梅江会展中心	5.40	17.10	—
北京国际会议中心	0.86	11.10	4.13

相关结论：

展览规模全国前三的展馆排名比较稳定，且与其他展馆的规模差距越来越大。

上海展览业发展现状调研

客户服务中心展馆销售部　韩蕾蕾

2012年8月下旬，中国对外贸易中心派员赴上海开展调研活动，走访了上海市商委、会展行业协会等行业主管部门及协会组织，实地考察了上海世博展览馆和新国际博览中心，拜访了两家展览主办机构。以下是调研的成果。

上海展览业发展现状

金融危机之后，世界经济和贸易出现了向服务业和服务贸易倾斜发展的趋势。上海作为现今我国服务贸易第一大重镇，2000年后服务贸易进出口总额每年都以20％的惊人速度迅猛增长。作为服务贸易其中一环的会展业蓬勃发展，其发展特点和发展环境具有独特性和优越性，但同时也存在局限性。

一、发展优势

上海是我国乃至全世界非常重要的经济金融中心、海空大港和交通通信中心。以上海为中心的长三角地区经济发展迅猛，在中国经济总量中长期以来占有着非常大的比重，具有强大的集聚和扩散效应，发展快，外向度高，正在向世界级的城市群迈进，这些都为上海展览业的快速发展提供了强大依托。

二、发展特点

（一）市场化程度高，行业自律性强

上海会展业的运营及管理呈现出市场化程度高和行业自律性强的特点。政府积极转变职能，积极调控会展业发展方向。目前在上海举办的各类展览和会议中，90％以上采用市场化方式进行运作，市场化程度已呈现较高水准，

一些政府主办或支持的展会也开始逐步走向市场化。

上海市在会展行业管理方面领先于全国其他城市，初步形成了较为有效的联动管理机制：首先是提倡行业自律，成立了上海市会展行业协会、上海市国际服务贸易行业协会等行业组织，这些组织在引导行业自律和发展方面发挥了较大作用；其次是转变政府管理方式，商委通过展览联席会议制度，牵头协调与会展业密切相关的其他政府职能部门，各司其职，共同参与对会展行业的管理和服务。

（二）办展主体多元化，实力较为均衡

截至 2010 年年底，经上海市工商局注册的各类会展服务性企业近 3 000 家，已有 498 家主要会展企业成为上海市会展行业协会的会员单位，其中 85 家为主（承）办单位，约占 17.1%。

从办展主体结构来看，涵盖了国营、民营、合资、外资及社会团体、事业单位等各类经营实体；从各类办展主体的展览项目实力来看，则更呈现出各具特色和实力较均衡的格局；从办展主体的地域分布来看，外地办展机构在上海办展较多。

（三）展览国际化程度高

多家国际展览巨头在上海经营多年，以上海新国际博览中心为依托，形成了以慕尼黑、汉诺威、法兰克福、杜塞尔多夫四家德资企业为龙头，带动国际化背景的外资、合资企业，整体呈现出影响力日益扩大的态势，逐渐与国有企业平分秋色。2010 年，上海国际展的数量和面积分别为 232 个和 577.5 万平方米，分别占上海展览总量的 36.1% 和 71.8%，境外参展商的比重也提高到了 25.5%。

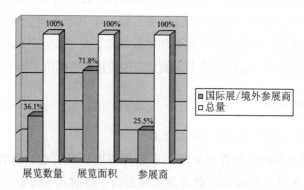

2010 年上海国际展及境外参展商所占比重

三、行业重要地位

2010 年在上海举办的各类展览会项目共计 642 个，总展出面积为 804 万平方米，继续稳居全国第一位。其中，在上海 10 个主要场馆举办的展览会项目共 480 个。以上海会展业对经济发展 2010 年度 1：9.3 的拉动系数测算，拉动其他行业收入共计 1 263.4 亿元。

四、发展态势

2011 年在上海举办的国际展览会共 227 个，总面积 689 万平方米，平均每个展的面积达 3.04 万平方米。10 万平方米以上的项目达 20 个，5 万～10 万平方米的项目也多达 19 个。从展览规模整体发展上来看，上述两个区间的展览整体规模比 2010 年增长了 30％。而 3 万～5 万平方米之间的 28 场中型展总展览面积更是比 2010 年增长了 55％。从处于各区间的展览数量分布来看，上海国际展的各级梯队较均衡，仍有较强的发展后劲。

与国际展相比，国内展则呈现出完全不同的态势。2011 年上海共有 447 场国内展览会，比国际展多出近一倍，但是总面积却只有 264 万平方米，甚至不足国际展面积的一半，增长率也非常有限，完全没有国际展所呈现出的蓬勃生命力和惊人发展速率。因此，可以说是国际展的发展带动了上海展览业的发展。

五、政府作用及影响

上海市政府对展览业的推动和引导作用不可忽视，它表现出了一个老牌国际化大都市的管理机构所特有的包容性和前瞻性。政府充分调动和发挥协会和市场的协调作用，培养业内主流办展主体的自律性，不过多参与具体项目运作或管制，为展览业营造较宽松、健康、良性竞争和发展的环境。具体措施如：出台会展业的税务抵扣政策，却极少针对具体展览给予政策倾斜或资助，不断吸引境外有实力的优秀展览企业和展览项目进驻上海等。但目前上海市政府从职能归口上只对国际展进行协调审批，对国内展的监管则相对较弱。

六、发展瓶颈

近年来，上海展览业的主要矛盾一直是可供使用的展览馆面积与加速发展的展览数量和规模之间的供需不足，尽管后世博时代陆续有超过 15 万平方米的展馆供应增量，但仍无法满足现阶段展览扩张的需求。截至 2010 年末，上海主要展览场馆共 11 个，总展览面积 34.82 万平方米，展览面积 10 万平方米以上的展馆仅有 1 个，最主要的两大展馆是上海新国际博览中心和上海世博展览馆。2011 年，上海新博的展馆利用率已经高达 68%，远远高于欧美发达国家场馆 35% 的平均水平，充分体现其市场垄断地位。同时，该展馆长期以来一家独大引发场馆价格一路走高，使许多展览无法扩张甚至被排斥在外。这些都表明上海日益增长的展览需求在有限的硬件设施束缚下，已难以实现良性的持续发展。

因此，要实现会展产业"规模化、品牌化经营"的战略规划目标，吸引国际会展资源，势必要在上海打造一个与其地位和发展水平相称的、具有国际一流规模、水平和竞争力的国家级会展综合体。因此，上海项目符合国家政策导向和战略目标，契合时代脉搏，顺应市场需求。

"十二五"规划对上海展览业的影响及预测

一、产业结构调整

近年来，上海工业产值增速持续放缓，预示着上海原有的以石油及精细化工为首的汽车、电子信息设备、电站成套设备、钢铁、电器工业等六大传统老牌支柱产业已经不能继续挑起带领上海乃至全国经济进一步飞跃式发展的重担。

上海 2009 年提出了高新产业九大方向：新能源、民用航空制造业、先进重大装备、生物医药、电子信息制造业、新能源汽车、海洋工程装备、新材料、软件和信息服务业，并提出前 4 大产业要达到国内领先水平，而其他 5

大领域则要接近国际先进水平。

二、上海市服务业及会展产业"十二五"规划

上海市"十二五规划"提出要按照"市场化、产业化、信息化、社会化、国际化"的发展方向，加快构建服务业发展体系，努力打造"上海服务"品牌。同时也提出了建设国际经济、金融、贸易、航运中心等"四个中心"的目标，全力推进金融服务、航运物流、现代商贸、信息服务、旅游会展和房地产等服务业重点领域的发展。

会展业方面，上海提出到 2015 年，要初步建成亚太地区的国际会展中心城市之一，打造成为亚太地区综合会展服务功能完善、法规制度基本健全、国际高端会展优势突出、国际化水平较高、专业性会展高度发展、市场运行机制较为成熟、展会场馆设施较为齐全的国际会展之都。相关业内人士还预期：行业增速将达到 14%，至 2015 年年底全市全年展览总面积将达 1 540 万平方米。

解读上述上海高新产业的九大重点方向以及服务业"十二五规划"，结合近年上海各类专业展的发展情况，我们初步认为电子信息产品制造业、航运、海洋工程装备制造业、金融服务业、新能源产业等相关题材值得在未来会展产业和项目的扶持和发展中给予特别关注。

机遇与挑战并存的海外办展之路

展览总公司 马国勤

出国展览作为促进贸易的平台，其发展与国际市场和中国经济的总体状况息息相关，也受到了各级政府、组展单位和广大企业的重视。近年来，展览总公司积极开拓海外自办展，举办了马来西亚中国进出口商品展览会暨投资洽谈会、中国—东盟（泰国）商品贸易展览会、中国（广西）缅甸商品博览会以及中国—东盟（缅甸）商品展览会等展览。这些展览项目均取得了较好的成绩，如马来西亚中国进出口商品展览会举办 9 年以来，共有国内外 2 700家参展企业以及 76 460 名专业买家参展参观，成交额累计已超过 4.3 亿美元。

一、展览总公司作为国内领先的展览主办机构，拓展海外市场主要基于以下几个原因

一是积极贯彻落实国家多元化开拓海外市场的战略部署的需要。作为商务部直属机构中国对外贸易中心（集团）的全资企业，展览总公司积极落实国家的外贸发展战略，组织企业多元化开发海外市场，为他们搭建贸易交流的平台。在海外，知名展会多集中于欧洲和美国等中国传统出口市场，在新兴热点的市场有影响力的展会相对很少，企业难以找到合适的渠道开拓当地市场，展览总公司在这类地区举办自办展，旨在为中国企业搭建商贸平台。

二是顺应企业开拓新兴市场的需求。金融危机和欧债危机以来，欧美市场萎缩，其展会也受到严重的冲击，成交效果大幅下滑，企业参展的积极性受挫，纷纷寻找新的市场。

三是展览总公司自身发展出国展览业务的需要。此前展览总公司出国展业务主要集中在组织企业参加欧美知名展览会上，受金融危机和欧债危机影响，出国参加的展会数量和参展规模均呈现下滑的趋势，因此我们开始积极寻求举办海外自办展，力争稳住出国展览的业务量。

二、回顾探索举办海外自办展之路，我们既有过收获成功的喜悦，也深深体会到其中的艰辛与困惑

第一是展会难以形成规模效益。许多新兴经济体市场容量不大，未能吸引足够多的企业参展。新兴市场展览业不发达，展览设施落后，展馆面积小，不能容纳规模较大的展览，如缅甸仰光就没有专业的展览馆。作为新举办的自办展，展会的知名度和影响力小，企业对展会的展出效果信心不足，多持观望的态度，不想成为第一个"吃螃蟹"的人，所以招展工作较为困难。

第二是难以办成专业化程度高的展会。由于招展较为困难，如只选择某一展出题材办专业展，会难以形成规模，所以展会从最初的定位上来说就存在一定的硬伤：展出题材设计专业化程度不高。同时展会没有条件完全按照展出的题材来选择参展企业，形成"规模化"与"专业化"的博弈，要确保专业化就没规模，要确保规模就失去了专业化。

第三是专业观众的组织较难。展会规模小，同一类商品的展商数量不够多，对专业观众的吸引力小，难以保持较高的观众回头率。多题材的展会宣传难度很大，因为主办方需投放多个行业的专业媒体、杂志等，这会导致宣传成本和人力投入大幅增加。

第四是办展收益较低。由于展会规模不大，所以收入不高，但为了有效果、扩大影响力，展会在宣传方面的投入占收入的比例很高，办展效益低，投入与收效不匹配。

第五是海外自办展存在不可控因素，操作难度大。海外自办展，除了签证、样品运输、报关等一般出国参展时会遇到的不可控因素外，还存在其他的不可控因素。如过去两年，我们在马来西亚办展就连续遇到由于执政党开会时间调整导致展会时间和场地变更的尴尬。

三、在经历了海外办展的各种困难之后，我们总结出一些宝贵经验

一是要选择合适的举办地点。欧美等传统发达国家展览业基本成熟，各种题材的展览会一应俱全，新展可选择的空间小，难度很大。而许多新兴的经济体，消费市场上升较快，展览业处于刚起步的阶段，成熟、有影响力的展览会不多，举办自办展可选择的余地就会大很多。因此，海外自办展应优先考虑在与我国贸易互补性强的新兴经济体举办。

二是要走专业化的办展道路。海外自办展的规模难以做大，如果未能走专业展之路，那将会办成一个"小型综合展"。小型综合展一方面对专业买家没有吸引力，展会难以持续。另一方面宣传推广的难度大，成本高。因此，在选定举办地后，应认真分析当地的市场需求以及当地展会的情况等，然后确定自办展的题材，最好选择自己有资源优势的行业，走专业办展之路。

三是要加强合作、整合资源。海外办展难度大，仅靠一家之力难以把展会办好。因此，在互利共赢的原则下，应广泛寻找合作，汇聚同类资源，把相关资源整合到展会平台上来，形成合力，提升展会的影响力和竞争力，这样才能把展会持续办下去。

四是要加大观众推广的持续投入。举办海外自办展最大的难点在于组织一定数量的专业观众而且保持较高的回头率。因此一方面要办专业展，提高展会对专业买家的吸引力，另一方面要加大宣传投入。新生的海外自办展知名度低、影响力小，宣传推广需要点面结合。既要与当地相关的行业商协会合作，请其组织会员参会，又要收集并建立买家数据库，进行点对点的推广；既要投放专业媒体杂志的广告，也要适当投放大众媒体，广而告之；既要立足当地专业买家的深度挖掘，也要辐射周边地区。

五是海外自办展难度大、成本高，开拓方向尽量要符合国家外贸发展战略，力争政府外贸开发资金的支持，以减轻企业参展负担，提高他们参展的积极性。

"品牌＋地点"：
成熟型展览会的核心
——兼议若干展览现象

展览总公司　刘晓敏

问题的提出

一般而言，展览会的发展过程历经初始期、成长期、成熟期等几个阶段。大体上，前3届为初始期或培育期，接下来的3～5届为成长期或发展期，此后则进入稳定发展的相对成熟期。随着主客观条件等多方面因素的变化，展览会亦有可能最终步入衰退乃至消亡阶段。

从资源要素构成的角度进行分析，一个展览会可能涉及展馆、品牌、时间、地点、组织方、参展商、参观商、合作方、配套服务等多种要素（由于展馆要素具有一定的特殊性，此处不做深入探讨）。且每种要素在展览会所处的不同发展阶段所起的作用是不同的。对于一个相对成熟型的展览会而言，究竟何种要素才是核心所在呢？

业界历来对此莫衷一是。传统观点认为，展览会的核心要素为参展商或参观商。唯其如此，许多展览会组织方都将此二者视作绝不可以示人的"国之利器"。基于这样一种思路，我们不难观察到，在操作过程中，组织方竞相采取多种手段防止参展商或参观商资源外泄，尤其是在展览会现场对竞争对手"偷入"自己领地的行为更是视若洪水猛兽予以坚决挞伐，甚至连同有关行业组织、业务代理或媒体等第三方的合作都谨慎之至，以免养虎贻患，一不小心培养了潜在的竞争对手。果如此否？

国际观察的初步结论

中国展览业的发展实践和中国展览市场的开放实践都可以证明：品牌和地点是一个成熟型展览会的核心要素；品牌与地点的共生与协同作用的发挥程度是一个成熟型展览会能否持续繁荣发展的关键。

一、用发展的观点看展览会

笔者认为，展览会的核心要素随着所处发展阶段的变化而变化，相对成熟型展览会的核心要素并非前述任何一个单项，而是一个多种要素组成的复合体。具体而言，这个复合体的第一组合就是"品牌＋地点"。其他要素同样是一个成熟型展览会非常重要的资源，并且曾在初始期或成长期可能是最核心竞争力所在，为展览会品牌效应的形成起到了关键的作用，但在步入相对成熟期后，"品牌＋地点"的重要性便渐趋凸显出来，逐渐成为展览会的核心要素。

二、从中国展览业的发展实践看

纵观中国展览业的发展历程，不乏有这样的现象，一些正处于初始期或培育期的展览会可能会因前述任一要素的变动而产生致命的影响，如几个骨干业务人员的跳槽或主要合作方（如行业组织等）的更换等都会在一定程度上导致展览会的夭折。但相对成熟型展览会的抗风险能力则大为增强，即使极端到将具体操作团队进行大换血或摒弃全部合作关系等可能也不会从根本上阻碍其长期发展的总体趋势，这一点已为行业内的多个案例所验证。还有一些已历多届的展览会尽管其所提供的配套服务水平尚有待改进，然而这并不影响其实际上继续保持前进的势头。反之，有的展览会服务异常周到，组织方甚至不惜成本使出为与会者提供免费食宿等招数，但却始终难以成熟……究其因何在？

一言以蔽之，成熟型展览会的品牌影响力已经深入人心，在一定程度上处于卖方市场地位，无论是参展商还是参观商等都对之形成了较高的忠诚度，且多年参展所产生的"路径依赖"使得其不会简单地因为业务人员的更换、行业组织的退出、展会时间的适度调整等客观原因而主观改变既定的参展计划，更不会轻易地"移情别恋"。那么，成熟型展览会是否只要有"品牌"就可以纵横捭阖而无往不利呢？事实却又不然。当核心要素组合中的"地点"发生改变时，展览会的发展则可能会受到多方面因素的制约，离开了原"地点"的"品牌"所产生的效果也大打折扣，情况也会随之发生变化。

三、从中国展览市场的对外开放实践看

"地点"改变后对"品牌"的实际效果所产生的影响，在国际成熟型展览会的品牌移植方面体现得较为明显。本世纪初，当外资展览巨头大举进军国内市场的时候，当时的中国展览界一片恐慌，一时间，"狼来了"的呼声甚嚣尘上。然而，十几年过去了，事实并非最初所想象的那样，强"狼"终究没有压倒地头"羊"。大多数外国"狼"要想在中国这片展览旷野上占得一席之地，最现实的出路可能并不是单打独斗式的简单品牌复制，而是正如一首歌曲所描述的那样，"狼爱上羊啊……相互搀扶去远方"，具体就是通过收购、兼并、参股等多种方式与本土的展览会进行亲密接触。据不完全统计，过去发生在中国展览市场的并购合作案例大多都涉及外资背景。

一定程度上说，并购合作方式是相当一部分外资公司经过缜密调研分析或实证经验后的相对优选，而一些采取独立作战模式进入中国市场的国际成熟型展览会都不同程度地遭遇到了滑铁卢，出现了"橘生淮南则为橘，生于淮北则为枳"的现象。有关信息显示，欧洲某品牌展览会进入中国市场多年，但由于市场不适应及国内竞争对手的强力阻击等原因，一直停留在较小的规模止步不前，甚至有些"王小二过年，一年不如一年"的景象。耐人寻味的是，中国参展商对举办地点在欧洲总部的母展览会趋之若鹜，但对其在国内的冠以同一品牌名称并由同一团队运作的子展览会却显得异常冷淡，更遑论吸引那些来中国参展需要额外付出的国际参展商了。面对这一情况，该展览会不得已采取捆绑销售的策略，即参展商要想获得母展览会的展位，必须参加国内的子展览会，但即便如此，效果仍差强人意，原因何在呢？在成熟、完善的数据库几乎囊括覆盖全球的庞大的参展商、参观商资源，亦不缺乏足

够强大的品牌影响力，组织方更有相对丰富的展览经验、先进的管理理念、高素质的专业团队的条件下产生这一现象，说到底，主要原因是"地点"要素的缺乏，因为"俱备之万事"只是涉及成熟型展览会核心要素组合的一个方面，即"品牌"，而所欠的"东风"恰恰是"地点"。

四、"品牌与地点"的共生与协同

"品牌"的形成一般都要经历一个展览会组织方策划、宣传、推广并在办展实践中不断修正、补充、完善、提高并被客商及其所在行业普遍认可的艰苦过程，是一个系统工程。在成熟型展览会的核心要素中，品牌的树立与维护应是第一要义。

"地点"的背后实际上涉及两方面因素：一是新地点是否具有足够的辐射力或影响力，是否具备与展览会相对应的产业或市场基础，抑或是否拥有类似美国展览界的拉斯维加斯模式所需的条件。这是成熟型展览会进入异地时所应考量的一个基本因素。无论其他条件多么好，盐碱地上总归是长不出好庄稼来的。另一决定性因素则关系到新地点（或一定区域内）是否存在足够强大的竞争者，因为这往往会对外来者形成很高的市场进入障碍。毕竟展览业不同于一般的行业，同一时期在同一地区可能只需要一个同一类型的成熟型展览会。唯其如此，展览界才有了这样的惯例，同一地区的展馆一般在3个月内不安排两个或以上同一类型展览会，以避免造成过度竞争。

若上述两方面因素的任一项不能被满足，试图进入新地点办展并取得成功的意愿都可能在短时间内难以实现。换言之，当一个地点不具备辐射力以及产业或市场基础，或已经存在强大的先行者时，即使后来者足够成熟，品牌影响力足够强大，可能也很难获得立足之处。前述一些国际品牌展览会进入中国市场所遭遇到的强力阻击便不外乎此因。而中国展览业一个较为普遍的现象是，很多地方政府热衷于主办与当地产业相关的展览会，且不惜血本将其作为提升地方知名度的一张璀璨的名片来打造。但事与愿违，相当一部分展览会只是热闹一场，实质上的展览效果并不明显。究其因何在？其并不缺乏展览会举办所需的雄厚的产业依托，配套服务水平不可谓不高，组织方更拥有一般展览机构所不具备的行政影响力，造成这一局面的主因可能同样还是要围绕"地点"所涉及的因素进行探究。

如果老"品牌"和新"地点"能形成较好的匹配，共同构建起新的核心竞争力，则该展览会便具备了很快成熟起来的基本条件。行业内不乏在不同地点巡回办展的成功案例，如有的成熟型展览会多年来一直在两地之间轮换，并且呈现出了良好的发展态势，原因之一可能就是巡回地不存在竞争对手。而前述采取并购合作方式的外资展览公司之所以能在中国市场站稳脚跟，一定程度上也正因为较好地解决了进入新地点所面临的竞争问题。

当然，对一个成熟型展览会而言，核心要素的构成组合并不是绝对的、固定不变的，而是离不开一定的前提条件约束的。突出"品牌＋地点"并非贬低或否定其他要素的重要作用。随着客观条件的变化，成熟型展览会对于"地点"要素改变后所出现的不利因素，可以从新"地点"的客观实际出发，考虑采取有针对性的应对策略，适时充分发挥展馆、组织方、合作方等其他要素的重要作用，极大限度地利用成熟"品牌"的已有影响力，形成自身的差异化优势，减少来自竞争的直接压力，从而实现"橘生于淮南、淮北皆为橘"的理想结果。

中国展览业发展前瞻

展览总公司　华谦生

作为现代服务业的重要组成部分，经过多年的快速发展，展览业已经成长为我国经济不可或缺的贸易、交流与促进合作平台。随着我国展览业日益成为一个真正的产业并不断走向成熟，未来几年，我国展览业将呈现出五大发展趋势：一个主题、两个动态、三大中心、四个方向和五大产业带。

一个主题：开放、合作、共赢、发展。

开放、合作、共赢和发展，是我国展览业近几年乃至今后很长一段时间的主题。

开放。我国展览业呈现三个层次的开放：一是国家和产业层次的开放。展览业是我国的一个新兴产业，我国在加入 WTO 时没有对其设定任何保护条款，全行业对外开放。全行业以一种开放、欢迎的心态对待来自国外的同行和伙伴们。二是区域和城市层次的开放。我国很多地区和城市对展览业都持开放的态度，部分甚至视之为重要的经济产业，这些地区和城市十分欢迎来自全国乃至全世界的办展单位来本地区或城市办展，甚至为此给予大力支持。三是展览主办单位和展览场馆的开放。在我国，展馆和绝大多数展览主办单位对国外办展机构、参展商和观众都持开放和欢迎态度。

合作。我国展览业也呈现出三个层次的合作：一是国家和产业层次的合作。我国展览业与世界很多国家和地区的展览业都在展开国家和产业层次的合作，这些合作在带来了国外办展经验的同时，也引进了来自国外的激烈竞争。二是区域和城市层次的合作。为推动区域经济发展，我国很多地区和城市加强合作办展，如中部省份联合举办的"中部博览会"、东北三省联合举办的"东北亚博览会"、西部省份联合举办的"西部博览会"等。三是展览的办展单位之间的合作。我国很多展览都是几个办展单位通力合办，随着我国展览业的持续发展，这种现象还将更加深入和广泛。

共赢。我国展览业在追求共赢上也呈现三个层次：一是追求办展单位与参展商及观众之间的共赢。这是办展单位与客户之间的共赢，是展览保持可持续发展的基础和保障。二是追求办展单位之间的共赢。这是合作伙伴之间的共赢，是在竞合的大环境下，办展单位之间保持长期合作的基础。三是追求宏观层面和微观层面的共赢。主要是展会满足政府和行业宏观方面的需求与展会自身发展之间的共赢，如大型展会的发展既要兼顾自身对办展所能得到的经济效益的追求，也要兼顾到展览对展会行业、乃至对政府经济发展的推动期望等，这是展会取得行业和政府支持的重要基础。

发展。我国展览业的开放、合作和追求共赢的目的，都是为了发展。保持不断地又好又快的发展，是过去 20 年以及未来很多年里我国展览业呈现出的最显著的特征和趋势之一。

两个动态：一是国际展览业从西欧和美国向中国转移；二是亚洲内部展览业从东南亚和日本向中国转移。

目前，世界上有三种典型的选择展览会举办城市或地区的模式，或者说有三种主要的展览会聚集模式：一是在展会展览题材所在产业的生产集中地举办，二是在产品消费地举办，三是在著名的休闲度假地举办。在这三种模式中，前两种模式占绝大多数。

随着世界产业的转移，我国已成为"世界工厂"，很多在原产地举办的展览会也随着产业的转移而渐渐转移到我国。同时，随着经济的发展，人民收入的提高，我国人民的购买力在不断提升，消费市场规模在飞速扩大，一些在原来产品消费地举办的展览也开始向我国转移。这样，就出现了展览业向我国转移的两种动态。最近，UFI 的数据也反映了这种转移的趋势：2011年，各地在世界展览业中的比重发生了变化，欧洲所占的比重由原来的 50％下降到 48％，美洲由 26％下降至 24％，亚洲则由 16％上升到 20％，以中国为代表的亚洲地区在全球展览业中地位在上升。世界展览业的这两种转移动态对我们来说，既是机遇也是挑战。说机遇，是因为合作和发展的机会多了；说挑战，是因为随着展览会的转移，国外办展机构也随之进入我国展览市场，竞争更加激烈了。

三大中心：上海、北京、广州。

目前，上海、北京和广州是我国三个具有世界意义的展览中心，我国大多数具有较大影响力的展览都在这三个城市举办，在这三个城市所举办的展览会不论是在数量还是在质量上在我国都处于前列。

在这三大展览中心城市里，每一个城市里都有一个居于领先地位的办展单位或展览场馆，如上海的世博集团和上海浦东新国际展览中心，北京的中展集团和中国国际展览中心展览馆，广州的外贸中心（集团）和广交会展馆。其中，上海的世博集团和上海浦东新国际展览中心分属不同单位，北京和广州则是主要办展机构和主要展馆同属一家单位。这三大办展单位和三大展览馆形成了这三大展览中心中的中心，它们的经营活动不仅受到我国展览业的广泛关注，也对我国展览业的发展产生着重大的影响。未来，这三大展览中心在我国展览业中的地位和影响还会不断加大。

四个方向：一是展览会的功能由单一向多重并重转变，二是展览业越来越呈现相对垄断的趋势，三是政府的产业政策导向更强，四是行业内部的整合在进一步加快。

在展览会功能的转变上，以前我国很多展览会不管规模大小，功能都很单一，如以贸易成交，或以实现一些社会目标为单一追求。随着展览业的快速发展，近年来，我国很多展览会都从单一功能向多重功能转变，如由只注重追求宏观功能向同时兼顾宏观功能和微观功能转变；由只注重追求微观功能中的贸易成交，转向在夯实展会贸易成交功能的同时兼顾交流、发布和展示等功能。这些转变使展览会的功能由单一向多重并重转变，展会内容愈加丰富多样，一些强大的展会将由此变得更加强大。

中国展览业即将进入"大展时代"。世界各国展览业发展的一个显著特点，是随着该国展览业逐步走向成熟而逐渐走向"相对垄断"。在此过程中，一个或少数几个展览成为对该题材展览市场有垄断力量的品牌展会，而大量的中小展览会在竞争中逐步走向消亡，整个展览产业进入以"大展"为主的"大展时代"。在我国，随着展览业的快速发展，展览业内部优胜劣汰的速度在加快，一些产业或题材里已呈现只有一个或两三个大展对该题材相对垄断的态势，产业的集中度在不断上升。在一些强势并处于相对垄断地位的大型展会的竞争或打压下，同类展会中的一些小展览会的竞争地位和发展前景变得越来越不乐观。"怎样才能生存"，这是展览业逐步走向成熟的过程中，众多中、小展会所共同面临的难题。在这种产业演进的大趋势下，展览业的"大展时代"在我国很快就会到来。

在政府政策导向上：为加强行业管理和引导行业发展，政府对展览业的政策引导和管理在不断加强。如：国家在"十二五"规划中明确提出要促进会展业的健康发展，商务部也出台《关于"十二五"期间促进会展业发展的指导意见》，各地的地方政府也纷纷出台会展业发展规划和管理办法等。这些对展览业的发展都有着深远的影响。

在产业整合上：我国展览产业内部的整合在进一步加强，并呈现出与以往不同的特点。以前，我国展览业内部的整合基本是小展览会之间的合并或小展览被大展览整合。现在，中型甚至大型展览会联合成一个更大规模的展览会的事例在全国各地不断发生并越来越多。这从另一个方面也推动着中国展览业加速进入"大展时代"。

五大产业带：长三角展览产业带、环渤海展览产业带、珠三角展览产业带、中部展览产业带、西部展览产业带。

经过多年的发展，我国展览业出现了五个较集中的区域，或者说形成了五个产业带的雏形。它们分别是：长三角、环渤海、珠三角、中部及西部展览产业带。其中，以上海为中心的长三角展览产业带、以北京为中心的环渤海展览产业带、以广州和香港为中心的珠三角展览产业带是三个较成熟的产业带，在这三个产业带中，展览中心城市突出，地位稳定。另两个产业带的展览中心则还在形成之中。例如，中部展览产业带中，武汉、长沙和郑州都在争取成为中心；在西部展览产业带中，成都、昆明、西安和南宁也在彼此竞争成为中心。

随着沿海地区产业的转型升级，将可能导致前三个产业带崛起新的展览题材。而随着我国产业逐步从沿海地区向中西部地区转移，也开始出现前三个产业带中的部分展览会向其他产业带转移的动向。未来，这种动向还将继续而且转移的规模可能将进一步扩大。如果措施得当，中、西的原来一些"二线"或"三线"的会展城市将因此而拥有发展会展业的机遇。

随着我国产业结构调整和产业升级的步伐在不断加快，我国展览业发展的脚步也在不断的变化中。在这风云变幻的发展大环境里，谁能先别人一步认清形势，谁就有可能先别人一步把握好机遇，进而在激烈的市场竞争中求得更好的发展。

迎接中国展览业"大展时代"的到来

展览总公司　华谦生

据有关方面的数据显示，2011 年，我国经贸类展览会在展会数量和展览总面积上都出现了新的变化：以 8 万平方米的展览面积为界，规模在 8 万平方米以上的展览会的总面积首次超过了规模在 8 万平方米以下的展览会的总面积；面积在 8 万平方米以上的展览会增加了 19 个，展览总面积增加了 258 万平方米；面积在 1 万平方米及以下的小型展览会减少了 99 个，展览总面积减少了 68 万平方米。2012 年，上述趋势得到了进一步的加强。种种迹象表明，中国展览业即将进入"大展时代"。

走向"大展时代"是展览业发展的基本规律

世界各国展览业发展有一个基本的规律：随着一国展览业逐步走向成熟，该国的展览业将逐步走向相对垄断。所谓"相对垄断"，即一国展览业在走向成熟的过程中，大量的中小型展览会在竞争中逐步走向消亡，一个或少数几个展览会逐渐成为对某题材展览市场有垄断力量的品牌展览会，该展览市场由此进入了"大展时代"。

展览业进入"大展时代"是展览业发展到一定阶段的必然产物。以人们熟悉的"展览王国"德国为例，从展览业的宏观层面来看，德国近年来每年举办的贸易类展览会的数量约在 130～160 个之间，在这些展览会中，大展的垄断地位非常突出。例如，早在 2008 年，德国举办的贸易类展览会共 157 个，其中，展览面积在 10 万平方米以上的展览会 92 个，约占德国当年办展总数量的 58.6%。从某一个产业或题材的展览市场的微观层面来看，展览市场的相对垄断也非常明显。例如，在体育用品题材展览市场，慕尼黑体育用品展就呈现垄断地位；在汽车题材展览市场，法兰克福汽车展呈现垄断地位；在家具题材展览市场，科隆家具展呈现垄断地位……这样，在德国，一个题材的展览会基本只有一个，同题材的中小型展览会基本不存在了。类似德国，展览业呈现相对垄断在法国、英国、意大利以及亚洲的新加坡都十分明显。

在一国范围内，一旦某一题材的展览市场逐步走向成熟，行业状态将逐步走向相对垄断。这时，该市场会呈现出"垄断"或"寡头竞争"两种基本态势。

垄断。某一题材的展览市场只有一个品牌展览会存在，除了一些微不足道的"市场补缺型"小展览会，这个品牌展览会基本完全垄断了该市场。这种现象在一些中小国家或展览业比较成熟的国家十分普遍，如上面讲到的新加坡和德国等。

寡头竞争。某一题材的展览市场只存在少数几个品牌展览会，这少数几个品牌展览会基本垄断了该题材的展览市场，彼此之间展开寡头竞争。这种现象主要存在于一些较大国家或展览业还不很成熟的国家，如中国、美国和俄罗斯等。由于国家疆域较大，或因为一国之内的市场区域化和差异化的特征十分明显，一个展览会往往垄断不了这个国家某一个题材的展览市场，这时，市场上就可能同时存在两个或三个品牌展览会。例如，我国汽车题材展览市场，北京汽车展、上海汽车展和广州汽车展基本形成三足鼎立之势；建材题材展览市场，上海建筑贸易博览会、广州建博会和北京建博会也呈现出一种寡头竞争的态势。随着我国展览业开始逐步进入"大展时代"，2013 年及以后，我国展览业中的这种相对垄断的现象将会越来越明显。

展览业走向"大展时代"的途径

随着一国展览业逐步走向成熟，一国展览业逐渐走向相对垄断的"大展时代"是行业的必然。我国展览业正处在向"大展时代"转变的过渡阶段，研究展览业如何从众多中小展览会唱主角而转变到"大展时代"的途径，能对我们在中国展览业即将转型这一发展阶段更好地把握机遇寻求发展有很大的帮助。通过对世界展览业的深入研究发现，展览业走向相对垄断的"大展时代"的途径主要有以下五种：

市场竞争，优胜劣汰。会展经济是规模经济，展览会随着规模扩大而单位成本下降、边际收益上升，一些中、小展览会如果没有达到该题材展览市场展览会的规模边界，其办展成本将明显相对偏高，收益明显相对偏低，这将使这些展览会在整个展览业逐渐走向成熟的过程中因经受不起市场竞争而被淘汰。具有较好规模效应的展览会将逐步垄断了这一题材的展览市场，市场越来越向一两个行业大展集中，行业的集中度在竞争中不断提高。"生存还是毁灭"是展览业在逐步走向成熟的过程中，众多中、小型展览会所共同面临的问题。

展览会功能要适合其所在题材产业的要求。从参展商和观众的微观层面来看，展览会具有贸易、展示、信息和发布四大功能；从政府或行业协会等的宏观层面来看，展览会具有经济功能和社会功能。随着展览业逐步走向成熟，同一题材中的展览会的这些功能有向某一个或几个展览会集中的需要和趋势。当一个展览会的功能逐步丰富并强大时，这个展览会就成为这个行业的"巨无霸"，它就逐步对该题材展览市场形成了垄断，一些功能不全或不强的展览会将逐步被淘汰。

联合。一个行业如果有多个同类展览会存在，该行业内的企业将疲于奔命，行业有使有关展览会走向集中的要求。这种情况在展览业走向成熟的过程中非常多，一些中小型展览会不愿被市场所淘汰而主动联合起来，或者在政府或行业协会等其他力量的驱动下联合起来，形成行业大展。这样，几个同类展览会联合起来集中举办，形成一个品牌展览会而形成垄断。

并购。将其他同类展览会并购，合并成一个品牌展览会而形成垄断。会展经济发展的一个重要趋势，是市场份额越来越向最有价值的品牌集中，形成品牌产权。行业强势展览会对行业内的同类展览会进行并购，被并购的展览会被融入强势展览会，行业内展览会的数量因此而逐步减少，行业集中度因此而上升，行业具有垄断地位的大展也因此而形成。

自然垄断。主要由政府法令或行业规定而形成。为规范展览市场，避免重复办展和资源浪费，政府对展览业管理的加强有促使行业走向集中的力量。

在有的国家，政府不起这种作用，但有关行业协会也在起着这种作用。例如，政府或者行业出于某种目的，规定某一行业内的某类型展览会的举办数量，这会形成一种行业的自然垄断。

"大展时代"展览业的主要特征

展览业一旦呈现相对垄断的"大展时代"的态势，则意味着一国的展览业已经发展到了一个新的阶段。在这一阶段，展览业就呈现出与以前不同的特征。

一、大展在展览业中占主导地位

从整个产业看，整个展览业进入以大展为主的"大展时代"；从某个具体题材看，一个或少数几个展览会成为对该题材展览市场有垄断力量的品牌展览会。中小展览会在竞争中被并购、整合或者因无法生存而走向消亡的速度将更快，数量也更多。在一些强势并处于相对垄断地位的大型展览会的竞争或打压下，同类展览会中的一些中小型展览会的竞争地位和发展前景变得越来越不乐观，"生存还是毁灭"的问题对中小型展览会来说将更加严峻。

二、创办新展览会将更加困难

由于许多题材领域里已经有了占领导地位的品牌展览会，它们在行业里的影响力和展出效果都得到行业的普遍认可，在行业内创办新展将变得越来越困难。随着展览业逐渐走向成熟，展览行业也变得更加规范和有序，行业内重复办展和搭车办展也将变得越来越困难。

三、产业整合上将出现新的变化

展览业内部的整合将呈现出与以往不同的特点，这一阶段以前，展览业内部的整合很多是小展览会被大展览会整合，或者几个小展览会合并成一个大一些的展览会。进入这一阶段，中型甚至大型展览会联合成一个更大规模的展览会的事例将在全国各地不断发生并越来越多，展览业内部的并购和重组将加速进行，几个实力强大的办展机构联合起来举办大型展览会的现象将越来越多。

四、展览会的功能将更丰富和鲜明

在进入这一阶段以前，不论规模是大还是小，很多展览会的功能都很单一，如仅以贸易成交为单一追求，或以实现一些社会目标为单一追求。进入这一阶段以后，单一功能的展览会将遇到前所未有的经营和竞争压力，展览会功能将从单一向多重功能转变，如原来只注重追求宏观功能的展览会开始向同时兼顾展览会的宏观功能和微观功能转变，原来只注重追求微观功能中的贸易成交，转向在夯实展览会贸易成交功能的同时兼顾信息、发布和展示等功能。这些转变使一些强大的展览会将由此变得更加强大，展览会的内容也将变得更加丰富。不能及时进行功能转变的展览会，将在竞争中逐步被削弱并被淘汰。

五、展览会经营模式将由粗放型进入精细化经营

"大展时代"展览会之间的竞争以大展之间的竞争为主，它们是强者与强者之间的竞争，是以夯实展览会功能、增强展览会品质和提高服务质量为主要方向，粗放式的展览会经营模式已经不适应行业竞争和发展的需要，展览会经营将越来越转向精细化。

总之，在"大展时代"，展览业的行业态势和市场竞争格局将发生明显的变化，展览的国际化程度、办展模式和展览业的市场秩序将与以往有较大差别。未来几年，中国展览业的"大展时代"即将到来，作为中国最大的展览机构的"展览人"，你们准备好了吗？

浅谈政府与展览的关系

展览总公司　叶志群

近十年来，会展经济经历了政府热火朝天兴建展馆及举办展览到办展热潮减退的过程，这是政府逐渐摆正与展览的关系，对展览的认识更深入、更全面的象征。

广交会的成功曾经或多或少坚定了各地政府办展的信心，其实，从展览论展览，很难全面了解广交会的成功。广交会的成功，是中国改革开放的成功。中国经济的崛起，中国制造业的快速发展为广交会的不断发展奠定了良好的基础。广交会的成功，也是中国外贸成功发展的缩影。中国从20世纪50年代受西方国家封锁、禁运，外汇严重缺乏，发展为世界第一大出口国，很能说明这种巨大的变化。一言概之，广交会成功首先是切中了世界经济中真实存在的那部分需求。即使从展览论展览，也还是能看出广交会成功的端倪。一个展览，参展企业和专业观众/采购商永远是相辅相成的，是一个问题的两个方面。广交会的组织模式首先保证了广交会的参展企业是中国最好的产品提供者，外商从广交会上买到的也是中国最好的产品。同时历经数十载的积累，广交会的外商资源也是一笔宝贵的财富，它支撑了广交会规模的不断增长。两个方面的匹配奠定了一个展览的成功基调。这是市场经济下普通展览难以复制的优势。

其他政府直接参与的展览，并没有取得明显的成效。以广州某博览会为例，据其官网数据统计，2011年该展总面积近7万平方米，展位2 800多个，前往洽谈经济合作、参观的中外来宾达22万多人次，汇编了参展参会城市经贸合作项目187项，总金额1 624.771亿元（包括外资5.59亿美元）。与这些亮丽数据形成反差的是，近年关于该展效果不理想、"博"会走向"杂"、展会亟待转型的报道也见诸报端。相同的困境在其他的政府办展中同样存在。主要的问题包括：

一是场面热闹，但供求脱节。政府办展更多从展示成果、展示形象出发，工作重点放在参展商的招徕上，对于对展览成败起关键影响的专业观众、采购商无暇顾及。

二是政府意志造成组展计划性差。展览只有几天，但功夫在展览时间外，这是一项需要按计划宣传、推广、走访、反馈、调整的商业活动，需专门人员潜心研究，使展览向产业深处延伸，不能只靠展前临时集结人员冲刺。

三是工作缺乏延续性，形象维护较弱。政府办展往往是多部门合作，团队也是短期内组织起来的，很难依照展览规律不断强化、提升展览形象。

此外，行政色彩也会导致本末错位，人员接待等非展览关键工作耗费主要精力等。这些状况的存在，归根到底还是因为政府办展没有有效解决市场化和专业化所致。在这样的背景下，展览自然难以获得自身的造血功能而发展壮大。

近年，一些地方政府逐步退出曾经强力介入的展览，让市场的力量重新注入展览项目。这种改变的结果不一定能让这些展览获得新生，但至少让它们回归到经济社会和市场的评判中，展览的生存与发展，本来就有它的"丛林法则"，能否切中市场的需求比什么都重要。政府回到制定相关政策和产业规划、维护良好办展秩序上，将对会展经济产生更加深远的影响。

第二篇

国际展览业概览

本篇选取文章 22 篇，主要是国际知名展览的现场调研报告，报告围绕全球会展业发展规律、主要特点、发展趋势和经营管理等问题进行探讨，为中国展览业发展提供经验借鉴。

国际展览业的发展趋势及有关规律^①

规划发展处

一、国际展览业发展模式的差异

世界各国展览业的发展差异较大，不仅发达与欠发达国家存在差异，展览业发达国家之间也有明显区别。考察世界各国展览业，会发现有两种特征突出、差异明显的发展模式，以按这些模式发展的主流国家论，可称为德国模式与英美模式。

德国模式的主要特点：展览的组织者同时也是展馆的经营者，即所谓的基地展览公司。政府是展馆的股东或控股股东，展览经营有官方背景。展览起源于基于交易或贸易需要的传统集市，被视为重要经济形式而得到重视。

英国是现代展览业的鼻祖，美国是世界上展览数量最多的国家，两国同文，办展模式接近，故合称为英美模式。英美模式的主要特点：展览的组织者不拥有展馆。无论展馆是否有政府投资和股份多寡，展览经营不受官方影响，是纯市场行为。展览业发展与社会经济发展相伴相生，来源复杂，主要被视为企业营销的辅助形式或手段，地位并不突出。

（一）德国模式和英美模式的比较

从办展主体看，德国模式办展主体主要是基地展览公司，而英美模式的组展商有专业展览公司，更多的则是集展览、出版、广告等多种经营于一身的传媒公司。世界最大的展览公司励展公司，本是传媒企业，通过大量收购

---

① 本文所指的国际展览业，是指欧洲、北美、亚太等发达和较发达国家和地区的展览业，其他地区如南美、非洲、中东等地区的展览业，因欠发达而借鉴意义不足或与我国展览业关联度不大，不在本文范围内。本文撰写于 2008 年。

展览项目成为全球展览业的老大。另一著名跨国企业博闻公司，隶属英国联合企业媒体（UBM）。美国办展数量最多的 10 大机构中，有 6 家是传媒企业。

至于行业协会办展，德国与英美都有，但不占主导地位，尤其在德国，10 大基地公司的展馆内举办的展览，自办展项目比例都在 50％以上，主导地位明显。

从展览的地位看，德国模式的基地展览公司因展馆而产生，必须以展览这项主营业务争取生存和发展，而政府作为股东也会给予一切必要条件，发挥展馆的准公共产品功能，促进展览业的发展以推动本地经济发展，展览业因此获得相对独立的产业地位，成为重要经济形式。而英美模式的展览业则是在市场经济中自由竞争的产业，地位并不突出。美国的展览起源于行业协会年会的附属活动，美国学术界和产业界基本上并无"会展业"（Conventoin and Exhibition Industry）之说，一般是将展览业当作与会议、体育赛事、旅游节庆等类似的诸多活动之一，属于活动或事件产业（Events Industry）。

从办展效果看，德国模式造就了德国展览业的发达繁荣并成为世界上最突出的展览强国，其模式有利于展览的良性发展。

一是展览组织者与展馆经营者的一体化，有利于自办展与展馆经营的协调一致，在扩大展览规模的同时提高展馆使用率。政府的介入有利于展览发展的整体规划，避免无序竞争。一个城市只有一个展馆，虽然使不拥有展馆的展览公司别无选择，不利于竞争，但客观上促成了展会的做大做强。世界 10 大展馆德国拥有 4 个，10 大展会德国占了 8 个，10 大展览公司德国占了 6 个，可以说直接得益于此。德国展览界对展馆与展览之间关系的重要性的认识，从本世纪初德国展览公司在大举进军中国市场之前，先投资上海浦东建设展馆，再引进展览项目的做法就可见端倪。

二是政府重视使展览业发展处于有利地位。德国展览长久以来的贸易功能使其成为一种重要经济形式，并得到政府高度重视，重视程度高于欧洲其他各国。德国各城市的展馆均是州和市政府投资，即使原私人投资的也收归国有并改建扩建；政府官员进入董事会或监事会，对展馆重大事项进行决策，反映政府对展览业的重视及展馆的准公共产品性质。

德国有悠久的展览传统，法兰克福、莱比锡都是历史展览名城，源于十三、十四世纪，历经时代变迁，传统没中断。第二次世界大战以后东西德的分裂使传统展览名城莱比锡纳入民主德国，联邦德国政府专门挑选了工业重镇汉诺威替代莱比锡地位，使其迄今成为拥有全球最大展馆和展览的新展览重镇。这典型说明政府对展览业的态度及展览业在经济中的重要地位。

英美模式则有利于展览业的自由竞争，通过优胜劣汰促进展览业发展。同时，较多的竞争及展会自生自灭的状态也使英美展览业相比德国展览业而言，数量更多和规模较少。2005 年，德国举办 293 个展览，总净面积 773 万平方米，平均每展 2.64 万平方米，其中 141 个国际性展览，总净面积 623.79 万平方米，平均每展 4.42 万平方米；而美国同年举办 11 086 个展览，总净面积为 4 387 万平方米，平均每展仅 0.39 万平方米。德国超过 10 万平方米净面积的展览比比皆是，而美国超过此数的展览仅 4 个。

规模的差异也带来效益的差异。以营业额计算，世界 10 大展览公司德国占了 6 个。以排名世界第二的法兰克福展览公司为例，其办展数量远逊于排名第一的英国励展公司，即使包括其海外新拓展的项目，也仅为后者的 25%，但收入则达到后者的 60%，这得益于前者办展的规模效益。两种模式对展览产业规模的影响从其在 GDP 中的占比也可看出：德国占 0.19%，英国占 0.11%，美国占 0.08%。[①]

（二）国际主要展览市场发展模式的选择

欧美各国中，办展模式更多是英美模式。欧洲展览强国中仅意大利接近德国模式，全国展览项目中有 65% 为基地展览公司所办，全国最大展览中心米兰国际展览中心，自办展约占全部项目的 50%。另一展览强国法国，基本模式则是馆、展分离。法国展览界对此的看法与英美相似，认为馆展分

---

① 均为 2005 年数据。

离有利于公平竞争。现实中，巴黎作为全法国唯一的展览中心城市，大小展馆多达 10 多个，而且归不同机构所有，实际上也为促成竞争、馆展分离提供了条件。

亚洲各国和地区的展览业，采用德国模式较为普遍。中国属于德国模式，主要展馆基本都是自有，并将自办展作为提高展馆利用率的重要手段。香港也是如此，香港贸发局既负责建设展馆，同时亦在香港会展中心办展。新加坡国际展览集团属政府独资的企业，既经营展馆，亦举办各类展览。日本原来以英美模式为主，近几年随着展馆经营压力的增大，各主要展馆也开始重视发展自办展。

二、国际展览业发展趋势的主要特征

（一）展览业发展与经济发展状况一脉相联

1. 经济发展是展览业发展的基础

"展览是经济的晴雨表"这一说法基本符合世界各国展览发展的事实。美国是世界第一大经济体，每年举办的展览超过 1 万个，在世界各国中属于最多。德国是欧洲最大的经济体，在全球排名第三，在世界前 10 位的最大展馆、最大展览及最大展览公司中，拥有最多的席位。欧洲除德国外最发达的几个国家为英国、法国和意大利，均拥有发达的展览业。

2. 经济发展的周期波动或随机事件，直接造成展览发展的波动

在全球经济联系日趋紧密，经济发达国家尤其是主要国家的经济繁荣和衰退的周期性波动或重大随机事件，会对包括展览在内的全球经济造成重大影响。进入 21 世纪后，2001 年美国的"9·11 事件"和网络科技泡沫的破裂，导致美国乃至全球经济陷入短暂衰退。以美国、日本和欧盟这世界三大经济体为例，在 2001—2005 年间经济先后进入谷底，然后重新爬升。

2001—2005 年美国、欧盟、日本三大经济体经济增长情况

单位：（%）

国别	2001 年	2002 年	2003 年	2004 年	2005 年
美国	1.3	2.4	2.7	4.2	3.5
欧盟	1.5	1.0	0.5	2.1	1.4
日本	0.4	−0.3	1.4	2.7	2.8

美国于 2001 年最早陷于衰退，日本于次年进入谷底，欧洲则于 2003 年才达到最低点。观察美、德、日三国同期的展览业状况，展览收入、展览面积、展商与观众数量等主要指标，各自呈现的是与经济走势相似的轨迹线。

3. 新兴市场展览业快速增长

欧洲作为现代展览业的发源地，至今仍是世界展览中心。但欧洲经济近年 GDP 增长速度仅维持在 1％～2％的水平，展览业受此影响，也陷于缓慢增长或徘徊状态。而美国经济在 20 世纪最后十年，得益于以信息化为核心的高科技新经济发展，经济景气周期长期持续。进入 21 世纪后虽因 "9·11 事件" 和网络科技泡沫破裂造成衰退，但总体增长较欧洲略快。而亚洲则因中国、印度等庞大新兴市场的崛起，增速快于欧美。根据德国 AUMA 的统计，1995—2005 年，全球展览数量的增长，美洲排名第一（68％），亚洲第二（64％），欧洲第三（58％），而展馆面积的增长则是亚洲最快（58.3％），美洲其次（22％），欧洲仅增长 9％。

4. 对展览业的重视与扶持有利于增长

近年亚洲展览业的较快增长，经济发展是根本原因，但各国对展览业的逐步重视也是重要原因。第二次世界大战后亚洲最早崛起的是日本，然后是东亚四小龙——韩国、新加坡、中国台湾和中国香港，近年则是中国大陆、印度和越南等国。日本早在 1968 年即超越原联邦德国成为世界第二大经济体，但因不具备德国那种悠久的展览传统，其展览业发展并不如本国经济那样较早腾飞。日本目前规模最大的东京礼品展和世界三大食品展之一的东京食品展分别创办于 1976、1977 年，时间并不早。1989 年日本产业振兴协会提出 Japan Expo 计划，旨在促进展览业发展。尽管随后日本经济因泡沫破裂而陷入长达十年的衰退，但此间日本不仅建成了最大的展馆——东京国际会展中心和次大的大阪国际贸易展览中心，而且在进入 21 世纪经济逐步复苏后，展览业突飞猛进。2001—2005 年，日本展览数量由 109 个增至 394 个，年复合增长率 19％，远快于国民经济的发展。

韩国展览业的发展与日本类似，2000—2005 年展览数量由 132 个发展至 336 个，全国 14 个展馆有 10 个建于此期间，并于 2004 年颁布了《增加韩国展览业竞争力的措施》，计划到 2010 年将韩国展览的规模扩大 3 倍。

（二）国际化是展览企业自身发展的需要

国际上主要的展览市场中，国际化的程度有较大差别。欧洲各国中，意大利通常被业内认为是第二展览强国。其每年举办的约730个展览中，国际级展览为195个，占比仅26%，其余74%的展览分别为国家级、大区级和地区级。意大利最大和办展最多的展馆——米兰国际展览中心，境外观众比例仅21.6%，远低于德国法兰克福展览中心的62%。

日本作为世界第三大贸易国，其展览业的国际化程度并不很高，与其在国际贸易中的地位并不十分相称。日本全年展览中国际性展览仅42个，占比为10.6%，而且其国际性展览在规模和世界性影响等方面都逊于德意法诸国。

美国作为世界第一大贸易国，尽管有拉斯维加斯、芝加哥、奥兰多等展览名城，国际消费电子产品展、国际体育用品展等在国际展览界也颇负盛名，但总体而言，美国全年上万个展览中大多数属于国内贸易性质的中小型展会，业内人士称之为州际贸易展览，真正的国际性展览相对不多。

德国展览业在世界上是国际化程度最高的，全年300多个展览中约一半是国际性展览，德国AUMA有详细统计数据的150多个国际性展览。这些展览规模庞大，境外展商和观众比例高，在全球展览业享有盛名。

世界各展览强国在国际化方面的不同表现各有原因。美国幅员堪比欧洲，经济总量庞大，国内市场广阔，州与州之间的贸易即如欧洲国与国之间贸易，经济发展中内需作用强于外贸。日本是贸易顺差大国，制造业极其发达，对外出口产品多而对国际市场需求较少，加上展览业起步较晚，国际化程度自然不是很高。意大利中小型企业、家族式企业在国民经济中占相当地位，国际上知名的诸如时装、皮革、家具、跑车等产品，均是高档昂贵的产品，消费群体有限，多少制约了其展览国际化的步伐。

观察欧美日等国展览业，可发现展览企业参与国际化进程，更多是基于自身发展的需要。如德国展览业国际化程度传统上就高于欧洲诸国，近年在本土展览的国际化和海外办展步伐都在大大加快，这得益于德国展览企业自身的积极应对。第二次世界大战后德国一直是欧洲经济的火车头，两德统一后德国自1993年起经济即陷入长期衰退，多个年份的GDP增长甚至低于法、意等国，20 世纪末 21 世纪初复苏后又因"9·11 事件"冲击而再次衰退。经济不景气和展览业经多年发展市场趋于饱和，压缩了德国主流展览公司和一线展览城市展馆的发展空间，而斯图加特、汉堡、纽伦堡等二线展览城市扩建新展馆，更使竞争加剧。在这种形势下，德国展览公司一方面努力提高本土展览的国际化程度，让更多的境外展商替代因经济不景气而日趋减少的德国展商，另一方面是加快开拓海外市场。从 1994—2005 年，德国展览的境外参展商由 5.8 万家增加到 8.4 万家，2003 年在全部展商中的占比首次超过 50%；境外观众由 155 万人增加到 215 万人，占比保持在 20% 左右。海外拓展使德国的海外展览项目短短几年间达到 172 个（2005 年），超过了国内项目总数的一半（尽管展览面积还远小于国内项目）。仅从我国展览市场看，从汉诺威、法兰克福等全球最大的展览公司，至名不见经传的美沙公司，都在中国开拓市场。德国 10 大展览公司已有 6 家在中国办展。

对比德国展览公司的积极主动，各展览强国却差之甚远。日本在中国目前还没有展览项目，美国除早期进入的克劳斯公司外，近年仅有 UNU 公司、DMG 传媒集团、美国消费类电子协会、制造业商会等间接或初步涉足中国市场。意大利则仅有米兰、博洛尼亚、琳琅沛丽等少数展览公司计划或正在与中国公司合作办展。英国则是近年进入的励展公司与国内机构合作办展步伐较快，早期进入的博闻公司不仅项目都交与国内合作者操办，而且近年极少上马新项目。

德国科隆展览公司首席执行官、国际展览联盟新任主席亚申维特的一段论述是对德国展览业向外发展原因的真实描述："由于行业内部激烈的竞争，缺乏新的增长点，再加上展览会也面临其他营销方式的挑战，德国展览业市场的地位令人担忧，走出去，无疑是我们唯一的选择。"

（三）展览专业化是突破规模瓶颈限制和提高差异化竞争力的有效方式

这里的展览业是指展览项目或题材的专业化。展览项目的专业化是一个相对概念：相对中国进出口商品交易会而言，德国法兰克福的消费品展和汉诺威的工业博览会算得上是更专业细分的展会，但这两个展会本身是消费品类和投资品类的综合性展览，汉诺威工业博览会的 7 个题材细分的专业展区，每个均可视作专业展会。

大体而言，国际展览业之所以呈现专业化特征，是对应了国民经济各大门类及行业，所谓专业展览也即某个行业或产业的展览。因此这种专业化是相对和可变化的，可通过横向的关联行业或纵向的上下游行业实行扩张，也可将关联行业、上下游行业分离而实现细分，化大型展为多个专业展。如家具展览横向可纳入家居用品、家纺布艺、厨房设施，纵向可纳入上游的木工机械等。

目前展览业的专业化更多地体现在由大专业向小专业的细分，基本原因是社会分工日趋精细：展览专业区分越明晰，越容易确定参展商与买家，对世界上数量最多的中小型展览来说，在竞争中，易于把握的供需双方不仅利于招展，通过专攻某个领域，更便于在细分市场发掘生存发展空间。

此外，展览的专业细分还基于以下原因：

（1）展会可以不断发展扩大，但展馆始终有限，当遭遇规模瓶颈时，大型展览不得不专业细分，这种细分还会形成新的发展契机。德国汉诺威工业博览会是最典型的例子：从最初的全综合性外销展览会，到将日用消费品类分出给法兰克福，再到将汉诺威消费电子、信息及通信博览会（CEBIT）分离出来办成比工业博览会还大的全球最大展览，其后还分出木工机械等11个专业展区，各自成为业内知名展会。

（2）因专业细分而规模受限，客观上更利于优化服务。不仅有希望浏览更多产品的观众，也有只对自己专业领域感兴趣的买家，不仅有一般观众，也有企业决策高层，专而精的展览无疑更适合某些行业，如珠宝展、高尔夫展与名车游艇云集的奢侈品展等。作为英美展览模式代表的励展公司，其经营理念信奉"现有客户就是最好的客户"，认为保持和发展已有客户的关系，比开发新客户更重要，因而更注重将展览办精而非办大，以更细致、周到、高端的服务，甚至包括对展商与买家实行一对一商业撮合的服务，以此打造核心竞争力，确保展会的长期盈利能力。

（四）选择办展地点的依据：市场、产业、城市基础设施

通常认为办展地点的选择必须依据市场原则或产地原则。前者指展览举办地靠近销售市场，便于招商；后者指展览举办地靠近产业所在地，便于招展。国际展览界一般认为市场需求是办展的必要因素，这一点异议不多。有

异议的是，市场因素对办展地点选择的作用。拉斯维加斯的办展模式是对传统展览理论的一种挑战：这里既不是产业基地也不是主要的产品销售市场，但近年展览业的发展已使其超越芝加哥成为美国最重要的展览城市。全美最重要的 200 个贸易展览中拉斯维加斯占比 19%，位列第一；规模最大的 10 个展览中拉斯维加斯独占 8 个。

我们认为拉斯维加斯办展模式不是对传统市场理论的否定，展览是商业活动，没有市场就没有一切。拉斯维加斯的展览不是没有市场，而是其市场不必只是本地市场。只要展览能够邀请到全美的专业观众到场，在拉斯维加斯一地举办的展览面对的就如同全美市场。就如同只要能邀请到全球买家，广交会面对的就是全球市场，德国展会能邀请到欧洲的观众，到德国参展面对的就如同欧洲整个市场一样。

各国展览业的发展存在由小到大，由自发到自觉的过程。在展览创办之初就近市场或产地，比较便利，毕竟有的观众不愿意千里迢迢去看一个可能感兴趣的展览，有的厂商不愿意让大型设备长途跋涉。但在展览发展壮大时，情况就可能变化：参展的未必都是本地厂商，参观的可能从本地到全国甚至全球都有。广交会创办时选择在广州，毗邻港澳是考虑因素，历史上确实也有港澳客商占比超过 50% 的时期，但今天这个展览无论在广州还是上海、北京举办，它的展商都是来自全国，它的观众都是来自全球。

对办展的必要条件，法兰克福总裁薛弥绍否定了市场和产地原则，他认为起决定作用的是城市基础设施条件，一些城市展览业之所以不发达不是因为市场，而是基础设施不足以支持办展。基础设施不是办展的充分条件，但是必要条件。国际展览联盟 UFI 有关办展城市必要的 5 项条件中，第一项就是基础设施完备。很难想象一个有 10 万展商观众的展览在总共只有 1 万间酒店客房的城市举办。同理，一个城市如果国际航班匮乏，在举办大型国际展方面也难有作为。

德国展览业情况调研
（2013 年）

展览总公司

一、法兰克福展览有限公司概述

法兰克福展览有限公司（Messe Frankfurt GmbH）是全球最大的贸易展会组织机构之一。在海外有 18 家子公司、5 家分支机构和 49 家国际销售伙伴。法兰克福展览公司的业务遍及 150 多个国家或地区和 40 多个展览场馆，每年举办 120 多项旗下展览会，为超过 6.5 万家参展商和 300 万参观商提供会展场地。特别是在纺织品、汽车、建筑技术和消费品领域的许多展览会已成为该行业世界一流的盛会。

法兰克福展览有限公司，总部分两家公司：一家是法兰克福展馆经营有限公司（Messe Frankfurt Venue GmbH & Co. KG），负责法兰克福展览馆的经营运作；另一家是法兰克福展会组织有限公司（Messe Frankfurt Exhibition GmbH），负责其组办的展会的策划、组织工作。

（一）展馆介绍

法兰克福展览馆是全球第 3 大展览馆，占地 57.8 万平方米，共有 10 个展览厅，室内展览面积 32.175 4 万平方米，室外展览面积 8.316 3 万平方米，由政府投资建设，不属于任何私人机构，投资总额中市政府占 60%，黑森州政府占 40%。政府投资兴建展馆旨在促进法兰克福市社会经济的繁荣及发展。有报道称，每年在该展馆组办的展览会为本市及本地区创造的购买力约 15 亿欧元，法兰克福展览有限公司已于 2006 年建成第 11 号展馆，已在 2009 年重新修建 6 号展馆。

法兰克福展览馆由法兰克福展馆经营有限公司负责经营管理，共有员工550人，全球拥有64家代理公司，负责全球103个国家的业务联系工作。场馆内有15家配套服务公司，涉及交通运输、旅店餐饮、银行保险、广告装修等，服务十分完善。法兰克福展览馆每年举办展览会超过50个，其中13个为世界最大的消费品、纺织品、服务等行业的贸易博览会，参展商全年达5万家，其中80%是世界知名厂商，外国参展商占60%，参观人士达200多万人。

（二）德国法兰克福展览有限公司的基本情况

德国法兰克福展览有限公司是当今世界主导的国际展览公司之一，每年在世界各地举办超过100多个行业展览会。法兰克福展览有限公司的成功在于它拥有一大批展览项目、世界第三大的展览场馆和遍布全球100多个国家和地区营销网络（包括全资子公司、代表处和外国代理机构）。

截至11月30日，2006年法兰克福展览公司的具体经营数据如下：

- 现有员工：1 411人（含海外分支机构）
- 营业收入：4.01亿欧元
- 税前利润：0.4亿欧元
- EBITDA：0.92亿欧元（扣除利息、税项、折旧及摊销前的盈利）
- 净收入：0.21亿欧元
- 现金流：0.65亿欧元
- 德国展会举办量：50个
- 德国展会参展商：4.44万家
- 德国展会参观商：164万家
- 德国展会参展面积：154.5万平方米
- 海外贸易展举办量：67个
- 海外贸易展参展商：2.1万家
- 海外贸易展参观商：116.9万家
- 海外贸易展参展面积：44.35万平方米

（三）法兰克福举办的代表性展览会

主办机构	展会品牌简称	举办国家或地区	项目地位
法兰克福展览公司	TEXWORLD 国际面料展览会	法国巴黎、美国纽约、中国深圳、印度孟买	法国巴黎国际面料展览会是法国两大国际面料展会之一
	interstoff. 成衣及时装材料展	俄罗斯莫斯科、中国香港	Interstoff Asia（香港）亚洲首屈一指的专业面料贸易和纺织趋势展
	Intertextile 纺织面料及辅料博览会	中国北京、中国上海	
	Yarn & expo 纺织纱线展览会	中国北京、中国上海	
	Heimtextil 时尚家纺用品展	日本东京、美国拉斯维加斯、俄罗斯莫斯科、印度孟买、德国法兰克福	法兰克福最为成功的展会品牌之一，是该领域规模最大、国际性最强的展会
	Techtextil 产业用纺织品及非织造布展览会	美国亚特兰大、中国上海、俄罗斯莫斯科、德国法兰克福、巴西圣保罗	世界范围内规模最大、水平最高的技术纺织品和非织造布展览之一
	Ambiente 消费品展览会	日本东京、美国拉斯维加斯、俄罗斯莫斯科、德国法兰克福	法兰克福春季消费品展是当今世界消费品类第一大展
	Paperworld 国际纸制品世界及办公用品展览会	美国拉斯维加斯、德国法兰克福、中国上海	
	Automechanika 国际汽车零配件展览会	泰国曼谷、墨西哥墨西哥城、德国法兰克福、俄罗斯圣彼得堡、阿根廷布宜诺斯艾利斯、中国上海、马来西亚吉隆坡、土耳其伊斯坦布尔、中国北京	法兰克福展是汽车用品行业内最大的盛会之一
	Light＋Building 国际照明、电气、空调技术及楼宇自动化博览会	阿根廷布宜诺斯艾利斯、德国法兰克福、阿联酋迪拜、中国广州	法兰克福展是全世界最大的建筑和灯饰博览会
	BEAUTY WORLD 国际美容美发世界展览会	阿根廷布宜诺斯艾利斯、德国法兰克福、日本东京、阿联酋迪拜	中东展是中东地区美容业最具影响力的国际性展览之一

（四）法兰克福展览有限公司在中国的情况

地区	名称	成立时间	主要展览项目
香港	法兰克福展览（香港）有限公司	1994 年	Hong Kong International Stationery Fair—香港国际文具展，Interstoff Asia Essential-Spring—香港国际春季成衣及时装材料展，Interstoff Asia Essential-Autumn—香港国际秋季成衣及时装材料展，Eco Expo Asia—国际环保博览
台湾	香港商法兰克福展览有限公司台湾分公司	1994 年 11 月	主要负责法兰克福展览公司在世界各地举办展会的招展工作和当地的代理
上海	法兰克福展览（上海）有限公司	2002 年 3 月	ISH China—中国国际供热空调展览会，Automechanika Shanghai—上海国际汽车零配件、维修检测诊断设备及服务用品展览会，Prolight ＋ Sound Shanghai—上海国际专业灯光音响展览会，Music China—中国（上海）国际乐器展览会，Paperworld China—中国国际文具及办公用品展览会，Intertextile Shanghai Home Textiles—中国国际家用纺织品及辅料博览会
北京	法兰克福展览（上海）有限公司—北京办事处	2003 年 5 月	Yarn Expo—中国国际纺织纱线展览会
广州	广州光亚法兰克福展览有限公司	2005 年 10 月	Electrical Building Technology Guangzhou—广州国际建筑电气技术展览会，Guangzhou International Lighting Exhibition—广州国际照明展览会，Asiamold—广州国际模具应用与设计及制造技术展览会

二、科隆展览有限公司概述

科隆国际展览有限公司（Koelnmesse）成立于 1922 年，是全球历史最悠久的展览公司之一。公司由时任科隆市市长、后来担任德国联邦总理的阿登纳先生倡议成立。科隆市政府占有公司约 3/4 的股权，其余股东则为北威州工商会等。所以科隆国际展览有限公司的监事会主席总是由科隆市市长担任。但值得一提的是，该监事会仅负责公司重大问题的决策（如大型投资、CEO的任命等），而不参与公司的日常运营管理，公司的所有盈利也不上交股东，而是完全用于公司的再发展。1924年5月11日举办了现代历史上第一届科隆展览会。

（一）展馆介绍

科隆展览中心是世界上第四大展览中心。于2006年1月16日正式启用，展场可举办最多容纳12 000人的会议，理想的方式是同时举办会议和展览会。相关数据如下：

每年主办博览会	50个
主导博览会	25个
展览馆	14个
展馆面积	286 000平方米
室外展览（露天）面积	52 000平方米
总展场面积	338 000平方米
会议厅	36个
停车位	15 000个
参展企业	42 000家
来自	120个国家
专业观众和买家	超过200万名
来自	175个国家
授权媒体	26 000名
全球分支机构	86个
亚洲举办的博览会	14个
合作酒店	超过70家

地域优势：科隆地处欧洲的心脏地带，有8条高速公路直通科隆，一个小时之内可以飞抵欧洲几乎所有主要都市；科隆位于德国最著名的鲁尔工业区，有着强大的工业基础；在科隆500公里的半径内，集中了欧盟2/3以上的人口和购买力。

交通便利：科隆展览中心位于莱茵河畔，与世界著名的科隆大教堂隔河相望。从科隆市内乘坐火车、搭乘轮船、驾车或步行均可在数分钟之内到达展场。在展会期间，所有重要的长途列车不仅停靠科隆火车总站，而且还停靠位于科隆—道伊茨的博览会车站。从杜塞尔多夫和科隆—波恩国际机场也可以在很短的时间内抵达展场。此外，在展览会期间，所有的参展客人均可凭入场券免费乘坐以科隆为中心的周边地区的公交车辆。

（二）德国科隆国际展览有限公司介绍

科隆国际展览有限公司以不同周期定期主办的 40 多个国际专业博览会和展览会是世界上 25 个行业的主导博览会。在这些领域，全球 90％以上的出口型产品在此展出。大多数的展览会只对专业观众开放。科隆博览会的国际化程度在全球首屈一指：平均一半的展商和 1/3 的观众来自国外。所有有关科隆展览会的问题，展商和观众均可向科隆展览公司在全球 86 个国家的分公司、代表处和代理垂询。

科隆博览会的核心主题包括：居室、园林与休闲；通信、媒体与时装；技术与环境；健康与设施；家具、室内装饰与纺织品；食品行业；艺术与文化。科隆国际展览有限公司定期举办 50 多个国际展览会，其中有 20 多个是所属行业全球最大、最重要的旗舰展览会。公司的年营业额为 2 亿多欧元，每年近 4 万家参展商和 200 多万的买家云集科隆。

（三）科隆举办的代表性展会

以下展会均被公认为是全球所属行业的主导展览会。

2010—2013 年全球市场份额表

主办机构	展会品牌简称	中国企业参加情况	项目地位
德国科隆国际展览有限公司	imm Cologne 科隆国际家具展	有中国企业前往参展	当今世界最负盛名的家具展览会
	Domotechnica 国际家用电器博览会	有中国企业前往参展	德国和世界上最重要的家电行业展览会
	International Hardware Fair/Practical World 科隆国际五金工具展/应用天地博览会	2006 届，共超过 700 家中国大陆的企业参展，展出面积超过了 8 000 平方米	全球这一行业内最具竞争力和主导博览会。一次性涵盖展品范围最全面和齐备的展会
	ISM 科隆国际糖果及休闲食品展	有中国企业前往参展	全球最大、最重要的甜食和休闲食品的展览会
	Anuga 世界食品博览会	有中国企业前往参展	食品和饮料行业规模最大、地位最重要的展览会

（续表）

主办机构	展会品牌简称	中国企业参加情况	项目地位
德国科隆国际展览有限公司	Interzum Cologne 科隆国际家具生产、木工及室内装饰展	2005 届，来自中国的展商共 70 家，参展面积共 1 051 平方米，在上届展会的基础上增长了 90.7％	是家具生产设备行业及室内装饰行业的全球性的交流和贸易平台
	IMB 国际服装生产技术和纺织品加工博览会	有中国企业前往参展	缝制机械和纺织品加工设备中最大、最成功的贸易博览会
	Spoga＋gafa 科隆国际体育用品、露营设备及花园生活博览会	有中国企业前往参展	全球休闲及园林行业最大、最重要的主导博览会
	IFMA Cologne 科隆国际自行车展	有中国企业前往参展	在欧洲自行车行业占领导地位
	INTERMOT 国际摩托车和滑板车展览会	2006 届，中国参展商共 130 家。占到展商总数的 1/10。其中大客户有本州、宗申、豪建、嘉陵、力帆、王野等	世界顶级摩托车展览会

（四）科隆展览有限公司在中国的发展情况

最近几年，科隆国际展览有限公司明显加强了国际化的进程，科隆展览特别重视开拓极具发展潜力的中国市场。一方面继续鼓励更多的中国客户前往科隆参展或参观，另一方面加强了在亚洲特别是中国举办专业展会的力度。

2002 年在北京设立了独资分公司，全权负责中国大陆地区的业务，同时在香港也设立了独资公司负责香港地区的业务。2004 年科隆展览中国有限公司分别在上海和广州设立了办事处，负责华中、华南地区业务。科隆国际展览有限公司的海外展特别是来华展从 2002 年才开始筹划，但在短短的时间内，已基本赶上其他在中国开展业务近 10 年的外国展览公司。

科隆在中国展会的项目概况：

地区	该地分支机构名称	主要展览项目
北京	科隆展览中国有限公司	Interzum Guangzhou
广州	科隆展览有限公司广州办事处	Interzum Guangzhou 中国广州国际木工机械、家具配料展览会
上海	科隆展览有限公司上海办事处	China International Hardware Show-powered by Practical World 中国国际五金展（科隆国际五金展推动），World of Food China 世界食品中国展览会，Sweet China 中国国际甜食及休闲食品展览会，International FoodTec China/Interfood Shanghai 中国上海国际食品加工及包装机械展览会，Imaging Expo/Interphoto Shanghai 中国国际影像和摄影器材展览会，Textile Processing China 中国国际缝制设备与织物加工技术展览会

三、杜塞尔多夫展览有限公司概述

德国杜塞尔多夫展览机构（Messe Düsseldorf GmbH）是领先的国际展览会主办方，为参展商和观众提供展会相关服务。展览会涉及领域包括材料技术、自动化工艺、包装加工、印刷媒体及通信、医药健康、贸易服务、时装、休闲、健康和化妆，以及其他类型的展览会。杜塞尔多夫展览机构通过在国外的 64 个代表处为 102 个国家提供服务。

主要分公司情况：

名　　称	城　　市	股　份（％）
杜塞尔多夫展览亚洲有限公司	新加坡	100
杜塞尔多夫展览北美有限公司	芝加哥	100
杜塞尔多夫展览莫斯科有限公司	莫斯科	100
杜塞尔多夫展览日本有限公司	东京	100
杜塞尔多夫展览波兰有限公司	华沙	100
杜塞尔多夫展览（中国）有限公司	香港/上海	80
布尔诺展览中心（BVV）	布尔诺	61
CIDEX 展览会有限公司	新德里	50

（续表）

名　称	城　市	股　份（％）
IGEDO—国际时装展示有限公司	杜塞尔多夫	49
杜塞尔多夫时装店管理有限公司	杜塞尔多夫	50
杜塞尔多夫议会中心	杜塞尔多夫	50
GEC—德国国际博览会有限公司	柏林	33.33
上海新国际博览中心（SNIEC）	上海	50（via GEC）
杜塞尔多夫营销与旅游公司	杜塞尔多夫	15

（一）展馆介绍

德国展馆：

德国杜塞尔多夫展览中心现被作为世界许多其他展览中心的设计蓝本。17 个底层展厅共约 252 000 平方米，重载车辆和设备可轻而易举地驶入或搬入展厅。环形的设计使出入便捷。同时展厅之间的通道均盖有顶棚，所以在阴雨天气也无需带伞。三个入口可避免排队等候入场，保证每个展厅都能迅速到达。直接的专用入口、可承受重压的展厅地面、高挑的天花板和宽阔的展厅大门，这一切都使得大型机械设备的组装和拆卸变得非常方便。

由于展厅为正方形结构，立柱之间距离开阔，所有没有浪费丝毫空间，而参展商也不用担心被遮住或者忽略。展厅地面下包含复杂的全包容性管线系统，确保为每个展台提供电力、水和电信服务。

邻近的杜塞尔多夫国会中心（CCD）、莱茵河上最大的国会中心，进一步完善了展览场馆的功能特征。CCD 具有各种各样的房间和大厅设施，配有一流的搭建服务和创新的舞台系统。先进的多媒体设备和综合性的活动策划和组织服务，使杜塞尔多夫展览中心和 CCD 成为世界上最主要的交流平台之一。

中国展馆：

德国杜塞尔多夫展览机构加入了上海浦东新国际博览中心（SNIEC）的展馆投资，为中国展览业的发展奠定了成功的基石。上海新国际博览中心（SNIEC）由上海陆家嘴（集团）有限公司、德国汉诺威展览公司、德国杜塞尔多夫展览公司和德国慕尼黑展览有限公司联合投资建造。于 2001 年 11 月 2 日正式开业，每年举办约 60 余场知名展览会。目前拥有总面积达 103 500

平方米的 9 个无柱式展厅以及 100 000 平方米室外展览面积,并在继续扩建中。超过 17 个展厅,约 252 000 平方米。

SNIEC 的全面扩建已于 2010 年完成,届时室内面积将达到 200 000 平方米,室外面积 130 000 平方米。SNIEC 的扩建将进一步巩固其在中国市场的领导地位,并确保上海作为东亚地区会展中心的领导地位。

(二)杜塞尔多夫展览有限公司介绍

德国杜塞尔多夫展览机构成立于 1947 年,现有雇员约 600 人,2004 年的综合销售额达到 3.69 亿欧元,共有 29 500 家参展商在 17 个展厅的 252 000 平方米的总展览面积上向 180 万观众展示了其产品和服务。

杜塞尔多夫举办的逾 40 个专业展览会里有 22 个为业界内世界第一大展览盛会。杜塞尔多夫展览机构拥有 65 家国外代表处和 13 家直接参股的企业与子公司,形成了覆盖 100 个国家和地区的国际服务网络。杜塞尔多夫展览机构具有 40 年的国际性展览会办展经验,拥有在全球各地成功举办 4 000 多场展览会的纪录。

公司的股东及股份分配如下:杜塞尔多夫市 56.50%,杜塞尔多夫工业地区 Reisholz 股份公司 20.00%,北莱茵—威斯特伐利亚州 20.00%,工商总会 1.75%,杜塞尔多夫手工业协会 1.75%。2004 年的总销售额达 3.69 亿欧元。

(三)杜塞尔多夫举办的代表性展会

杜塞尔多夫部分主导博览会名单

序号	展会名称	周期	最近一届展会数据		
			毛面积（平方米）	参展商数量	观众数量
1	杜塞尔多夫玻璃国际技术展（Glass Tec）	两年一届	121 624	1 088	53 725
2	杜塞尔多夫国际鞋展（GDS）	一年两届	142 472	1 301	31 500
3	杜塞尔多夫国际塑料及橡胶展览会（K Trade Fair）	三年一届	161 083	2 914	230 978
4	杜塞尔多夫皮具展（GLS）	一年两届	n/a	161	5 000
5	杜塞尔多夫安全＋工作健康个人保护设备及工业安全展览会（A＋A）	两年一届	99 630	1 380	54 438

（续表）

序号	展会名称	周期	最近一届展会数据		
			毛面积（平方米）	参展商数量	观众数量
6	杜塞尔多夫国际零售业展览会（Euroshop）	三年一届	189 686	1 652	90 963
7	杜塞尔多夫国际专业成衣博览会（CPD）	一年两届	n/a	1 670	60 000
8	杜塞尔多夫国际船艇展览会（Boot）	一年一届	n/a	1 659	308 900
9	杜塞尔多夫国际专业美容（Beauty International）	一年一届	n/a	1 029	50 000
10	杜塞尔多夫国际医疗制造业配件、零件及原材料展览会（Compamed）	一年一届	n/a	n/a	137 000

（四）杜塞尔多夫展览有限公司在中国的发展情况

杜塞尔多夫展览（中国）有限公司由德国杜塞尔多夫展览机构与世界展贸顾问有限公司于1999年合资成立，在北京、上海、广州、重庆和沈阳各设有代表处，构成了完整的营销和服务网络。主要工作为：代理德国杜塞尔多夫展览集团招商，推广活动和展览咨询等业务，结合中国的产业发展及市场需求现状将世界第一的专业展览会带到中国，为展商提供优质的本土化服务，协助他们拓展商机。

国内获奖情况：

2006年4月在南京举行的第三届中国会展（节事）财富论坛和2005年度中国会展（节事）产业年度评选上，该公司获"中国会展业十大优秀外企"奖项。公司行政总裁冯培喜先生作为大会邀请的发言嘉宾出席了此次活动并荣获了"2005年度中国会展业十大杰出企业家"。

公司发展策略：

杜塞尔多夫展览（中国）有限公司的成功是建立在前瞻的策略和先进的管理上的。它在业内开创了"三赢的持续发展策略"。所谓"三赢"就是指公司自己、合作方以及相关行业均放眼于长远利益及中国展览业和相关行业的持续发展，这样不仅避免了恶性竞争，还能共同将"蛋糕"做大，使三方均能受惠。

国内举办的展览项目：

鉴于杜塞尔多夫展览公司展览会涉及的题材特点，以及直接参与投资上海浦东新博览中心，因此其在中国的展览会业务主要集中在上海、北京两地。2006 年在中国共主办 9 个大型专业国际展览会，国际医疗仪器设备展览会（China Med）、中国国际鞋展·鞋机展（China Shoes & Shoetec）、中国国际塑料橡胶工业展览会（Chinaplas）、中国（上海）零售业展览会（CRC）、中国国际全印展（All in Print China）、中国国际安全生产及职业健康展览会（COS＋H）、中国国际线缆及线材展览会（Wire China）、中国国际管材展览会（Tube China）和中国国际医药展览会暨技术交流会（China Pharm）。以上展览会共吸引了来自海内外的 4 161 位参展商和 199 880 位专业观众，总展览面积达到 268 000 平方米。

2006 年，杜塞尔多夫展览（中国）有限公司继续提升了其主办的展览会的国际化程度：吸引了来自世界各地 2 193 名海外参展商，占参展商总数的 52.7％；34 720 位海外观众来自不同的国家和地区，占观众总数的 17.3％。

代表项目情况：

英文名	展会名称	举办地	初具规模
CHINA MED	中国国际医疗仪器展览会	北京	
MEMS CHINA	中国国际微机电系统论坛暨展览会	北京	
CHINA SHOES	中国国际鞋类、皮革制品与配件展览会	东莞及上海春秋两地举办	中国乃至亚洲第一的展览品牌
CHINA SHOETEC	中国国际鞋类及皮革制品生产技术及材料展	东莞及上海春秋两地举办	中国乃至亚洲第一的展览品牌
CHINA PLAS	中国国际塑料橡胶工业展览会	上海	
ALL IN PRINGCHINA	中国国际全印展	上海	获颁"国际展览业协会认证展会"（UFI Approved Event）
CRC	中国上海零售业博览会	上海	

英文名	展会名称	举办地	初具规模
CHINA BEAUTY	中国国际美容美发用品博览会	北京	
COS＋H	中国国际安全生产及健康展览会	北京	中国乃至亚洲第一的展览品牌
WIRE CHINA	中国国际线缆及线材展览会	上海	中国乃至亚洲第一的展览品牌
TUBE CHINA	中国国际管材展览会	上海	中国乃至亚洲第一的展览品牌
CHINA—PHARM	中国国际医药展览会暨技术交流会	北京	

四、德国会展行业协会（AUMA）

（一）历史概况及主要组织机构

德国会展行业协会（AUMA）成立于 1907 年 1 月 1 日，成立之初主要是工业企业的联合组织（参展企业联合体），1927 年，进一步加入了采购商的代表，成为展会观众和参展企业的联合组织，1934 年，AUMA 的名称正式启用并沿用至今。第二次世界大战后，1949 年，AUMA 恢复运营，仍然作为展会观众和参展企业的联合组织，1956 开始，展览公司也开始成为 AU-MA 成员。

德国展览业协会的最高权力机构是会员代表大会，下设顾问委员会、董事会和秘书处。AUMA 下设许多工作委员会，负责会员间的经验交流、提供建议及各种议案的准备工作等。主要的工作委员会如展会协调委员会、协会IT 工作组、展会透明度和法律/管理工作委员会及出国参展工作委员会。

（二）德国会展行业协会简介

德国会展行业协会（AUMA）是德国展览业的权威组织，也是德国经济性行业协会中最具悠久历史的，现有会员 82 家，主要是德国展览公司和展会组织者、德国工商大会、德国各大行业协会、对展览感兴趣的专业协会、与展览业有关的专业协会、出国展览执行公司等。它是一个民间机构，致力于行业内的频繁交往，向会展企业提供各类信息，积极协助成员开拓国际市场。

特别是在办展时间和地点等方面，德国会展行业协会拥有相当大的发言权。另外该协会还是德国顶尖会议的主办方。该协会常设工作人员有近 30 人。AUMA 的最重要任务是：

（1）代表德国展览业与政府和议会开展对话，争取财政支持和政策倾斜；

（2）为德国展会在德国国内和全世界范围内开展市场营销活动；

（3）与德国联邦经济部共同执行资助德国中小企业海外联合参展的项目；

（4）为全世界范围内对德国展会感兴趣的企业和采购商提供完善的信息和资讯查询服务；

（5）以德国展览业为背景，支持展览经济的研究和教育培训项目；

（6）负责德国展会数据自愿审核组织的运作，建立展会数据审核机制，确保展会数据的标准统一性和真实性。

AUMA 在国际市场的工作主要包括向国际市场提供德国会展及世界会展业的信息；通过网站提供全世界各个展会的统计数据，为参展商选择参加何种展会提供依据。日前 AUMA 在海外运作的主要方式是移植以往在德国举行的成功展览，而今后的工作重点是在中国。

（三）关于德国会展行业协会的介绍

德国的展会被称为是"垂直运作模式"，是一种政府行政作用参与其中、大型会展企业起主导、中小会展企业广泛参与的行业协会模式。其突出特点是强调政府的推动作用，对内是政府机构，对外是民间团体。

在德国，行业组织按层级由上至下分为全国协会、各专业协会和地方性协会。较高层次的会展行业组织则一般着重于行业或整个宏观经济发展策略的研究，代表行业或工商界与政府就经济发展战略和制度、法律及经济政策等宏观问题进行沟通。较低层级的行业组织职能一般是为成员企业提供服务和指导。

（四）德国会展行业协会的 100 周年庆典

2013 年是德国展览业协会 AUMA 成立 100 周年。该协会 2007 年 5 月 7 日在柏林的西城剧院举行盛大庆祝活动，来自德国政界、企业界、驻柏林外交机构、媒体及展览业的代表 650 多人出席了庆祝活动，德国联邦总统克勒也出席了庆祝活动并发表演讲。

五、德国柏林展览有限公司概述

1822 年，德国柏林展览公司（Messe Berlin GmbH）举办了首个商业及汽车展览会。1914 年埋下了今日展览中心的第一块基石。至今，这片建筑得到了不断扩大和更新。在 20 世纪 70 年代建起的现代化的国际会议中心（ICC）是如今欧洲最大的多功能会议场所。

（一）展馆介绍

柏林展览中心（Messegelände Berlin）有 26 座展厅，总面积达 16 万平方米，还有面积达 10 万平方米的露天场地及参展商服务中心、餐厅、会议室和办公设施，非常便利。南、北、东三面分别设有大量的出入口，方便引导观众出入。所有展厅都通向处于中心点的避暑花园（Sommergarten）是一座面积达 1 万平方米、绿荫密布的露天场地。附属的 ICC 会议中心（Kongresszentrum ICC）为与会客人提供了 80 间会议厅和会议室（可容纳 20 至 9 100 名与会者）和大量的休息厅（5 500 平方米）。

柏林展览馆所有展品可由运输车运到一楼，可升式地板和管道网络可用于重的展品运输，节省时间和运费。设有 1 万平方米的中庭，与所有展厅直接相连，服务设施有餐厅、咖啡店等。每年举办 17 个，参展商 12 735 家，观众人数约 143 万人次。

柏林国际会议中心有 80 个礼堂：会议室和大型休息区，构造完善，设施先进，有大批专业人士服务。每年安排各类会议约 500 个，接待 25 万名出席者，承办 70 个大中小展览会。柏林每年成功地举办柏林国际旅游及交易博览会，是世界最大的服务性行业博览会。

（二）德国柏林展览有限公司介绍

柏林展览会（Messe Berlin）是德国第五大展览公司，全球十大组展公司之一，它专业从事于各种展会的服务公司。每年都要举行约 80 个国际性展会，盈利达 1.2 亿欧元。

柏林展览公司举办的展览会与其他展览会相比，其突出特点是，在进行实物展示的同时举办网上展览（虚拟展览），参展商的资料可在柏林展览公司网站上保留一年。此举不仅使网上展览会成为实物展览会的有益补充，也使其在德国众多展览公司中独树一帜。

（三）柏林举办的代表性展会

英文名称	项目名称	项目地位
IFA Consumer Electronics Unlimited	国际电子产品博览会	全球最大的电子产品展
ITB Berlin International Tourism Exchange	国际旅游交易会	世界最大的旅游博览会
International Green Week Berlin	柏林国际绿色周展	是世界食品工业、农业及园艺领域最大最具影响力的博览会
ILA International Aerospace Exhibition Berlin-Brandenburg	国际航空展	在世界该行业展览会中有重要地位
InnoTrans-the International Trade Fair for Transport Technology	国际交通技术展	铁路行业全球最大、最重要的展会
FRUIT LOGISTICA, International Trade Fair for Fruit and Vegetable Marketing	国际水果蔬菜展	该展会是欧洲水果蔬菜行业最具权威也是最重要的展览会之一

（四）柏林展览公司在中国的发展情况

中国内地的业务暂由香港机构——德国工商会（German Industry and Commerce）负责，在国内有德国工商会（香港）有限公司广州办事处，负责联系事宜。

（五）柏林国际旅游展概况

柏林国际旅游展（ITB）被誉为"世界最大的旅游博览会"，已有40多年历史。每年举办一次，是全球最大的旅游交易展，在国际旅游界有"奥林匹克"之称。

2007届柏林国际旅游展情况：

时间：3月7日至11日（3月7日至9日针对业内专业观众，私人参观者的参观时间为3月10日至11日10：00～18：00）

地点：德国柏林

票价：3月10日至11日10：00～18：00，天票13欧元（ITB网上购买11欧元），优惠价格7.50欧元

负责人：马丁·布克（Martin Buck）

参展商：1.092 3 万家（德国参展商 2 458 家；外国参展商 8 465 家）

参观者：17.715 4 万人（其中专业参观商 10.873 5 万人）

展览厅：共 26 个展厅

展览总面积：15 万平方米

小插曲：欧洲 TUI 旅游集团、托马斯·库克（Thomas Cook）、Rew 旅游及 Alltours 公司等德国旅游巨头不参展，在会前曾造成一些不利影响。

亚洲版 ITB 旅游展之有关消息：

合作伙伴：新加坡政府的经济和旅游促进机构，美国的赌业巨头、亿万富翁谢尔登·埃德森（Sheldon Adelson）

预计参展商数：超过 50 个国家的 500 个参展商

展会时间：2008 年 10 月 22 日至 24 日

展会地点：新加坡

六、德国慕尼黑国际博览集团概述

德国慕尼黑国际博览集团（Messe Monchen International，MMI）成立于 1964 年，公司现已成为一家享誉全球的国际化大型博览公司，是国际展览业业绩排行前五位的成员之一。

多年来，该公司始终坚持旗下博览会的国际性、专业性和导向性，率先在业内提出了导向性博览会的全新理念，力图突破传统，使博览会不再局限于普通的产品推介，而成为每项专业内的技术先导和趋势发布。

（一）展馆介绍

慕尼黑新国际展览中心是世界最具现代化的展馆之一，是功能、服务、交流结合于一身的标准化展馆。拥有 17 个现代化展厅，其中 16 个展厅为无柱设计并设有车辆可直接进入的升降设备。室外展览场馆面积为 36 万平方米，室内展览面积为 18 万平方米。

（二）德国慕尼黑国际博览集团介绍

慕尼黑国际博览集团秉承先进的全球化经营理念，长期致力于开拓海外市场。当前公司已经在世界各地拥有了 80 个代表处、4 个全资子公司，形成了庞大的业务网络。

慕尼黑国际博览集团每年举办约 40 个涉及资本货物、消费品、新技术及其他专业题材的展览会，其中近一半是行业导向性展览会。每年吸引超过 3 万家来自 100 多个国家和地区的企业参展以及 200 多万来自 180 多个国家和地区的观众到会参观。目前公司在海外设立了 4 个子公司和 75 个外国代表处，营销网络遍布 97 个国家和地区。

（三）慕尼黑举办的代表性展会

慕尼黑国际博览集团举办的展览会集中于如下领域：建筑与建设、环境技术、食品技术、交通与物流、陶瓷、房地产、运动与时尚、钟表与珠宝、旅游、电子、IT 与电信、分析与生命科学等。其主要展览会：

ISPO—SUMMER/WINTER	慕尼黑国际体育运动设施及时尚展览会
BAUMA＋MINING	慕尼黑国际建筑机械、设备、材料及矿产机械博览会
DRINKTEC	慕尼黑国际饮料及液体食品技术展览会
TRANSPORT LOGISTIC	慕尼黑国际物流展览会
IFAT	慕尼黑国际环境、污水及废物处理展览会
INHORGENTA EUROPE	慕尼黑国际钟表珠宝展览会
CERAMITEC	慕尼黑国际陶瓷生产机械、设备、材料及加工技术展览会
SEMICON EUROPA	慕尼黑国际半导体大会及展示会

（四）慕尼黑国际博览集团在中国的发展情况

早在 1975 年，慕尼黑国际博览集团的全资子公司——IMAG 就已经作为最早接触中国市场的外资公司之一而同中方展开了合作，并在北京成功举办了第一个德国技术展览会——Technogerma。此后，IMAG 平均每年组织 20 多个展团到中国参展。1995 年，为了进一步加强同中国的合作，IMAG 同中国国际展览公司联合成立了中国展览业内的第一个合资公司——京慕国际展览公司。京慕国际展览公司成为连接中国与世界展览业的一条纽带，为中德两国的展览业开创了一个最佳的交流窗口。慕尼黑国际博览集团是直接参与投资上海浦东新国际博览会中心的三家德国展览公司之一，分别在上海和香港设立了子公司。

慕尼黑展览（上海）有限公司成立于 2000 年，是德国慕尼黑国际博览集团的全资子公司。秉承总公司对于中国市场长期的关注与承诺，慕尼黑展览（上海）有限公司正不断将总公司的各项一流国际展会引入中国，为向世界展示蓬勃发展的中国经济开辟了理想的通道。公司已经和正在引入中国的国际性展会包括：

◇ ANALYTICA——国际分析、生化技术、诊断和实验室技术博览会

◇ BAUMA——国际建筑机械、建材机械、工程车辆及设备博览会

◇ ELECTRONICA——国际电子元器件、组件及光电技术博览会

◇ EXPO REAL——国际房地产商务论坛及博览会

◇ INHORGENTA——国际钟表、珠宝首饰博览会

◇ IFAT——国际环保、能源和资源综合利用博览会

◇ ISPO——国际品牌体育用品及运动时尚博览会

◇ PRODUCTRONICA——国际电子生产设备博览会

◇ TRANSPORT LOGISTIC——国际物流、远程信息处理及运输博览会

德国如何解决展览题材冲突问题①

规划发展处

一、早期，AUMA 曾作为第三方为展览题材冲突的双方谈判协商

（一）充分透明的展会信息——客观评判的前提

AUMA 向组展商、展会相关产业部门、参展商和观众咨询委员会广泛收集以下信息：

（1）已办展的信息。

（2）新办展的信息，对现存展会可能进行的修改。包括展会名称、展览题材与范围、举办时间、地点、举办频率、行业协会参展意向等。

相关机构和部门在公开发布上述信息之前，需要事先向 AUMA 进行汇报。所有信息均存入 AUMA 的数据库。如果 AUMA 发现可能存在"重复办展"，则通知相关组展商，要求其针对新展会或已存在展会的调整发表意见，如果组展商不能在展会举办前发表意见，则延迟至展会举办以后。同时再次扩大范围征求意见，进行分析总结，并在对展会评估的基础上出具报告，提交给出具意见的各方参阅。至此第一阶段的市场观察宣告结束。

（二）规范的调解程序——公正协调的保证

如果 AUMA 的评估结论为"重复办展"，且有相关组展商或组织向AUMA进行投诉，则将进入调解阶段以平衡各方利益。

二、德国展览题材冲突问题的协调，主要依靠行业自律

由于德国政府对展览举办的时间和题材一贯不干预，早期 AUMA 曾作

---

① 本文撰写于 2008 年。

为第三方为展览题材冲突的双方谈判协商，但近年已不再采取此方式，主要采取宣传、倡导方式，并依靠展览背后的行业专业协会自律，保护现存品牌展览。

德国每一成功展览的背后都依靠着一个行业专业协会，行业专业协会由参展商企业组成。长期历史发展已使这些行业专业协会有自己所默认支持的一个展览品牌，不可能再支持其他同类题材展览。而缺乏行业专业协会支持，在德国是难以成功举办该行业题材展的。因此，德国会展公司不轻易介入本土已有品牌的竞争。

聚焦入世后的俄罗斯展览市场

展览总公司　宋明春

随着我国领导人对俄罗斯的首站出访，全球的目光又一次交融在两个泱泱大国的经贸和战略合作关系上。欧美经济的疲弱也让我们更多的转向以金砖五国为代表的新兴市场，近年来我国企业在俄罗斯市场的参展热情持续升温，本文将带领我们一起走进入世后的俄罗斯展览市场。

一、俄罗斯市场吸引力

俄罗斯市场吸引力来自于较强的购买力、经济政策较高的稳定性以及市场的高速增长。俄罗斯资本市场在"金砖五国"中是最有吸引力的，金砖五国有 27.5 亿人口，约占全球人口的 40％，强大的国内消费是这些市场持续增长的主要动力。俄罗斯人口约 1.43 亿，1998 年经济危机后，从 1999 年开始恢复增长，连续 10 年，GDP 年平均增长速度都在 7％左右，在最近的 3～5 年间，俄罗斯经济年平均增速保持在 4％左右的水平。虽然近期增速放缓，但俄罗斯仍是世界上增速最快的国家之一。十几年的高增长，使俄罗斯经济恢复，失业率降至最低，居民收入提高，国家实力大幅提升，国际地位发生显著变化。其资源出口红利，如石油、天然气等将继续支撑俄罗斯经济增长与稳定发展，并使其受经济危机的影响相对较小。2012 年俄罗斯黄金储备多达 5 000 多亿美元，规模仅次于中国和日本。同时，俄罗斯国家储备规模也在恢复中，其中国家主权财富基金已达 800 亿美元，储备基金近 600 亿美元。

普京重新执政后，将实现经济现代化和国家崛起为政府发展的重要目标，政府希望未来 10 年俄罗斯能跻身世界五大经济体行列，人均 GDP 应超过 3.5 万美元。为实现这一战略目标，俄罗斯需要保持 10 年持续而平稳的发展。这在客观上要求俄罗斯继续坚持实施与俄罗斯传统价值观相符的发展战略，稳步推进经济增长方式由粗放型增长向集约型增长转变，逐步摆脱财政对能源出口的依赖，努力改善投资环境以扩大国内外投资等诸多需要解决的问题。总体上看，俄罗斯改革进程会稳步推进，改革效应对经济增长的拉动作用将逐步显现，经济增长速度仍会维持在较高的水平，远胜于欧美的其他国家。

二、中俄贸易状况

据中国海关总署统计，2012 年中俄贸易额达到 881.6 亿美元，较 2011年增长 11.2%。中国是俄第四大出口市场和第二大进口来源地。俄罗斯自中国进口的主要商品为机电产品、纺织品及原料和贱金属及制品，2012 年进口额分别为 212.4 亿美元、41.2 亿美元和 38.8 亿美元，占俄罗斯自中国进口总额的 45.1%、9.4% 和 8.0%。除上述产品外，家具、玩具、杂项制品，运输设备，鞋靴、伞等轻工业品也是俄罗斯自中国进口的主要大类商品。运输设备，家具、玩具、杂项制品，木及制品，光学、钟表、医疗设备是俄罗斯自中国进口增长较快的产品，2012 年增幅分别为 39.1%、37.7%、24.3%和 22.1%。

三、入市带来新的商机

2012 年俄罗斯成为世界贸易组织第 156 个正式成员国，俄罗斯迎来全新的世界贸易舞台。尽管入世会在短期内对部分行业形成冲击，阵痛难免，但从长期来看，无疑对俄罗斯经济的健康稳定发展大有裨益。从长期趋势看，如果未来全球经济和政治不出现大动荡大危机，俄罗斯经济发展总体向好的趋势将会得到保持。世界银行的报告认为，未来中期内，加入世界贸易组织每年将给俄罗斯带来的收益约占其 GDP 的 3.3%，即 490 亿美元；从长期看，入世每年给俄罗斯带来的收益约占其 GDP 的 11%，即 1 620 亿美元。俄入世后，进口产品的关税将降低。另外俄承诺规范海关管理，降低报关和货物运输费用等，这无疑会扩大中国商品出口和产品竞争力，提高中国企业的利润空间。

四、俄罗斯主要展馆介绍

俄罗斯有 5 个大型主要展馆，其中 3 个位于莫斯科，2 个位于圣彼得堡（其中 1 个为新规划在建大型展馆）。各个展馆的概况如下：

序号	展馆名称	展馆规模	始办年代	展览场数
1	莫斯科国际展览中心	室内面积 10.5 万平方米，室外面积 6 万平方米。共 7 个展馆	于 1959 年成立，现使用的展馆于 1978 年至 2002 年陆续扩建	每年举办超过 100 项展览，700 场各种会议，专业观众超过 200 万
2	全俄展览中心	展馆面积达 10.85 万平方米，15.81 万平方米露天场地。68 个小型展馆	1958 年扩建改名为全苏国民经济成就展览馆。1992 年更名为全俄展览中心	全俄展览中心目前每年举办 300 多个各种规模、不同题材的展览会，外国展览和国际性展览超过 40 个
3	莫斯科 Crocus Expo 展览中心	Crocus Expo 展览中心提供了 54.9 万平方米的空间。共三个大型展馆，19 个展厅	2004 年建成	展馆全年举办约 200 场展览
4	圣彼得堡 Lenexpo 展览中心	面积约为 4 万平方米，9 个室内展馆，室外开放展区 6.5 万平方米		每年举办 70 多个展览，其中 80% 为国际展，2/3 为定期展览
5	圣彼得堡"展览论坛"会展中心 ExpoForum	总计 6 个展馆，10 万平方米室内面积，2.5 万平方米的购物中心	建造阶段	建造阶段

五、中国企业赴俄罗斯参展的特点和相关建议

（一）企业赴俄罗斯参展热情高涨，但是参展回头率较低

由于欧美经济的不景气，企业纷纷将展览市场转向新兴市场，俄罗斯市场越来越受参展企业的青睐，例如俄罗斯五金展、汽配展、食品展、纺织展、家具展等增长势头迅猛。俄罗斯五金展 2010 年中国参展面积为 1 300 平方米，2011 年 1 700 平方米，2012 年达到 2 500 平方米；俄罗斯汽配展 2011 年

参展面积 2 700 平方米，2012 年参展面积达到近 8 000 平方米，比 2011 年增长了 2 倍多，参展企业近 800 家。由于俄罗斯当地展会多以批发和零售为主，贸易匹配度低，成交不太明显，达不到企业对市场的预期参展目标，往往回头率偏低。而中国市场大，企业多，在政府的引导和资金政策的扶持下，不少企业抱着尝试的心态进入俄罗斯市场寻找商机，造成尽管展览效果一般但中国参展企业越来越多、参展面积越来越大的怪现象。

（二）题材的同质化竞争激烈，良莠不齐，企业要慎选展会

莫斯科有三个大型展馆，每个展馆都有拳头的展览题材和项目。郊区的 Crocus Expo 展馆硬件设施好，逐步吸引越来越多大型展会在此举办。三个展馆之间同题材项目竞争激烈，同样的轻工消费类的展览，如鞋展、服装展、玩具展、消费品展等在多个展馆都有举办，缺乏行业的监管和协调，另外展会网站本身的数据也往往不齐全或者有所夸大，真实性和有效性让企业难以判断。

作为组展代理公司，我们应看到俄罗斯市场的吸引力和商机，积极参与热点项目的组展代理工作，但因项目的良莠不齐，我们需要认真做好项目的调研和筛选，选对和选好展会，并积极争取项目的独家组展权，达到事半功倍的效果。

（三）中国企业进入俄罗斯市场的难点

中国企业进入俄罗斯市场面临品牌重塑、运输成本高、关税重、产品认证、信用风险等多困难，需要积极应对。

俄罗斯市场对轻工产品有极大的需求，但是因前几年大量的劣质和灰色清关产品严重破坏了中国产品在俄罗斯消费者心中的形象。随着俄罗斯中产阶层数量的增长，其对中高端产品的需求也在不断扩大，中国企业急需重塑品牌形象。

中国企业进入俄罗斯市场需要做好充分准备和长远的投入，积极了解俄罗斯市场的运作特点，拓展营销渠道。同时也可以考虑通过企业信用担保等，规避和降低俄罗斯市场的交易风险。

（四）企业如何提升参展效果

中国企业需要针对俄罗斯市场做好充分的准备工作，做到有的放矢，把

资金用在刀刃上。参展前，企业要做好市场调研工作，例如了解俄入世后对产品的最新要求，产品是否需要认证，展会有无当地目标客户参展等情况。展览筹备阶段有针对性的挑选展品，让现场展示布置更具吸引力，邀请意向客户到会参观，现场寻找参展的目标客户主动洽谈，积极考察当地的市场，展会结束后对所有潜在目标客户进行联系和回访等，挖掘更多的商业机会，提升参展成效。

（五）抓住政府引导开拓俄罗斯市场机会，迎难而上

为更好的引导当地外贸企业开拓国际市场，各地外经贸局在制定开拓国际市场战略目标时，都会考虑新兴市场开拓，俄罗斯入世后带来的新商机，使其展会成为近年来各地开拓和政策扶持的重点，随着展品清关等工作的规范，组展风险正在逐步降低，展览公司应抓住机会，迎难而上，积极开拓俄罗斯有发展潜力的展会，与各地政府全面合作，引导企业参展。

外贸中心在 2007 年承办俄莫斯科中国国家展（约 2.6 万平方米）后，开始进入俄罗斯展览市场，目前已经连续多年组团参加俄罗斯家庭用品展，组展规模占比中国展团近 50%，获得较好参展效果。2013 年展览总公司承接了广东俄罗斯商品展，该展以展中展形式，与俄罗斯秋季消费品展同期同馆举办，规模超过 2 400 平方米。未来，展览总公司将继续抓住发展机遇，迎难而上，抢占更多的市场份额。

2013 年莫斯科春季国际文具及办公设备展览会调研报告

国际联络部　李立

为扩大广交会在俄罗斯的宣传，中国对外贸易中心派员考察了 2013 年 3 月 12 日至 14 日举办的莫斯科春季国际文具及办公设备展览会。以下是调研成果。

一、展会基本情况

该展会是俄罗斯及独联体国家文具行业领域最大最有影响力的专业展览会，由俄罗斯文具及办公用品制造商协会主办，一年分春、秋两届。春季展侧重于学习及办公文具，秋季展则以办公设备为主。本届展会展览面积为 13 000 平方米，比 2012 年同期扩大 36％，有 300 家企业参展，同比增加 43％，共吸引近 4 000 名采购商与会。据同展团的中国展商反映，成交效果良好。

二、展会特色及亮点

该展会各项服务以简洁、务实、高效为特点，人力投入非常少，整个展会只设有一个服务点，兼顾咨询、名录派发、展商服务、主办方办公室等功能。而展会最大的亮点则是举办地 Crocus Expo 国际展览中心。

（一）地理环境优越

该展览中心位于 Crocus Expo 集团在莫斯科河畔兴建的 Crocus 城内，地铁直达，还有 Crocus 运输部为观展者提供的免费班车，交通便利。展馆周边建有酒店、大型购物中心，以及 3 公里长的河畔公园。Crocus 集团计划将该地区发展成集购物、娱乐、展览于一体的商业中心。

（二）规模宏大，设施齐全

该中心拥有先进的内部设施以及全面的展会服务，总展览面积超过300 000平方米，拥有19个展厅，49个会议室，26 000个停车位。其中规模最大、设备最先进的会议室 Crocus City Hall 可容纳6 200名听众。在2013年，该中心举办了147场展会。

（三）活动形式灵活多样，服务周全

该中心除举办展会外，还为各类型活动提供场地及配套服务，例如餐饮及媒体邀请等。该中心还可灵活改造展厅，以适应不同类型活动的需求。例如搭建舞台举办大型舞会，铺设临时木地板举办舞蹈比赛，在户外展场进行赛车表演等（附图）。

附图：在展厅内举办形式多样的活动

2013 年美国拉斯维加斯
春季服装展调研报告

国际联络部　张惠

中国对外贸易中心派员考察了 2013 年 2 月 18 日至 21 日在拉斯维加斯举办的 2013 年拉斯维加斯春季服装展。以下是调研成果。

一、展会基本情况

拉斯维加斯服装展（MAGIC Marketplace）由美国 Advanstar Communications 集团旗下的 MAGIC 展览公司主办。该展每年分春、秋两季，仅向专业观众开放，面向北美服装市场，辐射整个美洲和欧洲地区，是世界著名的订货性服装博览会。这次春季服装展共设 4 个专业展区，它们分别是 MAGIC Sourcing——生产及加工展区、MAGIC——男装展区、WWDMAGIC——时尚女装展区和 Footsteps——鞋类展区。展会同期举办论坛和时装表演等活动。

二、展会特色及亮点

（一）展现先进的数字化服务体系

服装展使用二维码、网站、智能手机程序等为客商提供便利。主要体现为客商可用智能手机、手提电脑和平板电脑等享用展会进行各项的网络应用，包括查看展会时间及展区地图、查看研讨会及活动展示日程表、查看参展企业目录、查阅变更酒店交通安排、接收展会通知、下载展会资料和照片视频的上传与共享互动等。

服装展还设置类似广交会 SCAN 系统的 MAP YOUR SHOW 网上查询

系统、寻求对口参展商的采购资源中心（SRC）、免费穿梭巴士服务、研讨会和其他特色服务（如免费自助饮水机，B2B服务柜台，免费手机充电服务点，沙发休闲区，轻铁、航班自助售票机，三维展馆电子地图，贵宾俱乐部，时尚杂志专卖区，各展区不同款式的会刊收纳袋等）。

（二）利用电子技术提升成交效率

服装展的时尚女装展区内，部分参展企业在服饰上贴好标签，并在摊位内设置数台电子订货设备，供多名买家现场下单，订单十分迅速、高效。

（三）注重展会大数据的采集

服装展要求参展商、与会买家详细填写相关资料，所有与会人员的证件都有二维码标识。展会期间，展会各入口处和各项免费享用服务处均安排工作人员通过读码器读取与会人员数据，该数据可用于展馆客流量统计、与会人员与会行踪分析等。

拉斯维加斯消费电子展考察报告

展览总公司　吴阁

中国对外贸易中心（集团）派员于 2013 年 1 月 7 日至 10 日赴美考察拉斯维加斯电子消费品展览会（以下简称 CES）。以下是调研成果。

一、展会概况

CES 由美国消费电子协会（Consumer Electronics Association，简称 CEA）主办，创始于 1967 年，迄今已有 45 年历史，每年 1 月在美国拉斯维加斯举办，是世界上最大、影响最为广泛的消费类电子技术年展，也是全球最大的消费技术产业盛会。该展的主办方——CEA 是声誉卓越的行业协会，该会通过制定科技政策、组织大型展会、进行市场调研和建立行业战略关系来促进消费电子行业的发展。该协会由 2 000 多家会员企业组成，各会员企业的经营涉及音频、视频、移动电子、通信、信息技术、多媒体产品及各种零部件的设计、开发、生产和销售以及各种服务。CEA 全体会员企业的年营业额超过 1 650 亿美元。

CES 展分为视听区、通信产品、IT 及无线应用区、汽车电子区、家庭生活区等五大类，其中以视听区品牌参展商最多，观众最多，展出效果最佳。

根据 CEA 统计，2013 年 CES 展会共有 3 000 多家的展商参展，展览净面积约为 17 万平方米，到会观众达 15 万人次，其中国际观众比例超过 10%。

二、展会特点

（一）CES 是国际消费电子领域的风向标

全球最新、最前沿的消费电子产品及技术都会率先在该展发布。CES 是全球消费电子厂商发布、展示新产品和新技术的主要舞台之一。

在本届 CES 展会上,全球知名的消费电子巨头特别是东亚知名品牌在此都是核心参展商。韩国的三星、LG,日本的索尼、松下、东芝、夏普、佳能、尼康等知名品牌都携最新产品及技术参展发布。

中国知名品牌参展规模也很庞大,海尔、海信、联想、华为、TCL 等知名品牌有备而来,纷纷借助此展提升品牌形象。TCL 集团负责人称,中国消费电子企业未来几年将会在国际舞台上扮演越来越重要的角色。

(二)CES 是全球消费电子行业的潮流发布平台。展会以潮流发布为主,贸易成交为辅

从展览现场情况看,CES 展更像是消费电子行业的一场嘉年华聚会,一场潮流新品发布秀,一番科技前沿探索,而并非是一个单纯的贸易交流平台。其潮流发布功能远超过其贸易成交功能。三星推出手机柔性屏、夏普推出 8k 平板电视等都可能成为未来行业的重大变革者。

在知名参展商的展台中,几乎全部为展示产品的区域,并没有设置洽谈贸易区,工作人员也是为观众介绍产品功能,而并非展开贸易洽谈。如需展开进一步深层次的贸易洽谈,则需前往展馆中专门设立的洽谈区,许多企业分别在展示区和洽谈区设置展位。

(三)CES 受到经济大环境影响,与往届顶峰时期相比有一定程度的下降

本届展会,美国部分知名名牌如惠普、戴尔、苹果、微软、谷歌、IBM 等知名企业集体缺席,微软也是首次爽约 CES。而欧洲的大部分品牌企业则没有前往参展,如西门子、伊莱克斯、诺基亚、飞利浦等。

不少参展多届的展商及观众告诉我们,CES 鼎盛时面积多达 40 多万平方米,还专门设有电脑展等。而今,总体规模已有所缩小。

2012 年俄罗斯国际消费品
博览会调研报告

国际联络部　　曲玄烨

　　2012 年 1 月 15 日至 21 日，中国对外贸易中心（集团）派员赴莫斯科参加 2012 年俄罗斯国际消费品博览会。在现场宣传广交会的同时，也进行了相关考察。以下是调研成果。

一、展会基本情况

　　俄罗斯国际消费品博览会（Consumexpo）由世界著名的展览公司 Zao Expocentre 公司主办，是俄罗斯最大、最权威的消费品展，每年秋冬两季举办，至今已有 22 年的历史。共有来自全球 22 个国家及地区的 557 家企业参展，其中包括俄罗斯最大的厨具连锁商店及自有品牌"GIPFEL"，以及其他国内外的知名品牌如"M&V"、"GEN LEKS"、"IMPACT"悉数到场设摊位展示，展览总面积 36 970 平方米。到会客商 15 438 人，根据大会统计，其中 80% 是来自俄罗斯及周边国家地区的专业买家。

二、展会的调研与配套服务

Forum Pavilion

（一）主办方与展馆

　　成立于 1959 年的莫斯科 Expocentre 是俄罗斯非常著名的展览机构，承接和组织的各项国际展览会覆盖俄罗斯全境、独联体和东欧地区。该公司于 1975 年加入全球展览业协会（UFI），平均每年组织 22 个 UFI 的展览和会议以及 30 个俄罗斯本地的展览。

莫斯科 Expocentre 也是基地展览公司。据官方数据显示，展馆的 9 个现代化展厅均可以承接各种需求的展会。各展馆建筑风格不同，也存在不同程度的老旧问题，不过各种设施安排合理，使用便利。1 号馆于 1978 年首次使用，2 号馆和 F 馆于 20 世纪 80 年代修建，其中 F 馆是金字塔造型，目前也是展馆的标志，最年轻的 8 号馆于 2008 年修建完成。

（二）会议

莫斯科 Expocentre 分别于 2005 年和 2006 年加入国际会议中心协会（AIPC）和国际大会及会议协会（ICCA），目前每年平均承接 600 场会议，其中 100 场为独立会议，包括代表行业领先水平的峰会以及元首级别的高层论坛。发展会议项目得到 Expocentre 高层的高度重视。在该公司未来发展规划中，即将修建一个可容纳 2 500 人的现代化多功能会议厅，不过该计划受金融危机影响被推迟执行。

（三）消费品展配套服务与调研

1. 查询服务

展会现场设置有电子触屏查询设备，提供莫斯科市内交通、餐饮、旅游、银行、医院等服务指引，但据观察现场使用这个机器的人并不多。因为实际情况是，由于莫斯科已经全网覆盖 3G 网络，城市大部分基本便民服务都

已推出了免费的第三方服务程序（Free APP），只要用手机下载某个需要的
APP，就可以使用对应的查询。比如：通过地铁查询程序，只需要输入目
的地，就可以查到由所在位置到目的地的地铁换乘方案以及所需时间；通
过路况查询程序，可以获得即时的路面信息以及途经的公路上是几级堵车
状态等，包括苹果、安卓、谷歌、诺基亚等手机平台都支持这种免费查询，
非常方便。

2. 餐饮与宣传刊物

展馆之间的连接通道和休息区都设
有专门供客商阅读的区域，主办方免费
向与会者提供一些刊物和部分宣传资料。
展馆设有多个咖啡点、俄式和美式的快
餐厅，价格与莫斯科市内物价基本持平，
人流也相对稳定。

3. 服务中心

参展商服务中心类似一个常设的办
公室，位置与展馆分离，在一个独立的
办公区，并不受理筹撤展现场的具体事
务，只提供免费的商务中心和咨询服务，
我们几次过去，人都比较少。

4. 调研问卷

主办方对于参展商的调研问卷是由 25 道选择题组成，每一个选项顺序编
号，共 288 个选项，方便之后分析和统计。问题的设置包括了解参展商的国
籍、业务范围、业务量等基本问题；各项满意度调查；考察该展的广告覆盖
的效果；还会关注参展企业的未来规划、产品价格定位、参展效果预估以及
是否会再次参展等问题。问卷在展期第二天下午派发。

5. 安排展位特装与投放广告受到限制

主办方对于展位特装与预定广告的费用支付方式非常严格，要求一定在
预定当日支付，这就影响了我们在该展的广告投放与展位特装计划。尤其是
展位特装，这是广交会海外参展形象的统一要求。所以，在没有当地的装搭

公司预先布置展位的前提下，我们在国内的广告公司制作背景板。现场装搭专家建议：今后在国内喷绘背景板的时候，可以选择灯布材料，比不干胶的材料更容易悬挂。

参加芝加哥家庭用品展（IHA）有感[①]

展览总公司　周健灵

一、舒适宜人的 IHA

IHA 始办于 1928 年，至今已经走过了 85 个年头。它于每年 3 月在芝加哥迈考密展览中心举行。迈考密展览中心毗邻美丽的密歇根湖，环境舒适优雅，分为南馆、北馆和湖边馆三个馆。其中从湖边馆走出即可看到一望无际的密歇根湖，让人心旷神怡。参展商们总会在忙碌的展会期间抽空出来感受大自然的风光，呼吸一下新鲜空气。2013 年 3 月的芝加哥赶上了寒冷的天气，湖边已经堆满积雪，让人感到别有一番风味。

与欧洲的展馆相比，迈考密展览中心算不上宏伟，其地面一层为展览馆，三条通道分别通向北馆、南馆和湖边馆。一楼以上的楼层则用于会议室，现场办公室。中央通道布满了各种指示牌，清晰明了，买家一看就知道应该怎样参观展馆。

与中国人相比，美国人谈生意的时候似乎更喜欢营造一种轻松舒适的氛围，美国企业参展的目的更多是为了宣传推广自己的品牌与产品。美国展商的展位几乎都是特装展位，展品不会太多，只摆放一些精品，参展人员都喜欢穿得西装革履，拿着香槟，与客户边聊边谈，把"小资"情调融入到生意场中。

---

① 展会是为观众和展商搭建的沟通平台，用更多人文的关怀和理念让这个平台变得亲切、更具期待和赋予更高的附加值，是展会走向成功的标志之一，让我们一起走近美国历史最悠久的芝加哥家庭用品展，体验参展的舒适度。除却奔赴美国的长途奔波，到美国体验其国际性展览会对于展览业内人士来说是一个不错的学习机会。2013 年 3 月份的芝加哥家庭用品展（IHA）再一次印证了我这种想法，IHA 的参展舒适度和专业性都给我留下了深刻的印象。

展馆中央通道

展馆休闲区

二、专业性极高的 IHA

一进展会，就能够感受到 IHA 的专业性。世界上知名的消费类展览会，基本上是和礼品混合在一起，如法兰克福消费品展、土耳其消费品展等，消费品和礼品两者比重相当。而 IHA 大约 90％ 的产品都是家庭用品类，专业性非常强。其中北馆为清洁用品区及国际馆，南馆为餐厨用品区，湖边馆为小家电区。如果国际区的参展商想去专业馆，必须经过大会的严格审核。每年约有超过 300 家中国企业参加该展，但能通过主办方审核进入专业馆的企业为数不多。展会的专业性及对参展商的严格把控，的确有利于展会的形象塑造与维持，所以经过 85 年的培育，IHA 一直在全球家庭用品类展览会中保持着极高的声誉和影响力。

中国企业的参展面积有 3 000 平方米，展品琳琅满目。根据现场交流，此届企业参展的满意度还是比较高的，多数企业都表示 2014 年将会继续参展。随着美国经济的逐步复苏，中国企业会面临更多的机会，但如果想在众多的参展企业中脱颖而出，中国参展企业必须跳出现有的经营模式，创新销售渠道和商业模式。

展会现场实景

展会现场实景

2012 年芝加哥国际家庭用品
博览会调研报告

国际联络部　李立

中国对外贸易中心派员考察了 2012 年 3 月 10 日至 13 日在美国芝加哥迈考密展览中心（McCormick Place）举办的 2012 年芝加哥国际家庭用品博览会。以下是调研成果。

一、展会概况

芝加哥国际家庭用品博览会是全美规模最大、效果最好的家庭用品博览会，也是世界上最著名、最具影响力、历史最悠久的家庭用品展览会之一。本届博览会将以往的三天展期延长至三天半，并多开辟了一个展馆作为亚洲国家展区。但可能出于贸易保护目的，中国展厅位置较偏僻，环境较差，人流较少。但中国物美价廉的商品仍然吸引了众多采购商前来采购。

二、创新发明设计展示活动

芝加哥国际家庭用品博览会非常注重产品及设计的创新发明，特设一个全球创新展厅，专门安排了一系列的活动及展示，让参展商和采购商能通过参加展会了解到最新的产品发展趋势及行业信息。

1. 全球创新奖（Global Innovation Awards，GIA）

GIA 是由芝加哥国际家庭用品博览会和其主办方共同组织和赞助的全球领先家居产业奖项。自 1999 年 GIA 项目创建以来，已经有来自 30 多个国家的零售商、生产商和设计师获得超过 220 个 GIA 奖项。

2. 发明专利发布区

在展馆内设有一个发明专利发布区，发明家们会轮流上台展示他们发明的新产品。感兴趣的采购商还可以到发布区前方的发明家摊位上与他们面对面交流。

3. 2012 新产品展示（New Product Showcases）

博览会将 12 个产品类别合计超过 300 个新产品放在采购商俱乐部和相关展示区展出。然后由经验丰富的设计师、零售商和行业专家组成的评判团，在每个类别里甄选出最优秀的 5 个代表性产品，为其颁发展会设立的创新奖。

4. 彩通（Pantone）色彩趋势展

彩通公司是一家专门开发和研究色彩享誉世界的色彩权威机构。该公司特别为博览会设计了一个家庭用品行业的 2013 年色彩趋势展示。为生产商在产品的设计、包装、商标、广告等方面提供色彩指导和建议。

5. 在校学生设计比赛

博览会主办方邀请来自美国、加拿大等其他国家学习设计行业的学生参加比赛。由行业内权威设计师做裁判。最终获奖学生的设计会在展会上向业内的商家展出。

6. 绿色环保设计展示（Gonging Green）

这个展示是邀请所有参展企业挑选最符合环保理念的产品和包装材料参赛，然后由评估专家评估其设计及包装是否符合可持续发展的要求，其中的优秀作品会放在展示区内展出。

三、展会特色配套服务及设施

芝加哥国际家庭用品博览会历史悠久，办展经验丰富。除了普通展会配备的基本服务设施外，还有许多人性化，细致的特色服务值得我们去学习。

1. 丰富的展会活动、展示及研讨会

博览会期间，有 100 多场形式多样的活动、展示及研讨会在展馆内举办。除了有新展品、新设计、新理念展示，行业相关领域的研讨会，还有专家现场免费咨询活动等。充分建立起一个行业内信息交流学习的良好平台。客商可以在网上查询活动日程并报名参加，网络会自动生成一份新的个人专属日程表。参加完一届展会几乎等同于参加了一个短期培训提升班。

2. 免费会议室

展厅内设有由隔板搭建出的小型会议室，只要将预计的使用时间及使用者姓名写在门口牌子上，会议室就会自动预留。会议室内还配备有电视，使用者可以在会议室内展示产品并播放录像。

3. 采购商免费餐饮区

博览会内的三个主要展厅均设有采购商免费餐饮区，为每位采购商提供简单快捷的餐饮服务，参展商也可以支付 15 美元在此用餐。此项服务费用由主办方承担一部分，其余的则依赖于展会合作机构及企业的赞助。

4. 自助式急救设备

博览会只有一个急救室设在大堂，但展厅四处均设有标志明显的自助式自动体外心脏去颤器。

2012年美国拉斯维加斯
纺织服装展调研报告

国际联络部　吴晓颖

中国对外贸易中心派员考察了2012年8月20日至23日美国拉斯维加斯纺织服装展（Magic Show，简称"拉斯服装展"），以下是调研成果。

一、展会概况

该服装展览会面向北美服装市场，并辐射整个美洲地区和欧洲地区，是世界著名的订货性服装博览会，仅向专业观众开放。展会期间还举办论坛及时装表演等活动。

二、办展经验

（一）行业媒体及机构的高度参与

在展会中，我们看到了行业媒体及机构与展会的合作组合。展会现场摆放了各式纺织服装样刊，以及与行业延展相关的媒体，包括流行时尚、音乐、设计美术的杂志等。其中，女装日报《WWD》冠名了展会的女装展区WWDMagic。在他们样刊里我们除了看到常规的行业报道外，还有展会专题、参展企业刊登广告等。而国际泳装运动衣协会ISAM（International Swimwear/Activewear Market）则既摆放旗下杂志，又负责泳衣展区组展。

（二）高度数字化的展会

美国拉斯服装展使用二维码、网站、智能手机程序等为与会客商提供便利及进行互动。

首先，展会在其宣传资料上印有展会在线版及手机版的基本说明，并附上一个二维码。客商只需开启智能手机中的二维码扫瞄器，对准图案扫描一下，黑莓等其他手机即可连上官方网站的手机版，苹果及安卓手机则直接下载手机程序。不管是手机版还是手机程序，客商都可对展会进行各项的应用，包括查看展会时间及展区地图、查看研讨会及活动展示日程表、安排行程路线，查看参展企业目录、查阅变更酒店交通安排、接收展会通知、下载展会资料，以及照片视频的上传与共享等。

另外，展会在多家社交媒体上建立渠道进行宣传，根据网站特点添加了内容的延展，如展会花絮、图片分享、客商互动、周边新闻等。

社交媒体本身提供丰富的信息发布、图片及视频共享功能，同时拥有大量的群体用户。与会者不必登上官方网站，即可在自己熟悉的网络平台上解决部分的与会需求，以及跟朋友分享展会。

（三）与会客商的细化分类

在美国拉斯服装展"采购商"分类中，除了常见的零售商、进口商外，还有"品牌授权商"与"被授权商"，以及"自有品牌"。对成熟市场来说，这种分类办法是经济活动发展成熟、行业不断细化的体现。

（四）精彩纷呈的研讨会和展示活动

展会4天共有40场大小规模的研讨会，70位企管高层演讲嘉宾参与，题材包括趋势预测、新科技、电子商务、社交媒体、最新的品牌运营、营销及销售等7大类（附件1）。除研讨会外，还有各种展示活动，包括展馆不同角落有唱片师全天播放音乐、图案设计师现场设计绘画、摄影工作室现场拍摄、经纪公司模特展示、街头服饰品牌找来发型师现场进行发型创作等。

拉斯服装展以设计展示带动销售为主，各种行业延展为辅。研讨会题材广泛，全面涉及整个行业，而展示活动则使得展会犹如大型时尚聚会，体现了行业的设计性、艺术性、娱乐性及多元性。

（五）别具特色的展会现场服务

拉斯服装展在两个场馆同时举行，主办方使用加长型林肯豪华轿车作为两馆之间的免费穿梭车。加长车是拉斯维加斯城市特色，使用其作为展会专属交通工具，既让展客商感受到尊贵体验，又吸引了客商对两馆都进行参观，加大了展会人流量。

另外，展会各展区有独立的休息区、就餐区。其中就餐区最有特色，例如我们所在的 Sourcing at Magic，中国展商为主，就餐区则提供中式快餐；Project 展区以时尚男女休闲装为主，就餐区装饰风格则与整个展区搭装风格匹配，布满各式户外装饰品，在此就餐犹如花园露餐一样舒适。

附件 1：

拉斯维加斯服装展研讨会列表（节选）

1. 服装配饰鞋类等各自行业趋势探讨
2. 美国制造的推广
3. 如何进入美国市场
4. 如何开拓中国零售市场
5. 科技发展及行业应用
6. 网络与实体店销售一体化操作
7. 网络商品推广平台的介绍
8. 如何通过授权许可扩大品牌影响
9. 行业收购及并购
10. 如何经营零售店铺
11. 如何推广自家品牌
12. 现代型顾客采购行为分析
13. 销售团队的建设

附件2：

展会现场图片

展会其中一个展厅的全景图：通道上方标识摊位号，方便与会者快速找到摊位。

展会根据不同的展区和活动推出相应的会刊及宣传资料。

展会在其会刊上使用二维码广告并推广展会手机应用程序，与会者通过手机扫描该二维码即可直接把程序下载到手机上。

2012 年德国杜塞尔多夫
国际鞋展调研报告

国际联络部　朱威

2012 年 3 月 14 日至 16 日，中国对外贸易中心派员考察了德国杜塞尔多夫国际鞋展。以下是调研成果。

一、展会概况

德国杜塞尔多夫国际鞋类展览会（以下简称 GDS），是世界上著名的三大专业鞋展之一，是欧洲规模最大的鞋类博览会，每年 3 月、9 月在杜塞尔多夫国际展览中心举办，平均有 60％以上的观众来自德国以外。展会主办单位根据参展展品的不同档次和市场定位对参展商进行专业划分，将展会划分为国际基本展区、时尚区、休闲区等。该展已成为中国鞋业进入欧盟市场的窗口。本届展会共占据了 9 个展馆，并划分为：城市纯真、城市运动、孩子的脚步等 11 大主题，中国参展企业在 16、17 号国际展馆。

本届 GDS 共 1 200 多家企业参展，比上届增长 1％，其中 354 家来自德国以外的 43 个国家，占总数的 30％，共约 23 150 名专业观众参观、采购，比上届下降 1.6％，比 2011 年同期下降约 4％。鞋展主办方表示，75％的观众来自企业决策层，一些世界知名的鞋类品牌和知名的企业均有与会。

图1　简洁舒适的现场服务点

二、展会特点

展会期间，我们实地考察了杜塞尔多夫会展中心的展会设施。主办方高效、简洁的办事作风给我们留下了深刻印象。

展会的新闻中心整齐地摆放着德、英、法等多个语种的新闻稿，方便境外新闻媒体取阅。

（一）现场服务点

GDS的现场服务点功能类似于广交会的现场一条龙服务点，但其装搭简洁时尚，没有拥挤杂乱的感觉。除了常规的打印、复印、信息中心、机票酒店预订、快递等服务外，服务点还提供租赁冰箱和其他休闲用品的服务，以便参展商可以在展位上为采购商提供饮料、糕点等。

（二）行业杂志

主办方在主入口处专辟了一块媒体区（如图2），专门用于吸引鞋类相关专业杂志展示各自的刊物。专业展会与行业媒体相互发挥各自优势，互利双赢。

图2　展会现场专门设立的媒体区

展会期间，我们还收集了各种行业杂志，并就今后广告合作、借助媒体渠道参加其他大型国际专业展等可行性与有关媒体进行了深入交流。

（三）展会活动、贸易配对和研讨会

主办方在2号馆设置了T形台供参展企业发布产品，相比广交会在半露天的中平台设置产品发布舞台，GDS的舞台完全设置在室内，舞台布置、灯光、音响效果比照欧美时装发布会现场标准，无形中提

图3　展会的品牌展示

高了所发布产品的档次（如图3）。主办方还设置了多个奖项，奖励对象既包括作品款式新颖的企业和设计师，还包括能较好诠释新产品和引领鞋类时尚潮流的模特和演艺界人士。颁奖当天，邀请业界名流和时尚大腕，给展会增

色不少，同时也为参展企业结识各界名流、进行公关提供了良好机会。

贸易配对方面，采购商可在展前把需求发给参展商，参展商可选择是否回应需求，为保护双方隐私，只有在双方都确认意向后，才可以看到对方的联络信息。

研讨会和论坛方面，主办方设置了"Design Attack"的设计论坛供设计师们交流思想。

（四）来宾报到和进馆

本次鞋展实施购票入场，主办方给观众提供 25 欧元日票和 50 欧元季票两种选择，如购买季票可以参观该会展中心当季所有展会。观众可以在入口处凭名片购票，也可以在网上提前申请，如在网上提前申请则免费。

门禁系统采用类似地铁入闸口的自动化系统（如图 4），观众在扫描仪上扫描购买的门票后，系统会自动显示相关信息，入口处的门杆会自动解锁，让观众进馆。

图 4　门禁系统

（五）招商、VIP 服务和广告宣传

主办方在 4 号馆设置了高端品牌展区，为保证这些参展商能接触到高端专业的观众/采购商，主办方向国际知名企业和专业采购商发出特殊邀请，只有持特殊请帖的观众才可以进入该馆。

另外，主办方为扩大影响，在杜塞尔多夫市各个酒店、车站和人流密集的场所均设置大幅广告。

杜塞尔多夫在全球各主要经济区，如中东、北美、东/西欧、亚太和主要经济大国都设有办事处或分支机构，以便因地制宜地开展招商宣传活动，其中涉及 GDS 的招商宣传活动由独立的办事处负责。为了提高当地办事处的积极性和工作效率，他们雇请当地人，并将他们的奖金与业绩挂钩。

（六）其他

由于受欧债危机影响，本届展览面积有所缩水，以 16 号馆为例，有近一半的面积没有租出去，主办方在未租出的场地设置了服务区（如图5），既避免了大片空地带来的萧条感，又方便了客商，一举两得。

图5　在空置场地上搭建的服务

2012 年美国纽约国际
文具展工作报告

国际联络部　廖虹

2012 年 5 月 20 日至 23 日，中国对外贸易中心派员考察了美国纽约国际文具展。以下是对该展会的调研成果。

一、展会概况

美国纽约国际文具展始创于 1947 年，一年一届，由美国 GLM 展览公司在纽约贾维茨中心（Javits Center）举办。据统计，全美 66％的文具商会参与，82％的订货商会现场下单。该展为国际参展商和美国当地批发商提供了同台展出、同行竞技的舞台，让参展商和采购商有机会了解行业最新动向。随着美国近几年文具办公行业展会的发展，该展因为纽约特殊的地理位置正日益吸引更多的行业买家参与。本届展会供采双方与会情况如下：

采购商：11 000 人（来自文具行业、卡片和礼品店、书店、婚礼用品店、宴会/派对商店、连锁专卖店、大型连锁店、连锁超市等）。

参展商：800 人（来自澳洲、加拿大、捷克、中国、中国香港、中国台湾、德国、法国、英国、印度、印尼、以色列、意大利、日本、墨西哥、波兰、瑞典、巴西、阿根廷等 19 个国家和地区）。

二、展会现场观察和调研

（一）礼宾服务

展馆大堂设有一个类似酒店的服务前台，工作人员为客商提供专业的礼宾服务，包括提供展馆服务设施，预定酒店、饭店、租车、景点参观等各类商旅服务。

点评：综合展馆服务和地方商旅资讯的一站式服务，让人省去到处寻找的奔波之苦，尤其给外地参展商和采购商提供了很大的便利。展会除了提供优越的硬环境，更创造了与之相匹配的软环境，让人有宾至如归的感觉，大大提升了展会的亲和力。

（二）机场大巴、穿梭巴服务

大会提供的乘车服务有：机场至展馆的穿梭巴士、市区穿梭大巴（共有4条线路，每隔20分钟一班）、商旅租车服务。《展馆导向手册》有详细的出租车参考价和计费标准。

点评：四条市区穿梭大巴，线路四通八达，免费乘坐，全民开放；如需出租车服务，手册内有资费参考，价格公开，消费明白，让人心里有数。

（三）WiFi上网服务

展馆的WiFi上网是收费服务，只要一步入馆内，手机/手提电脑即可搜到"Javits"字样的无线网络，登录前有相关的收费标准和交费说明：4.95美元/时、29.95美元/天、69.95美元/3天，带宽统一为256K，足够用于收发邮件和浏览网页。如需开通，用户可通过信用卡交费。如需收据，大会将以邮件的方式发到用户邮箱。

点评：大会现场没有设置专门的柜台提供人工服务，从开通网络到交费再到开具收据，用户完全可以自己通过无线网络快速完成。流程设计合理，操作网络化，既省人力物力又高效。

当然，这里也有"免费的午餐"：在展厅的边缘位置，有一个免费的有线高速上网服务区（约4个标准展位的空间），内设6个工作座位；电脑、打印机、A4纸一应俱全，不但免费上网，还能免费打印，不限时间，不限次数，无人服务，完全自助，并且全民开放。无需惊讶大会的无私馈赠，细心观察，其实背后源于赞助商的鼎力支持——工作柜台和眉板都标注着某个旅游机构的名字。

免费有线高速上网服务区

点评：不得不赞叹大会经营手法之巧妙：

（1）通过免费而实用的服务产品，提高偏远展区的人气。而正由于位置偏远和可用电脑数量有限，因此没给收费的无线网络带来正面的冲击。

（2）通过设置便民式的服务区，填补未租出展位的面积空白。用意不刻意，但效果很好。

（3）通过企业赞助，降低展会运营成本。同时，此举也是展会服务人性化的有益补充。既有助于展会形象的提升，又能让赞助商声名远播。于展会于客商于商家，共赢收效明显。

（四）展馆导向手册

手册除了展馆楼层平面图、市区地铁和公交车网络图，还有详尽的展会服务介绍、市区穿梭巴停靠站点、机场大巴服务时间、出租车电招服务、展馆上半年展会排期、市区景点、餐馆、酒店等商家优惠券，各类资讯齐集一册。

点评：展馆手册特色一，内容包罗万象。手册编辑者以外来游客的角度，详略有当地分述了相关内容。当然其中有不少植入性商业广告，因此尽管手册印刷精致、内容丰富，展会也无惧成本的增加。

展馆手册特色二，联系方式齐全。各项服务都标注联系电话和邮箱，方便客商咨询。例如展馆的礼宾前台、租车、快递、行李寄存、酒店、景点参观等各类服务点的联系方式。

（五）展馆数字导航

展会在网站推出了展馆数字导航软件下载，可适用于苹果、安卓、黑莓三类手机客户端，基本覆盖所有主流品牌的手机。客商可自行通过该系统，快速查找展区、展位分布图和参展商信息，准确锁定采购目标，有效提高现场采购效率。同时，还能实时接收展会现场推送的信息，时效性强，方便掌握展会动态。另外，该系统还有个性化功能——在线行踪列表，记录了用户在展馆的行踪，方便查找曾经到访过的展位历史记录。

展馆数字导航在展会现场做的宣传

点评：展馆数字导航的普及、服务功能的网络化、服务区运作的自助式，减少了中间环节和人工服务，有效降低了现场服务人员的大量投入，避免了人海战术的办展模式。

展馆数字导航在展会官方网站上做的宣传

（六）展位搭装

展会上的展位搭装风格以简约为主。搭装用材为帆布、纸板、充气材料——拆装简易、用材环保、低碳节能，储运方便、技术要求不高、人员投入少。

1. 特装展位——用充气材料搭装

2. 标准展位——用帆布材料简易搭装

点评：高大气派的特装展位固然是一种吸引眼球的方式，若用环保材料将展位布置得精致巧妙、富有表现力，也不失为一种脱颖而出的好方法，既绿色环保又能实现降本增效。

2012 年南非国际贸易博览会参展报告

国际联络部　　张惠

中国对外贸易中心派员于 2012 年 7 月 12 日至 19 日赴南非考察第 19 届南非国际贸易博览会（South Africa International Trade Exhibition，以下简称 SAITEX 博览会），以下是调研成果。

一、展会基本情况

SAITEX 博览会由南非国家展览中心有限公司（EMS）在约翰内斯堡主办，由南非贸工部、豪登省总商会、约翰内斯堡工商会、南非对外贸易协会和约翰内斯堡市政府协办，每年 1 届，每届 3 天，是非洲地区最大的综合性贸易博览会。2011 年共吸引了来自 35 个国家和地区的 700 多家企业参展，来自全球 50 多个国家和地区的 2 万多人次的代理商、经销商、进出口商、批发商和零售商等贸易观众前来参观洽谈。SAITEX 博览会已成为商家开拓非洲市场的有效平台。

二、参展心得与体会

（一）博览会派发客户产品需求登记本

SAITEX 博览会除向参展商派发名录外，还免费派发客户产品需求登记本 1 册，方便参展商记录客户的联系方式和产品需求。经考察发现，此展客商不带名片现象普遍，除收集 246 张客商、展商名片外，还有 133 位客商在产品需求登记本登记其公司信息和产品需求。

（二）博览会分类为客商报到办证

SAITEX 博览会设立 VIP、媒体专用报到通道，网上预登记报到通道和现场报到通道。报到现场双屏幕显示客商报到的公司和个人信息，让客商同步确认，保证了资料录入的准确性。

（三）展馆导向清晰

SAITEX博览会除向各与会客商派发展区地图外，每个展馆相邻的区域均有指示牌，各展馆入口处均设展区地图标识牌和该展馆的展商名单。在午餐时段，每个展馆均人性化的设提示信息牌，提示客人到餐饮服务区就餐。

（四）便利客商的其他服务

SAITEX博览会展馆内除装有固定的ATM取款机外，展馆还配有移动式的ATM取款机，方便客商取款。此外，SAITEX博览会还为采购商举办"金砖四国非洲进出口论坛"的研讨会，并为参展商、采购商提供网上及现场贸易配对活动。

2011 年迪拜五大行业展调研报告

国际联络部　李春林

中国对外贸易中心派员考察了 2011 年 11 月 21 日至 24 日在阿联酋迪拜举办的"2011 迪拜五大行业展"。以下是调研成果。

一、展会基本情况介绍

阿联酋迪拜 BIG5 国际博览会是中东地区最大的建筑和结构材料、水处理技术、空调制冷、清洁维护、玻璃金属行业的专业性博览会，也称"中东五大行业展"，始办于 1980 年，每年举办一届。该展的举办，为来自全球的工业设备、机械、建筑车辆及设备供应商提供了一个与中东地区各国买家面对面接洽的机会，也为中国企业提供了一个全新的盈利平台。

2010 年第 30 届中东迪拜五大行业博览会汇集了来自阿联酋本国、海湾地区及世界上知名的建筑承包商、经销商、供应商、制造商、行业人士、代理商和工程师，构成了在中东规模最大最有前景的建筑业展览会。业界所有的专业人士都聚集在此。据组委会统计，来自 70 个国家和地区的 2 150 家企业参加了此次展会，共设 27 个国家展馆，总展位净面积达 37 872 平方米。为期 4 天的展会共吸引来自阿联酋、沙特、其他海湾国家、埃及、印度、伊朗、非洲和欧洲等国家和地区的专业观众登记达 35 166 位（2009 年为 34 045位）；每日访问人数增长到 48 366 位（2009 年为 45 177 位），这一人数接近 MENA 地区其他展会观众数的三倍之多。其中来自海外参观者占 57.6%，可见其影响力之广。2010 年展会重要买家计划（Key Buyers Programme）吸引超过 499 位重要买家前来观展（2009 年为 328 位），涉及 600 多个大型项目，总预算超过 1 亿美元。展会同期还举行了 BIG 5 建筑会议，内容包括主题演讲、案例分析以及项目展示；中东地区 24 位最具影响力的杰出行业领袖在会议上向来自建筑建材行业的 100 多位代表发表演说。据组委会对参展商的调查，其中 90% 的参展商认为参观者的质量比较好和非常好，并且这些企业都直接表示愿意参加下一届的展会。2011 年迪拜"五大行业展"共有 75 个国家和地区的 2 500 多家企业参展。

二、展馆基本情况介绍

迪拜世界贸易中心是中东最重要的贸易展览中心，由迪拜世界贸易中心主楼、迪拜国际会议中心和迪拜国际展览中心三大主题建筑组成，是中东最先进的展馆，拥有达到世界最新技术水平的设施和优良的服务，具备一流的国际标准展览设施。所有中东最重要的展览，如中东通信技术展（GITEX）、阿拉伯医疗展（Arab Health）、海湾食品展（Gulfood）、中东国际汽车展（Middle East International Motor Show）、迪拜塑胶展（Arabplast）等都是在该中心举行，每年举办 100 多个国际大型展览。

三、展会特点

（一）国家展区

展馆设国家馆，各国展馆装修各具特色，别具一番风格。整个展会人流量较大，展会宣传效果明显。

德国国家展区

法国国家展区

西班牙国家展区

本届展会一大看点是众多中国企业的参展，在总面积达 8 000 多平方米的中国馆内，数百家中国企业带来包括建筑材料及设备、水处理与环保、空调制冷、清洁及维护设备、玻璃及材料、卫浴陶瓷、石材及机械设备、照明器材等八大类上千种产品参展。据中国展团负责人介绍，此次参展的中国企业总数超过 600 家，中国此次参展规模在整个国家馆中最大。

（二）客商报到及进馆门禁系统

1. 进馆证件

大会在展馆提供形式多样的广告宣传选择，即使在展会的采购商报到处，广告表现也淋漓尽致。土耳其国家馆的广告几乎将现场报到点的墙面全部覆盖，连报到打卡处也是其广告。

参展企业展前都会收到大会寄来或直接从大会官网下载打印带有个人信息条码的参展通知书。参展商抵达展馆后，在展馆各主要入口登记处的自助扫描登记系统前出示并扫描参展通知书上的条形码，即可自动打印出参展商证。

2. 门禁系统

大会在各主要展厅的入口安排安保人员，手持读卡系统，所有持参观者证件的客商需经过读卡后方可进入展馆。这样有助于展会主办方统计各主要展馆、展厅的客流量及参观者进馆时间分布等情况。

3. 餐饮服务

展馆内各种配套服务设施非常齐全，主要分布在连接各个展馆的中间主通道的两边，有邮局、电话公司、行李寄存处、礼拜室、银行等。另外，餐厅、咖啡点、休息区遍布展馆各个角落。除此之外，大会还设有流动餐车，午餐时间，有工作人员推着流动餐车在展馆内走动，为有需要的参展商提供简便的午餐选择。

2011 年土耳其秋季国际家庭用品、礼品和家用电器展览会调研报告

国际联络部　张惠

中国对外贸易中心派员考察了 2011 年 9 月 23 日至 27 日在土尔其举办的土耳其秋季国际家庭用品、礼品和家用电器展览会（Zuchex International Housewares & Gift Fair and Electrical Appliances，以下简称"Zuchex 展览会"）。以下是调研成果。

一、展会的基本情况

Zuchex 展览会是由土耳其最大的贸易杂志 Life Media Group 与行业协会联合举办的一年一度的国际专业展览会。它已经成功举办了 22 届，于每年的 9 月中下旬在土耳其伊斯坦布尔 TÜYAP 会议展览中心举办。该展会已成为与德国法兰克福消费品展、意大利马契夫消费品展、美国芝加哥家庭用品展齐名的世界第四大家居用品博览会，其已初步成为辐射欧亚非三大陆的枢纽型展览会。展出行业汇集各类家居装饰品、纺织品、餐厨用品、家电、礼品消费品等。

2011 年 Zuchex 展览会的净展览面积比上年有所缩小，仅 75 000 平方米，参展商有来自土耳其、意大利、德国、葡萄牙、俄罗斯等 15 个国家和地区的 560 家企业。采购商人数达到 30 352 人，主要来自欧洲、亚洲、非洲和美洲的 88 个国家和地区的超市、零售商、家电市场、百货公司、厨具商店、装修公司、批发商、代理商、分销商、酒店采购商等，最多国际采购商的国家分别是伊朗、埃及、黎巴嫩、希腊、阿塞拜疆、叙利亚、伊拉克、约旦、德国和沙特阿拉伯。参展商和采购商对宣传效果和成交非常满意，被专业人士公

认为欧亚—东西方家居行业的交流的热点。

该展展期时间 5 天，展会除配套向参展商派发电子名录，还免费为参展商派送客户登记本一份。展商可通过代理组团或自行报名参展，其特装展位占 90％ 左右。与会采购商或参观者可直接在报到登记处填写表格，免费办理进馆证件；也可在网站上预登记，在线打印注册号并到报到现场打印进馆证件。该展节能环保，为所有与会客商提供电子版名录。

二、展馆服务情况

(一) 基本服务

TÜYAP 会议展览中心是伊斯坦布尔国际贸易市场的集合点。其设计理念是为参展商和采购商建立良好的基础设施提供国家和国际标准的服务，造福世界各国（地区）的参展商和采购商。展馆提供全方位的服务，包括：12 个展厅共 9.8 万平方米的展馆面积，4 500 个露天停车位和 600 个室内停车位；18 个 50～750 座席容量的多功能会议室，10 家自助餐厅和 1 家点菜餐馆，新闻媒体、VIP 和行政专用套间，全武装的基础设施（气动系统、水和排水系统，17.600 kVA/h 供电电源，8000 kVA/h 发电器电源），展厅内免费无线互联网连接服务，各种各样促进游览的访客入口，自动扶梯和残疾人电梯，各地点到点的穿梭巴士服务，保镖安全保卫及控制系统，土耳其语、英语和德语的翻译服务，急救服务，加油站服务，小型零卖点服务，麦当劳"得来速"服务，出租汽车驻地服务，摄影（录影）服务和承办酒席服务。

(二) 特色服务

Zuchex 展览会内各展馆的指示牌十分清晰。展会在各展馆入口设立咖啡点为采购商提供免费饮用服务。展会节能环保：（1）部分展馆的扶手电梯根据客商人流量感应运行；（2）展馆出口处设立证件回收箱。

2011 年意大利马契夫春季
国际博览会调研报告

国际联络部　李春林　骆晖

中国对外贸易中心派员考察了于 2011 年 1 月 27 日至 30 日在意大利米兰举办的"2011 马契夫春季国际博览会"。以下是调研成果。

一、主办单位情况介绍

成立于 1920 年的意大利米兰展览集团是意大利本土最大、历史最悠久的展览公司，也是欧洲及世界领先的会展组织管理机构之一，拥有世界第二大展览场地——意大利米兰国际展览中心，室内展览毛面积 345 000 平方米，室外展览面积 60 000 平方米。作为世界领先的展览公司之一，意大利米兰展览集团在全世界 67 个国家设有分支机构，拥有 11 家集团公司，700 多名员工，每年在意大利本土及选定的海外市场组织约 80 场贸易展会，年收入约 3 亿欧元，并于 2002 年在意大利证券交易所上市。

意大利米兰展览集团主要业务分为展馆及相关服务、附加值服务和展会组织三大块，意大利米兰国际展览中心目前已在各种工业和服务业领域举办国际一流的专业展会，包括意大利传统工业领域的展会（时装业、家具家居用品和设计）和许多工业应用领域的工程部分展会，如摩托车自行车、电气电子化领域、照明安防自动化领域、旅游业，服务业、食品酒店用品及工业运输业等。凭借其在国际展会业价值链中的重要地位，意大利米兰展览集团举办的多项展会每年吸引展商 3 万多家，专业观众 500 万人。

意大利米兰国际展览中心也拥有意大利最大的会议中心——米兰会议中心（Milano Convention Center-MIC），该会议中心由意大利米兰国际展览中心会议中心（Fiera Milano Congressi）管理，并奠定了在国际会议行业里领先者的地位。

二、展会基本情况介绍

意大利米兰马契夫国际贸易博览会（MACEF）是世界顶级的礼品、文具、桌上摆件、家庭用品、珠宝首饰及钟表展览会。该展由世界知名展览巨头 FIERA MI-LANO 公司（米兰国际展览公司）创办于1964 年，并于 1972 年起每年分为春秋两届，目前已举办 90 届。

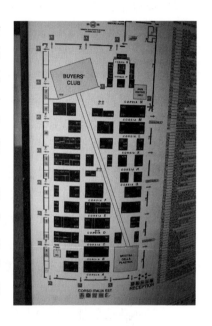

2011 年春季展共有 1 985 家参展商参加了该博览会，比上届增加了 69 家；展览净面积达 105 000 平方米，比上届增长1.94％；到会客商 95 000 人次，比上届增长约 10％，其中境外客商到会增长尤为突出，达 10％。

40 多年来，意大利马契夫展已发展成为国际最知名的综合展览会之一，是意大利进口商、批发商和零售商掌握市场行情、了解国际流行趋势、订购各国产品的重要渠道，也是北非等非欧盟国家出口企业进军欧洲市场的重要途径。

马契夫展整体规模很大，但中国参展企业数量很少，本届仅有不到 20 家中国企业参展。中国展团被安排在 4 号馆最尾端的位置。由于本届中国展团规模小，主办单位没有突出宣传中国展团，再加上展团展位位置较偏，本届展会前来中国展团展位询问、采购中国产品的客商不多。

三、对展会相关情况的调研

（一）大买家俱乐部（Buyers'Club）情况介绍

为给展会大买家提供一个休息、会谈及就餐的场所，展会主办单位在展览中心东西两端的 11 号、4 号馆展厅内各设置了一个大买家俱乐部

（Buyers'Club）。位于 4 号馆的大买家俱乐部在展馆的东北角，与中国展区相邻。主办单位为方便大买家找到俱乐部，特别从展厅入口铺设地毯、搭建简易廊桥直接延伸到俱乐部休闲区门口。大买家俱乐部占地大概1 000平方米，是一个临时搭建、半开放式的休闲区域，整体设计新颖时尚、简洁大方，区域内设沙发、餐台、洽谈桌等。据主办单位介绍：大会的 VIP 买家由大会及部分大参展企业共同提名、邀请，获提名、邀请的 VIP 家报到时，大会会提供红色的、不同于普通买家的入场证件及卡套。VIP 买家凭该证件即可随时进入大买家俱乐部，免费使用俱乐部内的各项设施及用餐。

（二）客商报到及进馆门禁系统

1. 进馆证件

参展企业展前都会收到大会寄来或直接从大会官网下载打印的带有个人信息条码的参展通知书。参展商抵达展馆后，在展馆各主要入口登记处的自助扫描登记系统前出示并扫描参展通知书上的条形码，即可自动打印出参展商证。大会对证件管理比较严格，

自助办理入场证件

时，同一份证件只允许打印一次。证件如果遗失，补办手续也比较麻烦。大会向专业买家、普通公众开放，大买家凭大会或大参展企业的邀请函可以免费办理 VIP 买家证，普通买家及公众办理入场证需付费，费用为整个展期 30 欧元（如果网上提前

登记，现场办证能节省 10 欧元的费用）。

2. 门禁系统

大会在展馆各入口均装有类似地铁出入口的门禁系统，客商在入口处须扫描进馆证件后方可通过关闸进入展馆。刚扫描使用过的入场证件要等 1.5 小时后方可再次使用。通过门禁系统，主办单位可以准确地统计展会每天的参观人次，同时可以防止一些无关人员随意进入展馆。

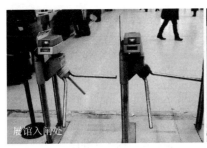

展馆入闸处　　　　　　　　　　　入闸处读卡器

（三）名录发放处

大会在展馆的登记处、各展馆主要入口都设有大会名录发放点，客商可自行取阅。该发放点由一副小型宣传画外加一个摆满名录的透明小柜子组成。设计简洁、新颖的名录发放点既方便客商自行取阅名录，又达到很好的宣传展会的目的。

（四）展会服务设施

展馆内各种配套服务设施非常齐全，主要分布在连接各个展馆的中间主通道的两边，有邮局、电话公司、行李寄存处、礼拜室、银行等。另外，餐厅、咖啡点、休息区遍布展馆各个角落。整个展会服务设施的设置和安排无不体现主办单位以人为本的服务理念。

礼拜室

展馆内咖啡点

主通道休息长椅

遍布展馆的各式餐厅

特殊休息区域

行李寄存处

2011 年香港、深圳设计
系列活动参展报告

广交会工作处　丁少丹

2011 年 11 月 30 日至 12 月 4 日，中国对外贸易中心派出运作广交会产品设计与贸易促进中心（PDC）的相关人员，考察了在香港会议展览中心举办的设计及创新科技博览会、香港设计营商周论坛，以及在深圳举行的中国（深圳）国际工业设计节。以下是调研成果。

一、香港设计及创新科技博览会

（一）展会概况

2011 年是香港设计及创新科技博览会①（以下简称博览会）创办以来的第 7 届，会场面积 13 219 平方米，比 2010 年减少 20.5％。共有来自 11 个国家和地区的 400 家参展商与会，较 2010 年增加 3.9％，吸引来自 55 个国家和地区的 15 897 名人士参观，较 2010 增加了 4.3％。

参展商方面，香港本地的参展商有 216 家，占总比的 54％；香港以外的参展商有 184 家，占总比的 46％。参观者方面，香港本地人士有 9 825 人，占总比的 61.8％；香港以外的有 6 072 人，占总比的 38.2％，其中 90.99％集中在亚洲，数量为 5 525 人。

博览会邀请了德国作为伙伴国②，以"全新德国"为展示主题。德国参

---

① 由香港贸易发展局主办，香港设计中心及香港科技园公司协办。

② 自 2005 年第一届以来，其伙伴国分别为北欧、英国、意大利、荷兰、法国、日本，2012 年已选定为丹麦。

展商达 150 家，占香港以外的参展商总数的 81.5%，由德国设计协会、德国联邦经济技术部和柏林国际设计中心负责组织。其中德国联邦经济技术部组织了包括梅赛德斯·奔驰、NEC、西门子听力辅助集团等 123 家实力雄厚的设计企业及机构组成德国展馆（German Pavilion），主要展示一系列设计和时尚创意作品及各种商业设计方案，展出产品涵括轻工、汽车工业、医疗器械、纺织等多个类别。

（二）配套研讨会及同期展览

博览会在会场内设置了两个研讨会室（平均每个可供约 230 人就座）、两个论坛场地（均为设计及创新论坛，平均每个可供约 50 人就座）。研讨会室主要用于举办博览会的主题研讨会，共有 6 场；论坛场地主要用于举办小型的专业科技论坛，共 28 场。上述研讨会或论坛分别由香港创意园公司、日本创意文化中心、荷兰 DDD（设计创意推广办公室）、香港创新科技署、德国设计协会和香港时装设计师协会等 6 家机构负责组织和主持，会议内容包括地区优秀设计机构、设计师和设计产品推介，以及商业政策性和辅助性讲座。

在博览会举行期间，贸发局还在同一层的不同展厅，举办国际中小企业博览会。就现场观察，该展会的不少参展企业纷纷造访博览会的设计参展机构，可见两者可起到相互促进的作用。联系到广交会，这与广交会设计参展机构及出口参展企业的业务往来相类似，印证了将 PDC 逐渐发展为设计展区的市场合理性。

（三）设计组织和机构拜访情况

根据本届伙伴国为德国的原因，我们提前充分准备，着重拜访了德国的相关设计组织和机构，同时深入挖掘其他有合作意向的设计组织。其中柏林国际设计中心（IDZ）、德国设计师俱乐部（DDC）和澳大利亚设计协会（DIA）均对 PDC 表示浓厚的兴趣，并表达了强烈的参展意愿。以柏林国际设计中心为例，该机构成立于 1968 年，是一个集信息咨询、设计交流、商业项目推广及设计资源推广于一身的知名设计平台，掌握着大量的优秀设计师资源。

德国设计师协会（GDC）虽未第一时间作出参加设计展示的决定，但也对 PDC 这个项目给予了积极的关注。该协会在德国设计界拥有强大的影响力和资源掌控力，该协会负责人在了解了广交会的总体情况及 PDC 在第 110 届的运行情况后表示，这个项目让中国优质出口企业资源和德国优秀设计师对接，前景非常看好。

二、香港设计营商周

（一）营商周概况

香港设计营商周①（以下简称"营商周"）自 2002 年起首次创办，一直坚持国际水准和邀请大师级别设计师的办会思路，至今已有 10 年时间。法新社将其誉为"一个为中国经济改革未来铺路的论坛……为香港这个国际都会带来世界最好的设计师，成为世界的心脏"。

与博览会相仿，每年的营商周都会选择一个设计强国作为伙伴国，主要邀请这个国家的知名设计师、企业领袖和设计创新领域的精英，通过专题论坛及一系列活动，分享其思维火花或进行文化交流。迄今为止，伙伴国家已成为营商周最主要的特色和最重要的组成部分。可以说，营商周的精彩与否，就在于伙伴国的主题定位是否吸引人，嘉宾级别是否足够分量。伙伴国家不仅负责与大会主办方框定展示主题，也将这种展示视为一种文化和艺术的传输。

伙伴国家通常是设计形态足够多，其设计业具备一定独特性的国家。在选择的过程中，大会会与相当数量的国家设计机构进行会谈，就后者提出的合作方案进行筛选。由于这些国家通常会由政府或影响力很大的机构来操作，因此大会将更倾向于选择资金扶持力度大、机构影响力和统筹组织得力的国家。

如 2007 年，为配合伙伴国家意大利的主题，大会邀请了十多位堪称是除意大利本土以外、史上阵容最豪华的设计师出席，包括 Alberto Meda 和 Mario Bellini 等设计大师；2009 年，在伙伴国家法国的带动下，当届以品牌展示作为重要活动，吸引了爱马仕（Hermes）、可口可乐（Coca-cola）、Perrier、Pylones 等知名品牌；2010 年，首个亚洲伙伴国家日本将东方的

---

① 由香港设计中心主办，香港贸发局协办。

"失落与觅得（Lost and Found）"作为主题，从超过 400 件作品中甄选出 100 件作品，透过感性价值设计展示出"共鸣"、"物语""体验"等概念。

（二）论坛概况

2011 年营商周同样以"全新德国"为口号，整个会期持续 8 天，期间以香港设计中心为主，香港生产力促进局、香港理工大学、香港贸发局、香港设计大师、香港科技园、深圳市工业设计行业协会、清华大学等机构为辅，总共举办 13 场活动，包括研讨会、专题会议、联系会议、专题论坛、博览性会议、展示性沙龙、颁奖典礼、晚宴和派对等多种形式。其中营商周论坛是活动的重中之重，演讲嘉宾层次、会议规模、运作成熟程度等均为营商周之最。

1. 论坛演讲嘉宾及演讲主题

由于伙伴国家为德国，因此本次论坛的演讲嘉宾，特别是级别较高的均来自于德国。如担任开幕式重点演讲嘉宾的拉姆斯先生（Dieter Rams），堪称德国工业设计教父，是简约主义设计和新功能主义的代表，其设计理念对后辈的设计师产生了极为深远的影响。又如专题会议"品牌与设计"的演讲嘉宾，有本次会议的赞助商——德国百年顶级家用电器和商用电器制造商美诺的第四代传人马科斯·美诺先生（Markus Miele），也有世界知名奢侈品品牌 Hugo Boss 创始人的孙子奥利佛·霍利先生（Oliver Holy），后者更是创立了 ClassiCon 这个享誉世界 50 多个国家和地区的高级家具品牌。①

据现场观察，演讲嘉宾的主题主要围绕其个人或所在品牌、企业的设计理念、设计经验及设计案例，由此形成浓烈的个体风格，使会议氛围丰富多样。以马科斯·美诺先生的演讲为例，在演讲中他首先阐述美诺这个品牌的演变，特别是这个过程中富有时代气息的独特产品设计，继而推出其品牌始终贯穿的简洁、适用和人性化特征。由于身为美诺这个家族企业的继承人，

---

① 营商周曾邀请到被称为全球精品旅馆鼻祖的法国室内设计师安德莉·普特曼（Andree Putman）、被《Time》杂志誉为全球最炙手可热的美国建筑师丹尼尔·李伯斯金（Daniel Libeskind）、德国保时捷、法国爱马仕、依云、日本无印良品、荷兰飞利浦等国际品牌的首席设计师或设计总监与会演讲。中国台湾实践大学设计学院院长安郁茜说："香港很厉害，几乎把活跃国际的名设计师一网打尽，都找来了。"

其设计展示和阐述均从品牌运作、企业精神传承等方面展开。在演讲结束时，他还充分运用其现场的赞助展示点，即场使用美诺的咖啡机冲制咖啡，达到很好的营销展示效果。该展示点更在茶歇时向听众提供咖啡饮品，使会议余韵进一步蔓延。

2. 会场设施及布置

会场外设置签到处，作预登记听众获取证件之用。为控制人流、提高效率，签到柜台按字母排列顺序分成 6 条队列，并分别在背景板上显示出来。会场入口设置安检门和入场证扫描仪，同时设有会议资料发放处。

会场总占地面积 4 456 平方米，其中约 2/5 的面积用来布置会议赞助商美诺电器的展示点，其余 3/5 为会议区。会议区由舞台、听众区、演讲嘉宾休息区和工作技术区 4 部分组成。

其中舞台基本高度约 2 米，背景由 3 块高清晰度 LED 屏幕组成。演讲者未就位时，中央的屏幕会播出会议日程安排，两侧屏幕则播放赞助商的 LOGO 以及同传语言的种类（共有 5 种：粤语、国语、英语、德语和日语）。演讲开始后，中央屏幕用于播放演讲者的演讲资料，两侧屏幕则切换为演讲者的直播信号以方便坐得比较靠后的听众观看。

听众区被划分为 5 个块区，中间有 4 个通道。每个块区基本都是列有 25 行，每行可坐 10 人，整个会场可容纳近 1 200 名听众。每个块区均配备 4～5 名工作人员负责引领嘉宾，座位上面放置同传耳机。听众区前 4 行大约 100 个座位是 VIP 的预留席位，后 3 排大约 80 个作为是媒体区预留席位，两者均贴有背签。

三、中国（深圳）国际工业设计节

（一）设计节概况

11 月 29 日至 12 月 3 日，以"跨界体验设计"为主题的第四届中国（深圳）国际工业设计节[①]（CIIDF，以下简称"设计节"）在深圳开幕，在经历

---

① 由中国机械工程学会工业设计分会、深圳市文体旅游局、宝安区人民政府主办，芬兰设计师协会（Ornamo）、瑞典设计协会、香港设计中心、台湾创意设计中心、深圳创意文化中心、同济大学中芬设计中心协办，全国工业设计产业创新联盟、宝安区文化产业发展办公室、深圳市工业设计行业协会承办，奥尼电子、迈乐、迈格尔、心雷设计特别支持。

了宝安站、福田站、南山站之后，于 12 月 3 日在香港站圆满闭幕。

本次活动重点联合芬兰赫尔辛基、瑞典斯德哥尔摩两个北欧设计重镇，共有来自芬兰、瑞典、意大利、德国、美国等国的 50 多位设计师，以及来自深圳乃至全国的工业设计界的设计师及管理高层 300 多家、近 2 000 人次到会，涵盖了 IT、通信、电子、金融等用户体验设计的高端应用领域。

设计节每年举办一次，已成为每年深圳创意 12 月的重点项目之一，也被前不久刚刚颁布的《深圳文化创意产业振兴发展规划（2011—2015 年）》列为重点会展平台工程。

（二）有关活动概况

本届设计节的主要活动包括开幕式、4 场主题工作坊、2 场设计论坛和 1 场设计展示。

1. 主题工作坊

根据活动主办提供的活动信息，主题工作坊共有两组，分别是：A 组由腾讯 CDC 创始人唐沐主讲的"互联网交互"，B 组由芬兰 ARTEK 家具品牌设计总监 Ville Kokkonen 主讲的"家居用品交互"。另外还有两场研讨会，分别是"意大利家具和室内设计项目合作研讨会"和"瑞典设计专场国际交流研讨会"。实际上，上述四场活动均可归类为主题工作坊，两者的区别在于前面两场是收费活动（费用为 500 元/人或 400 元/人不等），后面两场活动是免费开放。据现场观察，参会企业主要是来自家居、家具、家电、电子、互联网等行业的深圳本地企业，共约 150 名企业代表。

2. 设计论坛

香港设计营商周—深圳工业设计论坛由组委会和香港设计中心合办，分别是上午举办的"产品交互设计"和下午举办的"用户体验及消费者研究"。论坛由香港理工大学林衍堂教授主持，采用嘉宾演讲，随后围坐讨论的形式，来自芬兰、德国、英国等国的 8 位设计界代表出席，共有近 300 名各界代表参加活动。

3. 北欧工业设计精品展

在深圳宝安区 F518 时尚创意园举办的深圳—北欧工业设计精品展显得

名不副实。现场仅有到会的设计师海报，没有任何来自北欧的设计作品。为了填充场面，主办方不得不借来艾美特、长虹等国产品牌的几十件家电在会场摆放。除了看守场地的两名工作人员，没有其他人前来看展，场面十分冷清。

2010 年南美国际礼品
家居用品展调研报告

国际联络部　刘舒　李立

中国对外贸易中心派员考察了于 2010 年 8 月 15 日至 18 日举办的南美国际礼品、家居用品展。以下是调研成果。

一、展览会基本情况

南美国际礼品、家居用品展是南美著名的展览会之一，历史悠久，每年分春秋两届举办，至 2010 年已经是第 41 届。本届展会总面积为 61 000 平方米，净面积是 37 000 平方米，超过 1 000 家参展企业到场，来自巴西本国企业约为 700 家，其中巴西当地最著名的品牌企业如 LUVIDARTE、YOI、EDFORT、FULLEIT 等都有参展，国际参展企业约 300 家，主要来自中国、印度、意大利、阿根廷等国。整个展会分为餐厨用品区、礼品区、家用纺织品区、灯饰区、国际区。本届共有专业观众 49 000 名到会采购，其中 48 000 名为巴西当地观众，巴西本国以外的买家来自世界各地约 62 个国家，主要包括了来自智利、阿根廷、哥伦比亚、委瑞内拉等南美洲的买家及部分来自非洲和欧美买家到场采购。

二、对展会的调研情况

（一）展会人性化服务

本次展会服务方面最大的亮点就是主办方尽可能地为参会者提供便利服务，体现在商务中心、餐饮服务点、咨询处等服务功能的场所都不是集中在某一片区域，而是分散在展区内，这样能更方便展商和买家在展位附近上网，边用餐边洽谈生意。

（二）采购商快捷办证

采购商的办证分为国际采购商和国内采购商两大类，国内采购商需提交较详细的个人信息表，而国际采购商只需要提交个人名片就能直接办证。并且，展会主办方为忠诚客户开设了专属的绿色快捷办证通道。

（三）展馆内清晰指引

在展馆通道上，离地面两米的位置有各种形象的指引，包括展区指引、用餐区指引、洗手间指引等。

2010 年迪拜国际贸易博览会调研报告

国际联络部　谌华　廖虹

2010 年，中国对外贸易中心派员参加在迪拜国际展览中心（Dubai International Exhibition Centre）举行的第 24 届迪拜秋季国际贸易博览会。以下是调研成果。

一、金融危机下的迪拜

阿联酋港口城市迪拜是中东的金融和交通物流中心。近几年，阿联酋政府为了让迪拜成为观光、金融中心，大规模举债用于基础建设，如超级豪华宾馆（如七星帆船酒店）、迪拜塔、棕榈岛等项目。为支持这些项目，迪拜金融市场高度对外开放，允许外国全资公司参与，并且迪拜向世界 70 多个机构贷款进行投资，主要债权人包括阿布扎比商业银行和阿联酋 Emirate NBD PJSC，还有汇丰控股、巴克莱、莱斯和苏格兰皇家银行等。2008 年 9 月国际金融危机全面爆发，并且逐步向实体经济渗透，全球的金融危机让全世界的资金骤然紧张。严重依赖外资的迪拜陷入了前所未有的经济困境。迪拜金融市场 DFM 指数 2008 年以 72.4％的跌幅在法新社列出的全球前 20 个最"熊"的市场中位居第三。很多在迪拜投资的公司开始裁员，其中外籍雇员首当其冲。很多海边的别墅、繁华区公寓人走楼空。移民局的官员透露，平均每天有 1 500 人注销长期居住证。此外，迪拜正在建设的一些大型项目也由于资金不到位而搁置。迪拜不动产价格大幅下跌，成为全球跌得最大的市场，房价下跌约 50％。截至 2008 年底，迪拜世界集团负债总额 593 亿美元，公司资产约 996 亿美元。

不过阿联酋外汇储备超过 250 多亿美元，而且，同为阿联酋联邦所属的阿布扎比酋长国，拥有巨大的资金以及对外投资。摩根斯坦利公司（Morgan Stanley）的数据显示，阿布扎比投资局是目前世界上最大的政府主权投资基金，在国外的投资总额就有 8 750 亿美元，是世界上最大的政府投资机构。目前，阿联酋中央政府和迪拜地方政府已经采取一系列措施以度过危机。联邦政府也在伸手援助，迪拜金融危机应该相对容易被化解掉，不可能成为恶性经济肿瘤，更不可能影响到世界经济的复苏。

此外，迪拜自从 20 世纪 90 年代末期以后，由于石油资源即将枯竭，阿联酋政府高瞻远瞩，确立了大力发展旅游观光产业和展会业的经济方针，期望旅游和展会产业成为本地新的经济支柱以代替石化业。在经过几年发展后，这一努力取得突破性的进展，旅游展会业确实成为迪拜的支柱产业。而且，由于迪拜旅游业取得的巨大成功，世界范围内甚至出现了"迪拜模式"这一提法，迪拜成为世界旅游城市发展的楷模，成为中东的金融、航运贸易和旅游中心。所以，迪拜危机充其量会短期引起贷款银行的担忧和海湾国家的短期资信。从长期来讲，只是迪拜发展中的一次财务紧张现象而已，仍然在可以控制的范围内。

二、迪拜秋季国际贸易博览会的基本情况

迪拜秋季国际贸易博览会由迪拜政府旅游和商务市场推广部协办。主办方 AL FAJER 展览公司是世界展览业最具权威性的国际展览业协会（UFI）成员之一，在迪拜的会展行业有先锋、开拓者的美誉。迪拜秋季国际贸易博览会创办于 1976 年，定义为国际生活消费品专业展，在消费品专业展领域中具有一定的知名度。该展主要是针对中东和北非市场，经过 24 年的发展，逐步赢得中东贸易发展"晴雨表"的美誉，是中东历史最悠久、最有影响力的年度盛会，成为一个连接迪拜和全球消费品买家的贸易平台。展出的产品包括化妆品、食品、电器、家用品、家用塑料用品、日用品、五金工具、玩具、卫浴用品等，种类遍及中、高、低档，可满足不同类型、不同层次的采购商需求。近年来，迪拜的转口贸易得到空前的发展，转口国家有伊朗、印度、沙特、科威特、土耳其、伊拉克、英国等 200 多个国家，贸易覆盖人口达到 13 亿。并且，在迪拜云集了 30 多个国家的客商常年驻扎在那采购日用、轻

工、电器、家庭用品等货物。随着迪拜消费者以及消费者消费能力的巨大增长，迪拜的消费品市场供需充满活力，每年出席消费品展的人数也稳定增长，越来越多的专业高层人士也到场参观，迪拜秋季国际贸易博览会已经成为一个最富活力的展览贸易交易平台。

迪拜秋季国际贸易博览会一年一届，在迪拜国际会议展览中心举办。迪拜国际会议展览中心展览面积 60 000 平方米，共 10 个展馆，其中 1—8 号馆成 L 字型，另有 2 个以人名命名的展馆，1—4 号馆与 5—8 号馆分隔开，1—4 号馆与 5—8 号馆的布局一样，可分拆或独立使用，展馆还配有 2 个多功能会议室。会展中心交通便利，离旧机场约 15 分钟车程，离新机场约 30 分钟车程。

三、本届迪拜秋季国际贸易博览会客商与会情况

本届博览会在 Rashid 展馆和 Maktoum 展馆举办，展览面积 13 000 平方米。根据迪拜秋季国际贸易博览会官方网站的报告，受全球金融危机的影响，2010 年秋季消费品展与会的参展商和专业买家较上届有所减少，但仍然不失为中东地区国际性消费品展览会中的重头戏。来自世界 20 个国家的 600 家参展商展出了自己的展品，到会的专业买家遍及海湾国家、中东、远东、亚洲、非洲大陆等。展馆共设有 6 个国家（地区）馆，其中，中国馆 300 家参展企业（展览面积 5 500 平方米），香港馆 80 家参展企业（香港贸易发展局组团），韩国馆 35 家，伊朗馆 25 家，印度馆 25 家，马来西亚馆 15 家。此外，还有来自日本、印尼、波兰等国家以个人名义参展的参展商。

四、客商报到办证程序

（1）报到资料：个人名片和报到登记表。

（2）报到地点：展厅入口处。

（3）办证时长：约 2 分钟。与会客商在填表区填好资料就可以到办证柜

台报到办证，前后耗时不超过 2 分钟。

（4）办证费用：免费。无论有无请帖都一律免费入馆。

开放式的报到办证区，简单、便捷的办证流程，让与会客商轻松、快捷地获得入馆证。即使在客商与会高峰期，办证区都不会出现拥挤、混乱的场面。

五、展会人性化的服务

在展厅的入口处，主办方摆放了与展会相关的资料架、会刊、参展商名录、展区地图、资料袋等，可供客商自由领取。开放式的资料领取点，既省去安排人员派发的工作，又分散了展馆主通道的人流，避免了高峰期展馆里出现拥挤的局面。

2010 年英国伯明翰春季博览会调研报告

国际联系部　吴子光　李春林

2010 年 2 月 7 日至 11 日，中国对外贸易中心派员考察了在英国伯明翰举办的 2010 年伯明翰春季国际博览会。以下是调研成果。

一、展会基本情况介绍

伯明翰春季博览会由 EMAP 集团下属的 TPS 公司（Trade Promotion Services Ltd.）于 1976 年 2 月创办。每年的 2 月在英国伯明翰市的国家展览中心（National Exhibition Centre，简称 NEC）举行。伯明翰国家展览中心是欧洲最繁忙的展览中心之一，这里每年举办超过 180 场展会。该中心有 21 个展厅共 20 万平方米展览面积，是英国最大的展览中心，欧洲第 7 大展览中心，其不仅以举办大型国际展会而闻名，同时也为中小型专业展会提供帮助。

经过 34 年的发展，伯明翰博览会已经成为英国最大的年度展览会，同时也是世界上第二大消费品展。本届举办的伯明翰春季国际博览会共设 17 个专业展馆，共展出包括厨具餐具、贺卡、玩具、礼品、家具用品、园艺、节日礼品、艺术品、手工艺品、儿童服装及相关用品、珠宝和时尚用品等 11 类的产品。共有来自全球近 50 个国家、地区的 4 000 多家企业参展，有 71 000 多名专业观众到会采购。

二、对展会相关情况的调研

（一）同类机构参会推介情况

1. 香港贸发局展位

香港贸发局已连续多届参加伯明翰展，

本届其展位位于 6 号馆，是一个单开口的标准展位，展位无特装，只在后面背板张贴了一张贸发局网站的宣传画报，展位前放置一张咨询台及一个资料架，展位内靠边堆放了很多行业名录及 CD-ROM。据贸发局展位工作人员介绍，贸发局近几届都有参加伯明翰展，参展主要为宣传贸发局网站，展会期间向客商免费派发其行业目录及 CD-R。由于只有一个标准展位，而且位置不是很理想，前来咨询的客商数量并不是很多，展会第四天展位内的资料仍有很多尚未派发。贸发局工作人员表示曾看到很多客商提着广交会帆布袋经过展位，对广交会的宣传攻势及效果颇为欣赏。

2. 中国制造网展位

中国制造网展位位于 5 号馆中国馆内，是一个双开口的标准展位，展位布置较为简单，只有一张咨询台、一张洽谈台和三把椅子，资料架、展示电脑等都没配置。据中国制造网工作人员反映，5 号馆中国馆所处位置较偏，人流不多，因此前来展位咨询具体事宜的客商较少，宣传效果一般。

在 5 号馆中国馆的许多中国展位的展台前都能看到中国制造网免费提供的名片收集盒。该名片收集盒印刷精美（盒子正面印有"请赐名片"中英文字样，侧面印有中国制造网的 LOGO、名称及网站），携带方便，只需现场简单拼接，一个精致、实用的名片收集盒即呈

现在眼前。据了解，大部分国内参展商都无准备专门的名片收集盒，中国制造网免费提供的名片收集盒自然大受欢迎，展商都将名片收集盒放在咨询台或洽谈桌前用于收集客商名片。

（二）资料扫描笔

展会为参展商提供资料扫描笔租用服务。使用资料扫描笔可快速读取、

记录客商资料。

该扫描笔使用简单，工作时只需轻按工作按钮，靠近入场证件条码位置，即可快速获取客商记录。展会期间可随时查询客商资料扫描数量，每天展会快结束或展会最后一天归还扫描笔后，当天晚上回去上网登录预先登记好的邮箱，即可下载记录客商详细信息的数据文件。

为进一步了解资料扫描笔的应用情况，本届我们第一次租用该扫描笔（整个展期租用费用为 147 英镑（约 1 600 元人民币））。使用扫描笔，能很好地提升广交会的服务水平和服务效率。白天扫描收集到的信息当晚即可上网下载，无需再行录入，第一时间将客商信息发回广州。客商到广交会展位咨询后的第二或第三天就能收到广交会发出的邀请函或宣传邮件。使用扫描笔，可以减少客商拿取名片的麻烦和时间，短时间内获取更多的客商资料，特别对于广交会这种重点在于信息发布的参展企业，扫描笔的作用无疑更加明显。展会前两三天，前来广交会咨询的客商特别多，而展位负责咨询的只有两名工作人员，当有个别客商咨询的问题较多时，就无法为旁边其他客商进行介绍，有了扫描笔的帮助，从而可以快速收集到更多的对广交会有兴趣的客商的信息。

（三）来宾办证

1. 参展商证

展会参展商证的发放及管理都比较宽松，展会会前一般都会将参展商证直接邮寄给参展企业，参展人员抵达会场后在展馆入口领取入场证卡套并将参展商证放入卡套后即可进场。若参展商没收到展会提前寄出的参展证，抵达展馆后，可以向展会或组团单位领取空白的参展证，自行在空白的参展证上填写公司及个人资料或放入个人名片后入场。

2. 采购商证

大会在会前会给近年有参会的老采购商寄发入场证，而新与会的客商一般都采取网上预登记的方式办理入场证件。新客商预先在网上登记，现场报到时，仅需提供附有个人信息的条形码，现场扫描即可打印获取入场证。入场证件自助办理程序简单而又高效，证件自助办理柜台只有零星几个人在办证，显得非常空闲。据了解，仅有 10％～20％的客商未预先登记，需现场办理入场证件，现场办证费用为 30 英镑/人。

（四）祈祷室

展会在 2 号馆设有一祈祷室，该祈祷室位于展馆主通道，并有清晰的导向指引，很容易找到。祈祷室约 50 平方米，里面设有休息区、礼拜区和洗刷区三个部分，里面有少数几张休息用的沙发、祈祷时用的跪垫、放置鞋子的木架、放置宗教书籍的书柜。整个祈祷室简单而不失庄重。

2010 年德国法兰克福国际文具及办公用品展览会调研报告

国际联络部　侯青　安妮

2010 年 1 月 30 日至 2 月 2 日，中国对外贸易中心派员赴德国法兰克福考察了 2010 年德国法兰克福国际文具及办公用品展览会。以下是调研成果。

一、展会情况

2010 年德国法兰克福国际文具及办公用品展览会共吸引了来自 144 个国家的 44 000 名专业观众，其中 73% 的观众属于公司管理层面，68% 具有决策购买权力，在世界顶级纸制品、办公用品和文具展览会上，60 个国家的 2 054 名参展商带来了他们最新及下一季流行趋势的产品。据展会报告

显示，目前欧洲以及全球经济状况的确对展会造成了一定影响，本届展会

54% 的观众来自德国以外的国家，其中欧洲国家排名前五位的观众客源国依次是：意大利、法国、英国、荷兰和希腊。展品范围包括：办公用品、学生用品、办公耗材、文具礼品、创意用品、问候卡、图画历、办公用纸张和公文夹、商务行李箱用品等。

二、展会便利措施

在参展期间，观察到主办方给参展及观展人员有着一套便利的措施。一是办证手续便捷：与文具及办公用品展同期举办的还有6个主题展会，都分别设有不同的办证柜台，但客商只需办理一种证件即可进入所有的展馆参观、采购，凭证件可免费乘坐市内公共交通，包括地铁、火车和公交车；二是配套服务，包括：（1）物品寄存较便利。更好地为参展及观展人士提供便利，主办方在各展厅内都设置了衣物及行李寄存处，寄存物品不分大小，分别按2欧元/件/天计收费用。（2）购物与休闲服务较人性化。小型超市、相片冲洗和美容美发店均设在靠近地铁出入口的展馆咨询处旁，小超市销售种类齐全，价格与市面相同。（3）餐饮区分布较多。在每个展厅靠偏后的区域设有咖啡、三文治、新鲜蔬菜沙拉和热饮的餐饮柜台，食物大多符合西方人的饮食习惯，价格方面与市面销售相同。这种设置给客商提供了极大方便，不需走出展馆便可快捷地享用到简易餐饮。（4）交通便利。展馆与地铁、火车站出入口相连接，无论天气如何变化也不会影响客人的出行，且每个展馆外围也为自驾车的客商提供免费停车场地，只需出示入馆证件便可按指示将车辆停放好。

以上一系列完整、周到的人性化服务，给我们留下深刻的印象，有些其他服务也是广交会可以借鉴之处。

三、展会注重知识产权保护

德国十分重视知识产权保护工作。在展会开展第一天，当参展人员刚进场，德国海关工作人员一行近20人在展馆内对每个展位的展品及目录进行仔细地检查，首选的对象就是中国的参展企业。

海关工作人员对中国的参展企业展位一个一个地进行认真、细致的检查。在检查过程中，要求参展商离开展位按规定站在通道上，不得进入自己的展位并且不允许有任何口头解释，海关人员把展台上摆放、展柜里存放的产品做地毯式的搜查，一旦发现有产品涉嫌侵权，立即没收所有涉嫌侵权产品并做好每样产品名称及数量登记，还要求参展商涂掉《产品目录》内该产品的介绍，海关人员将资料归整后交由参展企业签名确认。下午海关人员会跟进上午查处的情况再度进馆，巡视被没收的产品是否再次展出。

据组展人员介绍，这次的搜查工作，海关人员改变了工作方式，对中国参展企业采取比较客气的态度。以往展会一旦发现企业在展位上摆放或存放涉嫌侵权的产品，立即没收，加封展位，停止该企业参展。

第三篇

展览实践探究

本篇选取文章 20 篇,从微观层面对展览具体业务进行探究,内容涵盖组展招商、展馆营销、展览并购、展览服务、展会电子商务等领域。

创新商业信息服务
延伸展会服务链条

董事会办公室　吴伟坚

当前，在继续做大展览这块"蛋糕"之余，我们不妨思考如何借助已有的"蛋糕"创新出一些副业来。也就是向展会上下游服务链延伸，寻找新的细分市场，譬如认证、资信、资讯以及交易、融资和保险等深度或后续贸易服务。力争突破现场展会较为单一的服务模式，打造出一个多层级、全方位、长链条的综合贸易服务体系。

展会信息流的价值潜力

展会最突出的特点是人流、物流、信息流和资金流密集。人流和物流是我们现场展会关注的重点，资金流暂时尚未具备掘金的条件，但信息流应当成为下一步部署开发的重点。

展会的信息流包括了买家需求、供应商企业和产品信息、企业的商业信用、国际市场的发展趋势、商品价格变化情况等，由于这些海量的信息流隐藏在川流不息的人流、物流当中，显得不可触摸，就容易让人疏忽和淡化。但在展馆周边分头打捞围捕这些信息的猎人们其实大有人在，其中就包括耳熟能详的各大电子商务、认证公司，通过不断筛选采集各类信息，拓展自己的主营业务。因此，我们很有必要认真审视这些暂未打捞开发的信息，是否也可以给我们带来足够欣喜的市场空间。

根据长期的调研和分析，我认为广交会的信息流大致可以创造出三类业务：一是以贸易撮合和商机配对为特征的电子商务业务；二是以辅助交易和

179

促进成交为目标的商业信息服务；三是以市场发布和预测分析为目标的出版资讯业务。其中，电子商务我们已经着手推进，出版咨询有待研究加强，此篇重点谈谈关于商业信息服务业务的一些构想。

邓白氏的启发

邓白氏是全球领先的商业信息供应商，为客户提供商业信息、工具及专业经验，协助客户在风险管理、营销和供应管理等方面做出决策。目前邓白氏公司年营业额保持在 14 亿美元以上。其中对我们最有参考和借鉴意义的有两项业务：注册服务和资信报告服务。

邓白氏注册服务包含了企业认证服务、注册标识、注册企业电子名片、注册档案等一系列服务。借助邓白氏专业认证和品牌影响力，使得企业在全球贸易推广的过程中，更容易赢得客户信任和信心，从而获取进一步业务接洽的机会。

资信报告服务是凭借邓白氏全球数据库拥有的 2 亿条高质量商业信息，帮助企业对客户和潜在商业伙伴进行全面的风险评估，以便对商业风险进行控制和规避，作出科学决策。

以此两项业务为基础，邓白氏在中国成立了华夏邓白氏，开拓认证和资信服务。不谋而合的是，以阿里巴巴、中国制造网、环球市场为代表的电子商务公司，以天翔、SGS 为代表的认证公司也都已推出了各自的企业认证服务，而且这些业务都先后以各种形式出现在广交会会场内外。可以看出，出于企业对贸易成交风险的控制，以及对交易信用环境的渴求，认证和资信服务业务将拥有越来越大的市场空间。

企业在展位上悬挂环球市场认证标识

邓白氏连续 6 届在广交会推广业务

广交会商业信息服务的市场分析

一、广交会具有良好的市场空间

广交会每届有参展企业约 2.5 万家；到会采购商 21 万人，新采购商约35%。可见，供采双方企业的基数较大，且相互第一次结识的企业数量较多。这就产生了洽谈双方对彼此的真实情况和信用风险信息的渴求，而且在相当程度上影响交易达成的可能性和速度，这也创造了各类认证业务进入广交会的市场空间。

二、广交会具备认证服务的基础

广交会已有运作多年的企业评定标准——广交会出口展品牌展位安排评审标准，该标准已具有出口额、行业自律、品牌建设、研发创新和自主知识产权 5 大类量化指标，加上经核实的企业的基本情况，稍作优化调整即可具备认证服务的标准基础。

广交会到会采购商基本经过了身份核实，并具有联系方式。亦可在现有VIP 采购商的基础上，拟定广交会采购商认证标准。

三、广交会认证服务的优势

与其他企业自行推出的认证服务相比，广交会的认证在"官方"、"权威"上有不可比拟的优势，尤其是根据广交会组展的十六字方针，参展企业信息由广交会、全国及各地商务主管部门和商协会联合审核的机制，保证了广交会认证是外贸领域最可信、真实和权威的标准。由于有政府官方机构的审核，对信息的真实性予以背书，这就使获认证的企业更容易赢得客户信任和信心，相比而言将更易获取业务接洽的机会。加之广交会的认证更额外赋予了企业55 年来的国际知名品牌美誉度，获此认证即代表中国最优质的外贸企业，将对企业的形象和声誉带来有力提升。

四、广交会开展商业信息服务对于自身发展的推动意义

广交会推出面向参展商和采购商的认证和资信服务，有利于不断提升参展企业的水平和质量，成为"创新办会理念，完善服务措施"的有力抓手。同时，符合商务部稳步推进商业信用体系建设的要求，为提升成交效果提供更好的保障手段，有利于广交会"办得更有特色、更有影响、更有成效"。

广交会认证和资信服务的产品设计

产品的初期可定位为基础性展会商业资信服务，主要是企业身份认证和展会资信报告两类。客户对象为以展会为主要贸易方式的外贸供应商和采购商群体。

一、广交会认证业务

（一）认证企业

在现有摊位申请和品牌企业评选标准基础上，稍作优化调整出两级企业认证标准，可分为广交会认证企业和广交会认证品牌企业。由企业自愿申请，经统一标准流程审核达标后发予证书。经认证的企业主要享有以下权益：

（1）获得广交会认证标志，可以在现场和企业全球宣传推广中使用，赢得客户信任；

（2）获得广交会认证电子识别码，通过广交会官方平台为认证企业提供核实查询；

（3）可以享受广交会服务优惠和礼遇。

（二）认证买家

以目前广交会 VIP 采购商认定标准为基础，加入电话或传真验证环节，可分为广交会认证买家和广交会认证优质买家两个级别。由买家自愿申请，经统一标准流程审核达标后发予识别标志和电子账户。经认证的买家主要享有以下权益：

（1）获得有限次数的查询参展企业资信情况的资格；

（2）获得广交会认证身份标志，赢得参展企业的信任；

（3）可以享受广交会服务优惠和礼遇。

二、展会资信报告业务

作为标准化认证服务的升级，通过对参展商和采购商赴会及相关信息的采集、跟踪和分析，可以为供采双方提供更为深入的个性化资信服务。通过这项服务可以让供采双方了解其潜在交易客户的展会资信状况，并交叉核实自己已掌握的客户信息，监控老客户或问题客户的风险变化，洞悉新客户的信用状况，从而实现风险控制和规避，为业务决策提供信息支持。展会资信服务属于未来发展的高端资讯服务，具有良好的发展前景。

（一）供应商展会资信报告

此报告可提供七方面的企业核实信息。一是经核实的注册资金、营业执照、税务登记证、组织机构代码证等基础信息；二是各类经核实的认证信息、专利、知识产权信息；三是主营产品信息、经营类别信息；四是上年度海关成交规模（视是否允许使用而定）和现场成交统计等交易数据；五是参加广交会及外贸中心旗下展览记录的参展信息；六是参展所涉及的知识产权、版权、专利侵权记录和关于合同贸易纠纷等投诉信息；七是在广交会会刊、现场广告投放情况的营销信息。通过此报告买家可以对供应商的基本情况进行评估，以选择可以信赖的合作伙伴。

（二）买家展会资信报告

此报告可提供五方面的买家核实信息：一是经核实的企业和个人身份信息；二是买家主营产品信息、经营类别信息；三是参加广交会及外贸中心旗下展览记录情况的参展信息；四是所涉及的知识产权、版权和专利侵权记录以及合同贸易纠纷的投诉信息；五是买家入住酒店、交通等商旅信息。通过此报告参展商可以对买家的基本情况进行一定了解，甄别有真实合作意向的客户。

广交会商业信息服务的销售推广

标准化认证业务适合按年收费，个性化的展会资信报告则适宜按次收费。

这类业务有以下特点：一是客户之间存在竞争关系，可以借此形成追赶效应；二是业务质量主要靠数据积累采集，成本低、利润率高。从销售的角度考虑，可以由面向客户的部门直接销售，也可考虑和电子商务业务组合销售。通过培育和推广该业务将具有良好的发展空间，收入测算如下：

认证业务	总量	认证比例（%）	收费标准（元/年）	业务收入（元）
参展商认证	25 000	20	2 000	10 000 000
采购商认证	210 000	10	300	6 300 000
小计				16 300 000

资信业务	年订单总数	购买比例（%）	收费标准（元/次）	业务收入（元）
资信报告	600 000	5	500	15 000 000
			合计	31 300 000

参展商认证比例按20%普及率目标，收费标准取2 000元/年的中下水平。

采购商认证比例按10%的普及率目标，收费标准取300元/年的低价策略。

资信报告按成交统计每届约30万订单数，愿意为控制合同风险购买资信报告的单方比例设定为5%，收费价格在服务品质尚不高的情况下设定为500元/次。

展会资信库设计和采集流程控制

邓白氏的成功关键在于拥有庞大的客户数据库和专有的 DUNSRightTM 信息采集控制流程。这是我们亟待学习的重要部分，也是利用信息流开拓创新业务的核心基础。

一、商业数据设计要具有前瞻性

广交会数据库的设计要突破满足现有业务需求的惯性思维，应当以商业运营为目标，富有前瞻性，并进行统一设计规划。对数据进行全方位、深度的采集和聚合，才能逐步积累形成有商业价值的数据资源。建议对企业数据框架设计如下：

（一）供应商数据层级

基础信息	注册资金、地址、营业执照、税务登记证、组织机构代码证等基础信息
附加信息	认证信息、专利、知识产权信息等
业务信息	申请摊位情况；证件办理情况；现场服务下单情况
经营信息	根据成交统计分析和网络行为分析的主营产品信息、类别
交易信息	上年度海关成交额（看可否使用）和现场成交统计等数据
参展信息	广交会参展记录及外贸中心旗下展览参展情况
投诉和贸易纠纷信息	涉及的知识产权、版权和专利侵权记录；贸易纠纷投诉情况
市场营销信息	在广交会会刊、现场广告投放情况
生产设计能力	实地考察生产和设计能力信息

（二）采购商数据层级

基础信息	个人身份信息；所属企业信息
经营信息	根据成交统计分析和网络行为分析的主营产品信息、类别
业务信息	报道情况；邮电往来情况；业务咨询信息等
参展信息	广交会参展记录及外贸中心旗下展览参展记录
投诉信息	涉及的知识产权、版权和专利侵权记录；贸易纠纷投诉情况
商旅信息	酒店、交通信息

二、强化信息采集和聚合能力

当前，很多数据是以零散的方式存在于各部门的业务之中，如企业基础信息在广交会工作部、贸易纠纷信息在大会投诉站、经营产品信息掌握在电子商务公司、市场营销信息在广告公司，这些数据很多成为信息孤岛被闲置。只有把这些数据通过顺畅的渠道综合采集，并通过商业性设计和聚合，才能够激活其蕴藏的丰富商业价值，譬如生成有价值的企业资信报告。这就亟须建立长效的信息采集机制和打造数据的聚合能力。

引导促进展会信用机制建设

认证和资信业务的培育需要在以下方面给予推动：

（1）引导并鼓励参展企业和买家在现场使用认证标识，推动展会信用机制的良性循环，为买卖双方提供更安全、更高效的交易环境。

（2）重新发掘大会投诉接待站作用，加强对知识产权、产品质量和贸易纠纷投诉案例的信息采集，尤其是贸易纠纷案件，加以整合利用可建立起具有商业价值的资信档案。

（3）建立参展商和采购商相互评价制度，譬如允许参展商邀请广交会认证采购商对其发布评价，并可提供给其他采购商查阅，反之亦然。借鉴这种在电子商务领域已经成熟应用的评价体系，将使诚信供应商获得更多贸易机会和优势。

商业信息服务的展望

借助中心在广州、上海、天津的展览布局，商业信息服务业务将拥有更为广泛的市场群体和信息采集来源，从而使服务的深度和广度进一步提升。届时，我们可以考虑将广交会认证升级为由广交会、家具展、建材展等超大展会共同指定认可的展会联盟标准，由此获得更为广阔的市场空间。

第112届广交会现场服务评估报告

客户服务中心

第112届广交会于2012年10月15日至11月4日分三期举办，展览总面积约116万平方米，展位总数约5.95万个。在现场服务工作中，客服中心认真总结往届广交会的成功经验，按照ISO9001质量管理体系的要求和"总结、巩固、创新、提高"的工作思路，围绕搭建一体化的高效运营服务体系和打造客服中心服务品牌的目标，专注于提升展览专业化服务水平，现场服务质量稳步提高，安全、高效、圆满地完成了第112届广交会的展览现场服务工作。现就有关情况报告如下。

一、第112届广交会现场服务工作的总体特点和新举措

本届广交会的特装展位3.46万个，特装比例为58.2%，总展位数和特装展位数均创历史新高，给现场服务工作带来巨大的压力；随着展馆周边地块的开发，撤展车辆回旋区不断减少，撤展难度继续增大；新一轮的品牌展位重新评审、展区布局优化调整、展品专业化管理等措施导致展位位置变化和展位分配延后，使展位现场施工的安全风险加大；外贸形势严峻、外贸增长乏力，参展商对广交会期望值高，也对广交会的现场服务质量提出了更高要求；党的十八大开启了社会、经济发展新篇章，对安全也提出了更高的要求。

大会领导高度重视现场服务工作，在筹、撤展和开幕期间，多次深入一线，亲临服务现场检查指导。

根据部署，为确保现场服务工作安全、有序、高效，客服中心在认真研究总结以往成功经验的基础上，针对第112届广交会的重点和难点，经过细致研究，精心准备，推出一系列新举措，开展以"倡专业服务、铸优质品牌"

为主题的现场服务质量改进活动。具体包括：首次推出服务承诺，让广大顾客直接检验现场服务时效；倡导低碳环保办展，打造绿色广交会；继续推行QC（质量改进）模式，建立各部门积极参与、主动改进的良性机制；加强证件管理，做好安全保卫工作；改造硬件设施，完善服务环境；提升信息服务水平，搭建快速反应平台；加强外包服务管理，促进服务水平不断提升。

为做好外包服务管理工作，客服中心分别举行了多场专题讨论会：（1）7月19日召开了专题会议，客服中心各部认真分析现有管理方式存在的问题，并就下一步改进外包服务管理提出了意见和建议。认真梳理外包单位现状，按照合同极限，逐步优化整合；在外包服务的选择、日常管理、评价考核以及淘汰机制等方面制定规范的制度；完善外包服务合同，加强过程监管；创新外包服务管理模式，针对不同的业务类型采用不同的外包模式；不断改进管理方式，实现降本增效的目标。（2）8月1日，在客服中心管理评审会议上，"外包服务管理改进"作为重要讨论议题之一，在以下三个方面展开充分的讨论：激励外包单位提高工作效率；通过资源整合，降低外包服务成本；创新外包项目管理机制，增加收入。（3）9月19日，召开第112届广交会客服中心外包单位服务质量会议，详细分析了目前客服中心外包单位管理当中存在的问题，同时对第112届广交会客服中心外包单位服务质量改进工作作了具体的部署。根据会议要求，在加强外包服务管理上采取一系列的措施：①编制外包单位名录，统一外包服务范围；②以精简高效为原则，对部分外包服务单位进行资源整合；③按照ISO9001质量管理体系要求，规范外包单位管理。从外包服务分析、引进机制、监督管理和淘汰机制等各个方面建立完善的管理规定，全面提升外包服务管理水平。

撤换展方面，在现场指挥部的统一领导下，在各区撤换展总协调的带领下，密切配合，群策群力，充分吸取往届撤换展的成功经验，创新模式，制定了切实可行的撤换展工作方案，克服了货车轮候场地不足、特装比例不断升高、作业面广、从业人员密集、撤展时间紧等重重困难，交通组织顺畅、安全、有序、按时间节点顺利完成第112届广交会的撤换展工作。

二、现场服务质量评估情况

根据 ISO9001 质量管理体系的要求，第 112 届广交会现场服务质量评估的信息主要来自三个方面：客户满意度调查、现场服务质量检查和投诉报障处理情况。具体如下。

（一）客户满意度调查

按照《客户满意度调查程序》要求，本届广交会客服中心在参展商和采购商中进行了广泛的问卷调查，具体如下：

1. 评估办法

按照《客户满意度调查程序》的要求，广交会期间采取随机抽样方式对参展商与采购商进行问卷调查，每期抽取 25 个展厅，每个展厅对参展商、采购商各做不少于 20 份问卷，分时段进行。参展商和采购商的满意度分值分别统计，在整个现场服务满意度分值体系中二者权重各占 50%。

2. 评估结果

根据《客户满意度调查程序》的计分办法，本届广交会现场服务的客户满意度总分为 81.44，比上届广交会提升了 0.29。其中，第一期的客户满意度为 82.20，第二期的客户满意度为 79.94，第三期的客户满意度为 82.19。具体如下：

（1）第一期：共回收参展商有效调查问卷 515 份，采购商有效调查问卷 501 份，统计如下：

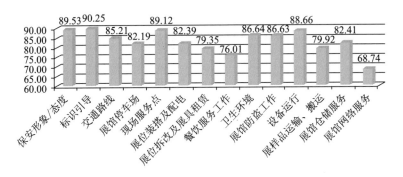

参展商满意度分值统计（第一期）

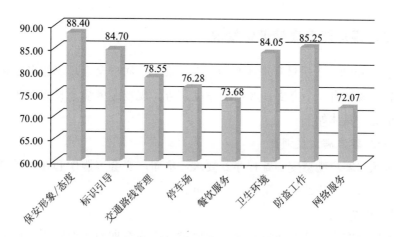

采购商满意度分值统计（第一期）

（2）第二期：共回收参展商有效调查问卷 515 份，采购商有效调查问卷 499 份，统计如下：

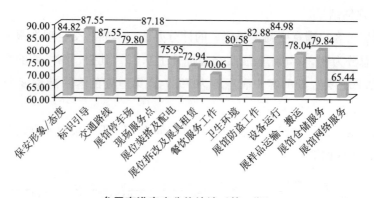

参展商满意度分值统计（第二期）

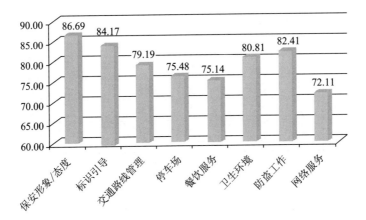

采购商满意度分值统计（第二期）

（3）第三期：共回收参展商有效调查问卷508份，采购商有效调查问卷499份，统计如下：

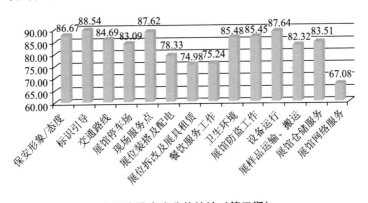

参展商满意度分值统计（第三期）

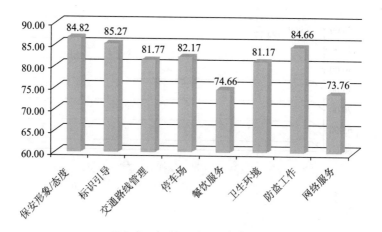

采购商满意度分值统计（第三期）

（4）合计（包括参展商和采购商）：

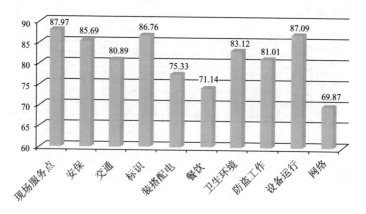

第112届客户满意度分值统计（按服务项目）

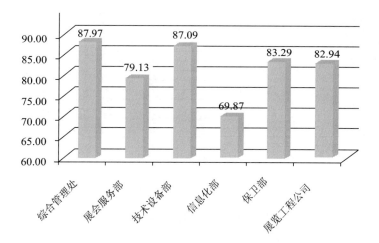

第 112 届客户满意度分值统计（按部门）

（5）与第 111 届广交会对比（按项目）：

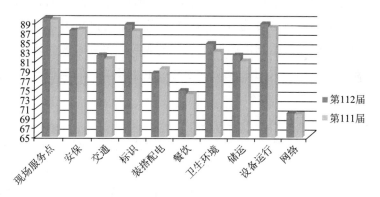

与第 111 届广交会对比（按项目）

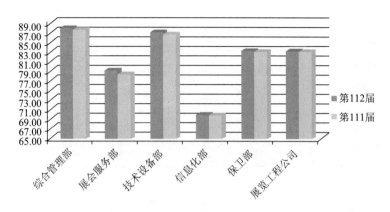

与第 111 届广交会对比（按部门）

与第 111 届广交会相比，本届广交会的现场服务客户满意度呈现以下两个特点。

一是整体客户满意度保持高位稳定，且不断提高，部分项目进步明显。

本届广交会客户满意度为 81.44，比上届广交会提高了 0.29 个百分点，充分说明我们采取的一系列措施取得了一定成效，得到顾客的认可。就单个服务项目而言，提高最大的服务项目分别是卫生环境、储运和展馆标识，分别提高了 1.41 分、1.18 分和 1.18 分。

二是单个服务项目的满意度情况。

客户满意度在综合满意度（81.44）之上的服务项目有 5 项：现场服务点（87.97）、安保（85.69）、标识（86.76）、卫生环境（83.12）、设备运行（87.09），而其他 5 项服务项目的满意度均在综合满意度之下，特别是网络（69.87）、餐饮（74.14）和装搭配电（77.33），满意度相对较低，有一定的改进提升空间，应当列入重点改进项目。

3. 客商反映较为集中的问题和建议

（1）网络：本届广交会问卷调查中，反映最多的是无线网络问题，包括：无线网络不稳定，经常断网；登录不了；网速慢；免费限时登录麻烦，限时 1 小时太短，全面放开免费无线网络。

（2）餐饮：品种少，不新鲜，口味有待提高。

（3）安保：保安素质有待提高，个别保安形象不佳、态度差。

（4）交通：停车位不够；闭馆时的士难打；的士上客点指示不清晰；停车位置设置不合理，要让客商走很长的路。

（5）办证：办证时间长，处理不够灵活，手续太多，收费太贵。

（6）保洁：厕所卫生有待改进；洗手间已使用多年，有的门把已坏没有及时修理。

（7）装搭配电：收费太贵，拆除展具也要收费。

（8）其他：银行兑换点排队时间太长；休息区域座椅太少，希望多安排一些休息场所；建议在展馆内增设向导。

（二）现场服务质量检查情况

按照《总监服务质量检查规程》要求，客服中心多次带领各部门负责人进行现场服务综合检查或特装施工专项检查；同时，客服中心坚持严格推行外包服务单位自查、归口管理部门检查、综合管理部评估科抽查的三级检查体制，不断发现现场服务当中存在的问题，及时予以改正。检查中发现在网络、保洁、安保、标摊搭建等方面仍存在着一些问题。如现场网络速度、网络稳定性还是没有达到客户预期值，导致客户满意度较低，投诉较多，要继续调研，寻求最优解决方案，进一步提高网络速度和网络稳定性，提高客户满意度。部分卫生间保洁卫生不达标；个别保洁人员的形象不合要求。C区标摊搭建不整齐，楣板不平整。

（三）投诉报障受理情况

第112届广交会现场服务报障投诉的受理渠道主要有两个，一个是设置在B区西面平台入口处的现场服务投诉受理点，一个是广交会客户联络中心。收到投诉后，按照《客户投诉处理程序》和《广交会客户联络中心投诉处理程序》的要求，工作人员迅速将有关情况反馈至相关部门，并及时做好投诉处理的跟踪和回访工作。具体情况如下：

1. 客户服务中心现场服务投诉受理点投诉统计

现场服务投诉受理点设立了两部投诉热线电话，据统计，从10月10日至11月4日共受理客户来电、来访29宗，其中现场服务投诉9宗，装搭配电投诉5宗，座椅配送投诉2宗，展位规划投诉3宗，展位被占用投诉6宗，参展商态度2宗，施工单位纠纷1宗，警察工作态度1宗。

2. 广交会客户联络中心投诉统计

第112届广交会联络中心受理的投诉有以下特点：

第一，如果按照上届的统计口径，剔除电话报障台、网络报障台以及大部分矿泉水投诉，客户联络中心受理的现场服务投诉应为961宗，同比上届减少了320宗，减幅为24.98％。说明现场服务水平不断提高，投诉数量呈下降趋势。

第二，投诉热点较为集中，仅矿泉水和电话业务两项投诉占总投诉量的61.59％，全期投诉超过100宗的项目有6项，分别为：矿泉水、电话业务、用电和插座、装搭和桌椅、计算机及网络、照明灯具，此6项占投诉总量的93.03％。

第三，与上届广交会相比，用电、插座、装搭、桌椅、照明和安全保卫的投诉明显减少，空调、展位违规、卫生的投诉基本保持不变，矿泉水、电话和网络的投诉数量因为统计方式发生变化，与上届数量没有可比性。

三、关于现场服务时效测量

为进一步提升现场服务时效性，第111届广交会期间，客服中心和展览工程公司认真细化了现场服务点开单、投诉响应、会议室清洁及布置、电话安装、无线宽带故障及调试、办证等50个服务项目的时效标准，并进行了测量和评估，取得了一定成效。本届广交会在此基础上，不断提高各个项目的时效目标，并且首次对外公布12项参展商较为关注的服务项目时效承诺，接受现场展客商的监督，包括电箱安装、桌椅配送、展位插座安装、现场服务点开单、安检、电话安装、矿泉水配送、台式电脑出租及配送。

客服中心各部和展览工程公司分别针对各个服务项目采取了相应的措施，取得明显的成效，得到客商的认可，现场投诉点和客户联络中心没有接到关于服务承诺方面的投诉。同时也促进了整个现场服务时效的不断提升，实现现场服务效率的新突破，第112届广交会服务时效达标率为95.10％，同比上届提高5.63％。

会展项目现场服务客户
满意度测评方法探究

客服中心技术设备部　叶雁峰

　　本文的研究是从会展场馆服务提供方的角度，测评主要服务对象的满意程度，根据会展项目的要素定义，即主办方与承办方、参展商、观众、场馆、展览相关服务商共五个要素，从场馆服务提供方的角度，其服务对象主要包括展览的主办及承办方、参展商、观众共三类，因大部分展览的服务商是由展馆方负责管理，并同时提供服务，在此不将展览的服务商列入会展场馆服务提供方的主要服务对象。

一、会展项目现场服务客户满意度影响因素分析

（一）主办及承办方满意度影响因素

　　主办及承办方组织会展项目的目标主要是获得良好的社会效益和直接的经济效益，为了达到这个目标，主办及承包方需要满足其客户的需求，即参展商及观众的需求，为此，主办及承办方通过组织有实力的参展商参展并邀请众多的目标观众观展，达到双方的交易以满意客户需求。主办及承办方满意度的影响因素，还应包括参展商及观众的满意程度，只有参展商及观众满意，才能使会展项目成功举办。因此，在主办及承办方实际满意度的测量中，可加入参展商及观众的满意程度数据，以一定的权重构成主办及承办方的满意度。主办及承办方对现场服务满意度的影响因素，主要体现在以下几个方面：

　　（1）展馆配套设施完善程度。展馆方除了提供标准的展览场地的租赁服务外，还应具备完善的配套设施，如室外展示场地、会议室、洽谈室、贵宾

休息室、展品仓库、货物中转站等硬件设施，以及餐饮场所、卫生间、休息区等设施的充足程度，甚至国际性展览还有配置设置海关监管仓等设施的特殊要求。

（2）展馆方的统筹协调效率。展馆方一般针对每一个会展项目，会指定专人或一个团队负责与主办及承办方统筹协调，可称之为某会展项目的现场服务经理或展馆方跟展人，项目服务经理或跟展人是展馆方与主办或承办方的业务接口，代表着展馆方的统筹协调效率，其服务态度、服务能力、沟通效果等会直接影响到主办及承办方对其客户的服务能力和效果，因此展馆方的统筹协调效率是主办及承办方满意度的重要影响因素之一。

（3）现场服务种类完善程度。一般会展项目的主办及承办方要求展馆方提供完善的现场服务，以满足参展商及观众的需求，如物品租赁、广告、保安、清洁、展品运输、仓储、展位搭建、餐饮、交通、住宿代理、旅游代理、展示垃圾处理等服务内容。

（4）服务质量整体评价情况。展馆配套设施及现场服务种类均完善，但只有各类现场服务的服务质量必须得到保证，才能满足客户的需求，因此在主办方及承办方可整体上设计服务质量评价栏。

由于主办及承办方一般只有一个单位或几个单位，代表展会组织的一般只有承办方，因此满意度的测评可采用访谈的形式进行，针对具体会展项目的规模、性质、要求等实际情况，对以上影响因素进行选择或增加，对满意度进行综合评价，结合参展商及观众的满意度情况，最终得出主办及承办方的满意度数据及分析。

（二）参展商满意度影响因素

参展商参加会展项目的主要目标是扩大产品或服务的销售、达成交易或寻找新的合作伙伴、推出新产品、展示企业的形象等。为了达到参展目标，参展商需要场馆方或展会组织者在以下几个方面提供良好的服务：展位搭建、配套物品提供或租赁、展品运输、仓储、广告及信息发布，同时参展人员与观众同样需要一个良好的环境及配套服务，包括安全保卫、清洁卫生、餐饮服务、通信、交通等。重要影响因素有以下几方面。

（1）展位搭建。展位搭建是参展商前期现场服务的重点，主要包括设计、施工等环节，涉及装搭材料的运输、拆卸等作业，一般由专业的展览工程公司承建。展位一般分为标准展位和特装展位，标准展位（3米×3米）一般由主办方负责组织承建商搭建，特装展位（指区别于标准展位，需要有特殊的搭建效果及功能的展位）一般由参展商自行在市场上选择承建商。但展会组织方为了统一管理的需要，以及考虑安全等方面因素，一般会对承建商的资质进行限制和要求，如广交会特装承建商实行准入制，第109—110届广交会特装资质认证企业共127家，需要按标准对资质进行审核，准入的承建商需服从展会组织方的统一管理。一般展会的组织方，也可能会根据展会的规模，指定几家承建商，或由参展商自行选择，但较少对此部分承建商进行管理。但会展场馆管理方，一般会对展位的配电、结构设计进行图纸的审核，从安全角度进行管理。与展位配套的还有相关的配电、照明等配置、租赁服务。

（2）配套物品提供或租赁。包括网络、电话等展位通信设备的配置及额外租用，租用装饰的花草植物，标准配置及额外租用的洽谈桌椅，标准配置及额外申请的供配电设备，针对机械类展览、汽车展等用电功率较大或其他配置要求较高的展览，对本类服务尤其重视。

（3）展品运输、仓储等服务。如何让展品安全、便捷到达展馆，展会闭幕后得以顺利运送出去是参展商关注的重要问题之一。为此，展馆方应提供相关的运输代理、现场临时仓储等服务。

（4）广告及信息发布。一般场馆会设置电子信息发布系统，如LED显示屏、液晶电视等，或设置户外广告架、各类广告灯箱、展馆内固定广告悬挂点等广告及信息发布载体供参展商选择，此类信息服务已越来越受到参展商的重视和利用。

（三）观众满意度影响因素

观众参观展会主要目的是采购产品或服务、了解行业资讯或是出于兴趣爱好来了解展会情况。对于现场服务方面的要求，主要集中以下几个方面：登记入场服务、标识引导、安全保卫、展馆环境、餐饮服务、会议接待服务、交通服务及其他配套服务。

（四）客户满意度评价指标体系

根据上述现场服务客户满意度影响因素的分析，按照不同的客户类型，把各类客户对应的主要满意度影响因素，即主要现场服务的内容，以及相关但次要的满意度影响因素列出，得到现场服务客户满意度评价指标体系，如表1所示。

表1　客户满意度评价指标体系

序号	现场服务满意度影响因素	主办及承办方	参展商	观众
1	展馆配套设施完善程度	★		
2	展馆方的统筹协调效率	★		
3	现场服务种类完善程度	★		
4	服务质量整体评价情况	★		
5	展位搭建	○	★	
6	配套物品提供或租赁	○	★	
7	展品运输	○	★	
8	展品仓储	○	★	
9	广告及信息发布	○	★	
10	登记入场服务		○	★
11	标识引导	○	○	★
12	安全保卫	○	○	★
13	展馆环境	○	○	★
14	餐饮服务	○	○	★
15	会议接待服务	○	○	★
16	交通服务	○	○	★
17	通信网络服务	○	○	★
18	业务办理与投诉	○	○	★

注："★"标识为主要影响因素，"○"标识为次要影响因素。

资料来源：笔者整理

（五）客户满意度测量模型

根据现场服务客户满意度影响因素，参考美国顾客满意度指数模型，加入公司形象的隐变量，细化各显变量，整理形成现场服务客户满意度的测量模型。按照不同的客户类型，把各类客户对应的主要满意度影响因素，即主要现场服务的内容，以及相关但次要的满意度影响因素列出，得到现场服务客户满意度测量模型，如图1所示。其他类型的客户满意度测量模型可改变该模型的显变量形成。

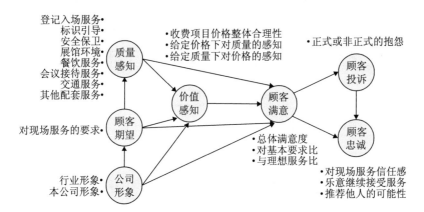

图1　会展项目现场服务客户满意度测量模型

资料来源：笔者整理

二、会展项目现场服务客户满意度测评程序

会展项目现场服务客户满意度的测评程序参照一般行业的满意度测评程序，主要分为调查准备、调查实施和调查分析三个环节，各个环节按内容及复杂程度划分了若干个步骤，各步骤根据需要再划分成几个子步骤进行，详细测评程序如图2所示。

（一）调查准备环节

为了实现调查的目标，确保调查过程的顺利和调查结果的有效性，在实施调查前，满意度调查的组织方需要精心策划，做好调查的准备环节的各项工作，具体包括：明确调查目的、调查对象及调查内容，制订调查计划。

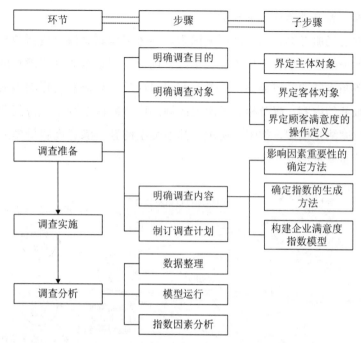

图2 会展项目现场服务客户满意度的测评程序[①]

1. 明确调查目的

为了满足调查组织方的管理需要，首先需要明确调查的目的，满意度调查可以了解不同类型顾客的满意度水平，或者了解顾客对所接受服务的具体环节的满意程序，或者了解掌握顾客的整体满意度水平等。

2. 确定调查对象

第一，界定主体对象，即顾客满意度测评的主体对象，从场馆服务提供方的角度，其服务对象主要包括展览的主办及承办方、参展商、观众共三类，调查对象可以是某一类型的客户，也可以是所有类型的客户，在调查实施之前，需要确定当次调查的主体对象。

第二，界定客体对象，即顾客所接受的产品或服务，从会展项目现场服务而言，客体对象即为主办及承办方、参展商、观众所接受的现场服务，如餐饮、交通、安全保卫等。

[①] 廖颖林.顾客满意度指数测评方法与其应用研究.上海：上海财经大学出版社，2008：10.

第三，界定顾客满意度的操作定义，即本次调查是采用特定交易满意度或是积累满意度，积累满意度又称整体满意度，在会展项目现场服务顾客满意度测评中，采用特定交易满意度，可以调查顾客对某一会展项目所接受服务的满意程度，但从了解顾客的整体满意度水平或近一段时间多次接受现场服务的评价角度，采用整体满意度更符合理论的需求。

3. 明确调查内容

第一，影响因素重要性的确定方法，可以选择主观赋权法或客观赋权法，主观赋权法主要包括直接评定法、分值分配法和成对比较评定法等，客观赋权法主要包括多元线性回归、主成分回归分析、偏最小二乘回归及结构方程建模等方法。各种方法均有其优劣势，会展项目现场服务的满意测评可以根据组织方的实际情况，选择适合企业且易于操作的方法。

第二，顾客满意度指数生成方法，生成顾客满意度指数的主流方法是结构方程建模，此建模方法又有 LISREL 方法和 PLS 建模方法两类，企业可以根据实际情况，是否需要采用生成指数的方式，再选定具体的方法。

第三，构建顾客满意度指数模型，根据选择的建模方法构建顾客满意度指数模型，模型的构建方法可参考典型的国家顾客满意度指数模型及企业顾客满意度指数模型。

第四，进一步确定调查内容及设计调查问卷，如果采用传统的方法，则需要确定顾客满意度的评价指标体系，如果采用结构方程建模，则需要确定模型的隐变量与其显变量的关系，及隐变量之间的关系。确定调查内容后即可设计调查问卷。

4. 制订调查计划

第一，确定调查时间，包括调查内容所反映的时间，如会展项目现场服务时间一般为项目的举办时间。此外，还包括调查工作的起止时间。调查工作包括资料搜集、数据整理和分析、撰写分析报告等内容，各具体工作的时间一般均需要明确。

第二，确定调查方式，调查方式主要包括全面调查、重点调查和抽样调查，具体在会展项目现场服务满意度调查中，针对主办方和承办方，因为一般主体只有一家或几家，可以采用全面调查的方式，针对参展商和观众，因为数量较多，一般采用随机抽样调查的方式。

第三，确定数据的收集方法，数据的收集方法有很多，一般常用方法包括面访法、问卷调查法、网上调查、电话调查等方法，其中问卷调查法又可以采用不同的方式发放问卷。具体在会展项目现场服务满意度调查中，针对主办方和承办方，可以选用面访法进行，针对参展商和观众，可以选用发放调查问卷、电话及网上调查的形式。一般会展项目均拥有相对稳定的参展商和观众等客户，数据的收集可充分利用展览官方网站，利用客户网上申报资料的时候随机进行网上问卷调查方式，或者利用客户联络中心等现有的资源进行电话调查等方式。

（二）调查实施环节

在调查实施环节展开顾客满意度的调查，按制定的实施方案和要求执行，并在调查过程中注意收集相关有可能影响满意度的数据和情况，便于下一步的数据分析和调查报告。

（三）调查分析环节

1. 数据整理

数据整理主要是针对问卷数据中的缺失值和异常值的处理，一般低于20％的数据缺失可以采用均值替代法（King，1998），异常值的最常用处理方法是将该值直接从数据表中删除。

2. 数据描述性统计及分析

整理数据后，可选择合适的数据分析软件，如 EXCEL 或 SPSS 等，将数据录入软件，首先对数据进行描述性的统计，得出数据的最大值、最小值、均值、方差等统计结果，根据统计结果，结合统计的各指内容，可以进行数据的整体描述性分析。

3. 相关分析

相关分析可以确定各指标之间的影响程度，是满意度分析中较常运用的分析项目，例如对感知服务质量的各项测量数据与整体满意度的数据进行相关性分析，可得到各指标的影响程度大小或重要性。

4. 重要性—表现分析

重要性—表现分析（Importance-Performance Analysis），简称 IPA 分

析，得出相关分析各指标的重要程度后，结合各指标的满意度数据，可运用IPA 分析，得出现场服务的优势和劣势，并可以确定现场服务各个过程和指标应采取的策略，如关注、提高、维持、忽略等。

5. 回归分析

如有必要，可以采用回归分析的方法，确定各指标间相互依赖的定量关系。通过相关分析可以得到感知服务质量的各项指标与顾客满意度这一变量相关程度。通过回归分析，则可以得到变量之间到底是哪个变量受哪个变量的影响，影响程度如何。

6. 因子分析

如有必要，还可以用因子分析使数据简单化，从大量可观测的数据中总结出相对较少的简明信息，即因子。利用因子分析，可以研究各指标间的相关模式，尤其适用于比较不同竞争对手间在满意度指标上的优劣势等差异，进而为企业决策提供参考。

广交会展馆杂用水系统应用研究

中国对外贸易中心（集团）　林培城

一、广交会展馆杂用水系统设置背景

（一）历史背景

现有国家节水政策总体目标为：至 2015 年，年总用水量控制在 7 000 亿立方米以下，约占水资源总量 2.8 亿立方米的 1/4，符合国际用水标准。具体要做到"六高、两低、两合理"。"六高"就是提高全民节水意识，适时、适地、适度地提高水价，提高用水的重复率（包括中水回用），提高用水的生态效益率，提高节水工作的技术含量，提高用水的传输效率；"两低"就是降低用水造成的污染率，降低用水造成的水资源蜕化率；"两合理"就是制定合理的行业万元国内生产总值用水定额，建立地区与行业合理用水结构以保证全国水资源供需平衡。国家大型建筑用水量较大，能耗较高，积极推进杂用水应用具有时代意义。

（二）广交会展馆杂用水系统设置意义

广交会展馆建筑群占地 82 万平方米，建筑面积 110 万平方米，室内展览面积为 34 万平方米，随着展览规模不断扩大，展馆用水量逐年上升，2009 年和 2010 年用水量分别为 79 万吨和 89 万吨，2011 年达到 95 万吨。广交会展馆除展览用水外，绿化用水、喷泉喷雾补水、车库、卫生间冲厕等用水占相当大的比例，且杂用水成本较低，所以大力推广杂用水应用，对本单位节能降耗、降本增效具有重大意义，也可以在展览建筑中立绿色环保标杆。

二、广交会展馆杂用水系统现状

（一）现状

广交会展馆在 B 区展馆设置杂用水系统，通过在河水提升泵在珠江一侧取水，敷设一条 DN350 的球墨铸铁管引水管至珠江水涵洞口，在用 DN350 不锈钢管敷设至珠江会展码头（离岸约 15 米），通过 3 条约 11 米长的 DN150 橡胶管及 3 个 φ600 格栅笼引水至杂用水泵房。经系统净水处理后，进入生活泵房内 2 个 1 050 立方米杂用水池兼消防水池内，分别由恒压变频调速给水设备供应 B、C 区展馆的冲厕、清洁、绿化和冷却塔用水。系统自行出水、自动处理满足工程杂用水的要求。

（二）杂用水系统工艺流程

系统通过水泵提取珠江水打入管道混合器中，在管道混合器中投加 PAC、PAM 增强混凝效果。管道混合器的出水进入混凝沉淀器。在管道混合器内形成的较大颗粒的絮体在混凝沉淀器中得以沉淀，部分河砂由于重力作用也沉降在混凝沉淀器中。混凝沉淀器的出水流入中间水箱，中间水箱的水再通过提升泵打入砂滤器中。砂滤器定期反冲洗，反冲洗水直接排放。在砂滤器中进一步去除悬浮物后，水流入消毒水箱进行消毒处理。系统采用二氧化氯（ClO_2）消毒系统，利用 ClO_2 的强氧性杀死水体中的有害细菌。消毒水箱的出水流入杂用水池供使用。

净水处理工艺流程：

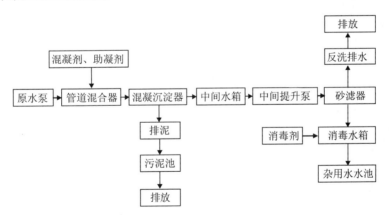

净水处理设备包括 2 台河水提升泵（Q＝200m³/h、H＝20m）、1 套管道混合器、3 台混凝沉淀器（Q＝80m³/h）、1 台中间水箱（30m³）、2 台过滤提升泵（Q＝200m³/h、H＝20m）、1 台砂滤器（60m³/h）、1 台消毒水箱（15m³）、1 台消毒动力泵（Q＝10.8m³/h、H＝37.5m）及相应的加药和污

泥排放系统，日处理水量 5 000m³。

经净水装置处理后的杂用水水质达到：PH＝7～7.5、浊度≤3NTU、色度≤15、铁≤0.3mg/L、总大肠杆菌≤3 个/L、游离余氯≤0.2 mg/L。日处理水量 5 000m³。

三、成本分析

（一）杂用水成本计算

以 2012 年 3—4 月份为例，每吨杂用水成本约为 1.48 元，计算表如下：

基本信息			
统计时段	2012.3.1—4.30	运行时间（H）	338.5
杂用水产量	25 551	电价（元/度）	0.9678
药品单价（元/千克）			
聚合氯化铝 PAC	2.6	聚丙烯酰胺 PAM	20
盐酸 HCl	3.4	氯酸钠 NaClO₃	7.8
整套系统月折旧费	11 456.96		
本次用药量			
聚合氯化铝 PAC	1 650	千克	
聚丙烯酰胺 PAM	20.4	千克	
盐酸 HCl	4.8	千克	
氯酸钠 NaClO₃	0.4	千克	
总电量	9 394.4	度	
成本计算			
①聚合氯化铝 PAC	4 290.00		
②聚丙烯酰胺 PAM	408.00		
③盐酸 HCl	16.32		
④氯酸钠 NaClO₃	3.12		
⑤总电费	9 091.90		
⑥月折旧额	22 913.92		
⑦设备维修费	1 200.00		
⑧总成本	37 923.26		
⑨每吨杂用水总成本	1.48		

（二）自来水成本

广州市自来水公司于 2012 年 5 月份对全市自来水进行调价，商业用水调整后，综合单价为 4.72 元/吨。按照目前收费标准，每生产 1 吨杂用水，可为本单位节约 3.24 元。

四、扩大杂用水系统应用设想

目前广交会展馆杂用水系统只供 B、C 区展馆使用，每年杂用水产量约为 12 万吨，每年可为本单位节约成本约 40 万元。若将杂用水引至 A 区，供 A 区绿化喷灌、喷泉补水等使用，预计珠江水产量可达到每年 20 万吨，每年可为单位节约 25 万元。考虑将杂用水系统引至 A 区，需要对管网进行局部改造，项目改造费用约 75 万元，3 年即可收回投资成本，以后每年可节约成本 25 万，对本单位降本增效具有重要意义。

五、总结

我国属于缺水国之列，人均淡水资源仅为世界人均量的 1/4，居世界第 109 位。中国已被列入全世界人均水资源 13 个贫水国家之一。为缓解严峻的缺水形势，需要从每一个人、每一个企业做起，进一步提高全社会关心水、爱惜水、保护水和水忧患意识，促进水资源的开发、利用、保护和管理，全民节水工作实为利国利民的千秋事业。

创新外包服务管控模式

客户服务中心　张超　陆莹　邓科

近年来，外贸中心为提升核心竞争力，将优化外包服务管控模式列入重要课题。2011年，客服中心外包服务供应商（以下简称外包单位）共102家，涵盖设备维护、保洁、垃圾清运、搬运、绿化、安保、通信、软件开发、呼叫中心、餐饮等业务。优化服务外包，对于外贸中心集中力量发展主营业务，降低成本、提高服务质量、优化资源配置等方面将起到重要作用。

目前，客服中心通过建立名录、分区评价等方式不断加强对外包单位的管控，然而，随着外包项目不断增多，外包单位基本由各归口部门分别管理，总体模式仍较为松散，尚未建立统一的管理规则，逐渐暴露出管理成本上升、过程监管难度加大、部分外包项目服务质量下降等问题。

本文拟探讨外贸中心在专业化服务发展中如何优化外包管理模式，提高管理效率，真正实现从"服务型"到"管理型"角色转变等问题。

外包服务管理主要存在问题及原因分析

一、存在问题

多头管理，沟通环节多。客服中心外包单位分属六个部门管理，互相横向联系少，纵向层级多，现场服务响应速度受到影响。此外，多头管理容易出现人力交叉、职能重叠等现象。

素质参差，专业化不高。除设备管理（广钢机电等）外，大多外包服务以简单体力劳动为主，从业人员多属临聘，整体素质偏低，流动性较大。而外包单位自身管理能力也参差不齐，欠缺统一的工作规范、标准的工作流程和系统的评估制度。

只关注结果，过程控制弱。目前，外贸中心对外包单位的引入机制及服务效果评估都有较完善的规定，但欠缺外包单位工作流程及资源投入的细化、统一规则，存在"重结果、轻过程"现象，不利于改进工作流程、提高服务效率。

人员众多，管理难度大。目前外包服务主要以人力为主。广交会撤换展的时间短、任务重、压力大，常规操作模式根本无法完成，必须投入巨大人力。虽然人力具有成本低、适应性强、作业空间灵活的优点，但要保证人员的工作效率、服务质量、施工安全等，管理难度相当大。

二、原因分析

上述问题既有历史原因，也与展览外包服务市场的整体发展水平有着密切的联系。

展览外包服务市场整体发育不成熟。近年来参与展览现场服务的企业均以中小型、劳动密集型企业为主，与展览业配套的服务市场，特别是展馆整体运营服务仍处较低水平，没有涌现大规模、有实力的展览服务企业。因此，整体市场环境的发育不成熟严重制约了外包单位的选择空间。

倾向于低价中标选择外包单位，限制了外包服务单位改进工作的积极性。目前外贸中心在选择外包单位时，首要衡量因素为报价，并倾向于低价中标，低价中标的外包单位多短视，为获得利润，改进积极性不高，反而尽量压缩人力、设备等资源成本。服务采购与物资采购的差异在于服务质量可衡量性较差、服务单位差异化较大，过度追求最低价中标在一定程度可能降低服务质量。

零星外包而非系统外包的模式，导致了管理多头、管理成本较高的结果。目前外贸中心现场服务外包业务分割过细，服务单位数量众多，并以简单劳动为主。为确保外包单位按照要求完成任务，需要投入的管理人员数量众多，管理成本较高。

关于外包服务管理的改进建议

在尊重历史、不改变现有组织架构的前提下，建议对外包服务管理进行统一的规划，在外包项目的立项、外包单位的引进和日常管理，以及外包单位的评价考核等方面建立统一的规则。通过统一管理，一方面合理控制展馆运营成本，另一方面也可选择真正有实力的外包单位，确保外包服务质量。

一、规范立项及项目引进

展览服务项目如需采用外包模式，归口管理部门首先起草立项报告，主要包括需求分析（服务项目概况、外包需求及必要性、工作流程及标准等）和可行性分析（市场资源、技术、经济等可行性分析）。立项报告提交综合管理部审核后，报客服中心总监审批，重要项目报外贸中心审批。

按外贸中心（集团）采购管理办法，在引入符合要求的外包单位时，若现有外包单位在合同期满后重新参与投标，其原有服务质量评估结果应作为新投标项目的重要考核依据。

二、加强过程管理

针对外包项目对于展览现场服务的影响程度不同，分别采用体系控制、过程控制和结果控制的管理模式。

对客户联络中心、设备设施管理、安保、展品搬运、餐饮等影响重大的外包服务项目要采用体系控制的方式。即一方面在现场服务中要对外包单位的人员投入、岗位安排、机械及设备投入、节点完成情况等进行严格的规定和检查，另一方面除现场服务之外，还要深入了解、考察外包单位的企业管理水平，并提出具体的改进要求。

对于广告、绿化、软件开发等对现场服务影响相对较小的外包服务项目要采用过程控制的方式。即对外包单位人员投入、岗位安排、机械及设备投入等工作方案提出明确要求，确保其按照合同要求完成任务。

对于银行、邮局等比较成熟和规范的外包单位实行结果控制模式。即外包单位根据自身管理规范完成现场服务任务，满足展览需求。

三、建立常态考核评价及淘汰机制

在合同期内，要对外包单位的职责履行情况进行常态化的考评。考评依据可以参照客户满意度调查、归口管理部门检查和综合管理部检查等方面情况。目前客服中心正对外包单位考评进行尝试，推行分区、分馆考评机制，在常态化考核的基础上，建立淘汰机制。对于严重违反合同、无法完成服务任务的外包单位要及时予以淘汰，并取消其后续在广交会和日常展览中参与外包服务竞争的资格。

四、加强对劳动密集型服务项目的检查及督导

目前客服中心外包服务管理现状与外包单位的整体素质也有很大的关系。如展品搬运、垃圾清运、保洁、安保等均属于劳动密集型项目，外包单位整体素质较低，自我管理水平较弱，从业者素质不高。因而需要安排较多监督管理人员，加强对外包单位职责履行情况进行检查和督导，才能确保其按时、保质完成现场服务任务。

五、加强沟通，培养外包服务单位的归属感

定期与外包单位召开工作会议，建立常态化的沟通机制，听取工作汇报和改进建议，并定期总结问题，提出改进要求。同时，为体现尊重原则，对表现突出的外包单位可给予表彰。目前客服中心鼓励外包单位工作人员参与广交会"服务之星"评选，并组织优秀外包单位评选活动，都是要进一步强化外包单位与展馆一体化的意识，培养外包单位对于外贸中心和广交会的归属感和荣誉感。作为展览行业的领军企业，外贸中心也要考虑与外包单位的共同成长，持续发展，这也有利于展览行业外包服务市场的培育和成长。

对未来新馆项目外包服务管控模式建议

未来，外贸中心在沪、津等地的展馆都将面临庞大的服务需求，其服务

模式无疑会以外包为主。关于外包服务管控模式，建议如下。

一、优化经营管理

精减机构，归口管理。将与展览有直接关系的核心外包服务整合，由同一部门管理，如展览评估、安保、展览工程、展览广告、物流（仓储及运输）、网络通信、设施保障、保洁、绿化等，尽量减少各业务职能间的管理层级，避免多头管理。将与展览有间接关系的配套服务独立运作，或将其纳入到统一的物业经营中，如商务、餐饮、银行、邮政、医疗等服务。

落实责任，规范考核。建立集中统一的管理协调机制，加强统筹管理。落实协调管理责任人，定期召开管理效能分析和协调会，做好各个环节间的信息流通和资源共享，强化各业务职能间的沟通与协调，统一管理，堵塞漏洞，完善职能。同时，从规范运作、细化考核、落实追究三个方面攻坚，推动外包服务责任制向纵深拓展。

职能型与项目型相结合。按展览主题类别组成项目组，将质量、进度和成本目标分解到具体的服务环节中，形成完整的管理网络和控制体系。展览项目中的服务环节实现专人专管、专项跟踪，强化管理职能，落实管理责任，确保各环节的管理效应。

二、进行资源整合

搭建专业信息服务平台。会展中心是多元化服务资源的载体，对服务供应商进行系统管理，根据不同展览的需求，提供个性化的服务解决方案。随着服务供应商数量的增加，需要运用专业的信息服务平台（如 ERP 企业资源计划系统），对资源进行综合平衡和优化管理，协调各管理部门，统一管理服务供应商，实现人、财、物、信息、时间和空间等资源共享与整合。

有效组织三类资源。一是社会服务资源，将社会上各类能提供专业服务的供应商如清洁、绿化、保安、搬运、工程维修等供应商的资料纳入信息平台，并及时更新。二是项目资源，四地项目需加强信息交流，优化服务资源的统筹配置。三是客户资源，可对此庞大的消费群体进行有效的分类组合，了解、掌握、挖掘展会的现有及潜在需求。

三、实现服务品牌化经营

品牌经营是企业发展的重要趋势，会展中心的服务品牌化经营可助力企业长远发展，主要体现在以下五方面：

一是创新服务模式，通过服务具体化、标准化、规范化，以获得稳定的服务质量；

二是做好人力资源管理，提升管理水平，实现预防与应急并重，常态与非常态相结合，打造集中、高效、短小精悍的管理团队，同时加强人员培训，提高人员素质，使人员配备达到最优状态；

三是建设服务文化，提升服务形象，建立以客户为导向的品牌文化；

四是建立快速反应机制，打造诚信服务品牌，保护客户的权益，提供法律和政策咨询、交易代理、风险防范等服务；

五是科学塑造服务品牌，加速品牌传播。

上海展览工程市场调研

展览工程公司　陶茵　郑新山

2012 年初，展览工程公司派员赴上海对展览工程市场进行调研。通过业内交流、展馆考察及参观展览等形式，初步了解了上海会展业及展览工程的发展情况和运作模式。

上海会展业发展概况

一、行业概览

根据上海市会展业协会统计，2010 年在上海举办的各类展览会项目共642 个，总展览面积为 804 万平方米。其中，在上海 10 个主要场馆举办的展览会项目共 480 个，比上年减少 46 个，下降 8.7%；总展览面积 766 万平方米，比上年增加 43 万平方米，增长 5.9%。2010 年上海会展业直接收入135.85 亿元，其中展览业收入 73.85 亿元，会议、论坛收入 42 亿元，节事活动收入 20 亿元。另据资料显示，2011 年京、沪、穗共举办 1 442 场展览会，其中上海共举办 668 场，数量最多，占 46%。

二、展馆存量

截至 2012 年 2 月，上海拥有的主要展览场馆共 11 个，可提供室内展览面积 42 万平方米，其中超过 10 万平方米的展馆 1 个，3 万～10 万平方米的展馆 3 个，1 万～3 万平方米的展馆 3 个。

上海主要展览场馆一览表

场馆名称	室内展览面积（平方米）	室外展览面积（平方米）	2010年承接展览会情况	
			数量（个）	面积（万平方米）
新国际博览中心	200 000	100 000	70	427.7
世博展览馆	81 000	20 000	42	48.245
光大展览中心	31 400	2 000	172	158.94
汽车会展中心	30 000		5	7
世贸商城	21 800	1 000	52	46.24
展览中心	21 743	15 000	57	53.375 3
国际展览中心	12 000	1 000	49	37.2
浦东展览馆	9 000		13	7.88
农业展览馆	7 600		21	9.91
东亚展览馆	4 500		32	15.6
国际会议中心	2 726		9	1.998 4

上海展览工程市场情况

一、企业数量

截至 2010 年底，经上海市工商局注册的各类会展服务性企业近 3 000 家，其中主营会展业务的约有 700 家，有 498 家会展企业为上海市会展行业协会的会员单位，主要包括主（承）办单位、场馆单位、展览工程单位和相关配套服务单位四类，其中展览工程类企业的数量最多，有 295 家，占比 59.2%。

目前上海展览市场上约有 2 000 家展览工程类企业，多为中小型民营企业，也有部分外资企业。仅世博展览馆举办的婚纱摄影展（展览面积 8 万平方米）就有约 500 家展览工程公司在进行搭装服务。

二、资质认证

为提高上海展示工程企业的专业技术水平和服务质量、营造规范有序的竞争环境，上海市会展行业协会展示工程专业委员会于 2006 年正式成立，并于 2007 年 10 月起开展上海展示工程企业资质等级评定工作，由第三方机构评估，认证 3 年有效。目前获得展示工程资质的企业共 78 家，其中一级资质企业 26 家，二级资质企业 28 家，三级资质企业 24 家。近几年来上海市政府的展览项目均要求投标企业须获得资质认证。

据协会秘书长介绍，展示工程的行业标准至今尚未建立，2012 年协会计划开展此项工作。如果获得上海市政府支持，协会还计划在浦东新区创办两个产业园区，一个为创意园区约 3 万平方米，另一个为工厂产业园区约 5 万平方米。

三、运营模式

自 2003 年起，上海展馆的展位搭建业务全面放开，展览工程基本为市场化运作，除了上海展览中心仍保留自行搭建标准展位业务，其余展馆均采用服务外包的方式。

据经营管理世博展览馆的上海东浩会展经营公司介绍，以世博展览馆为例，除了展位搭建业务，展览工程中水电气的部分也外包给特定服务公司。电箱电缆由该外包服务公司负责采购，品牌和质量需经过展馆方认可，展馆方提供免费的仓库存放采购的电箱。电箱费用由展馆方收取，再派工作单给外包服务公司施工，外包服务公司对参展商的用电安全负责。

对于展览工程中搭建的部分，展馆提供详细的手册并对有安全隐患的部分单独列出规定。展馆方还自行制定了施工方资质认证系统，进馆施工的公司和项目经理均需通过资质认证，通过认证的项目经理凭工人的有效证件办理工人证，所有证件为带芯片且不可复制。搭建供应商的合同一年一签，审核的主要依据包括，一是与展馆方的配合，二是与主办方的合作，三是无安全事故，只要发生过一次安全事故就再也不能进馆施工。展馆对标准展位和特装展位都收取搭建管理费（标准是 18 元/平方米），对特装展位收取垃圾清运押金。

展馆方对搭建供应商进行现场监督管理，有权要求施工方交纳押金、签署安全责任承诺书，施工期间派工作人员进行现场巡查，对有问题的施工单位发出整改通知书并督促整改。

世博展览馆目前约有 500 家展览工程供应商，认证的依据主要是公司的资质、主办的口碑、技术力量、设备的情况、资金、公司是否配备足够工人等。

四、市场价格

上海展览工程行业竞争激烈，虽有一定的行业管理，但也存在低价竞争的现象，俗称的"展虫"依然存在。

据了解，上海展会主场标准展位搭建价格跨度比较大，取决于主办方的办展实力。政府主导或国际性展览多采用标准展位美化升级方式，价格水平较高，而一些合资或民营企业主办的展览因追求低成本，则采用传统标准展位，价格水平较低。

由于价格是个敏感话题，走访的几家展览工程施工单位都表现出比较保守的态度，我们的判断是上海标准展位价格水平与广州接近，甚至有比广州高的倾向。据某展览服务公司总经理称：上海每个标准展位的搭建价格约为550～650元，有的可达到700～800元。特装方面，由于市场门槛较低，竞争激烈，木结构特装每平方米的造价已由几年前的1 000多元降到数百元。个别极端的特装甚至降到每平方米100多元。

广交会展馆租车服务需求以及实施思路的调研报告

客户服务中心展馆销售部

为完善我馆的展览服务体系，满足广交会以及日常展与会客商的各种个性化需求，我们对第 111 届广交会期间客商的租车需求进行了深入的调研，对目前我馆提供租车服务的情况进行了分析，初步形成了租车服务改进思路，并计划在该项服务发展完善后在日常展中推广。以下是调研成果。

一、广交会客商租车需求调研

（一）参展商调研部分

第 111 届广交会期间，我部共收集了 416 份有效参展商调查问卷和 490 份有效采购商调查问卷，经过问卷数据的统计分析，我们得到以下几点结论：

1. 租车服务存在较大发展空间

广交会的客商普遍存在租车需求，虽然目前租车的客商比例不高，但如该项服务设计得当，未来租用的人数可能会有较大幅度上升。

2. 租车价格不应超过市场均价

目前已经租车的客商由于相当一部分是从熟人或者当地的生意合作伙伴中租用，因此其租用价格均比租车市场的均价便宜。另外从租车服务的重要性调查中我们得知，无论是参展商还是采购商，都认为租车服务的价格是最重要的因素。因此我馆提供的租车服务的价格不应超过市场均价，否则该项服务将可能难以开展。

3. 车型以经济车型为主、豪华车型为辅

广交会客商租车的用途大部分为通勤（往来展馆及酒店）、游览以及接送到机场、火车站，并且其倾向于租用经济型的车辆，因此我馆提供租车服务的供应商主要提供的应该是经济车型，辅以小部分的豪华车型以作参展商接待贵宾之用。

4. 报价应以按天租用为主，并设热门地点的单项报价

绝大部分的广交会客商选择按天租用的方式来租车，因此我馆的租车服务报价应以按天租用为主，同时提供到机场、火车站等几个热门地点的报价，以方便与会客商选择。

5. 服务宣传应以广交会主页为主，多种途径并举

大部分广交会与会客商表示，最有效的租车服务宣传途径为广交会的主页，因此租车服务的宣传应以该网站为主，同时针对参展商以及采购商，分别在展馆、酒店等场所作宣传，如条件允许，也可以向展馆内的客商统一发送服务宣传短信。

二、广州租车市场价格调查

为使我馆租车服务的价格更贴近市场，我们收集了广州市 26 家租车公司共 430 条车辆租用报价信息（所有报价均包含了司机费用），经研究，得出目前广州租车市场有以下几个特点：

（1）经济车型、豪华车型以及商务车型中，最多公司提供报价的分别是凯美瑞、雅阁、伊兰特，奥迪 A6、奔驰 S300 系列、奔驰 S500 系列，以及别克商务 GL8、11 座面包车，证明这几款车最受租车人群的青睐，具体数据详见下表：

表 1　广州租车市场中经济型轿车的报价

类型	车型	半天（约 4 小时）		一天（约 9 小时）	
		平均价格	样本数	平均价格	样本数
经济型	现代伊兰特	311.00	10	403.75	16
	别克凯越	312.50	4	399.63	8
	本田飞度	350.00	2	400.00	4
	大众帕萨特	396.67	6	507.78	9
	日产天籁	412.50	8	548.18	11
	本田雅阁	413.00	10	559.41	17
	别克君威	413.33	6	565.56	9
	丰田凯美瑞	417.69	13	563.00	20
	别克君越	432.86	7	610.00	12

（续表）

类型	车型	半天（约4小时）		一天（约9小时）	
		平均价格	样本数	平均价格	样本数
商务车	面包车11座	341.25	8	455.56	18
	别克商务GL8	431.00	10	568.60	20
	本田奥德赛	505.00	6	604.17	12
豪华型轿车	奥迪A6	846.00	25	1 204.68	31
	奔驰S300系列	1 403.00	20	2 299.17	24
	宝马5系	1 480.00	5	2 254.29	7
	奔驰S600系列	1 677.78	9	2 409.09	11
	加长林肯（7.6）米	1 780.00	5	2 616.67	6
	奔驰S500系列	1 821.43	14	2 875.28	18
	宝马7系	1 900.00	7	3 323.18	11
	加长林肯（8.1米）	1 980.00	5	2 983.33	6
	加长林肯（9.3米）	3 133.33	6	4 528.57	7

（2）在上表的所有车型中，豪华车是最多公司提供报价的，说明广州租车市场中，配备司机的租车服务大部分提供的是豪华车，很有可能是婚庆或者商务接待的需求在市场中占有较大的份额。

三、租车服务项目改进思路

（一）租车服务营利能力评估

由于本次调研只收集了广交会客商的需求数据，因此本文只对广交会期间的租车业务营利能力作评估。

经保守估算，在租车业务全面铺开后，每届广交会期间，参展企业租车的业务金额可达5.72万元[①]，采购商租车的业务金额可达51.44万元[②]。

广交会以外的日常展期间，由于缺少行政资源的支持，将不会有新增的

---

① 未来可能租车的参展商比例在11.91%～18.85%之间，取其最小值11.91%，按每届广交会2.4万家参展商企业，其中仅有5%通过广交会展馆的渠道租车，全部租用最廉价的飞度车（400元/天），平均租用1天，计算可得每届广交会参展商的租车业务金额为5.72万元。

② 未来可能租车的采购商比例在12.86%～19.38%之间，取其最小值12.86%，按每届广交会20万采购商，其中仅有5%通过广交会展馆的渠道租车，全部租用最廉价的飞度车（400元/天），平均租用1天，计算可得每届广交会采购商的租车业务金额为51.44万元。

公交车线路以及的士支援，我们估计租用车辆的需求比例有可能会比广交会高。故我们认为租车业务应该一并在日常展期间推行。

（二）租车服务项目的改进思路

1. 报价方式

根据参展商以及采购商的需求调研结论，租车服务的报价方式应以按天收费为主，以个别热门地点的按次收费报价方式为辅。

2. 租车价格范围

由于参展商以及采购商的价格敏感度非常高，且租车业务刚刚起步，因此我们建议租车的价格不宜超过市场均价，以免影响该项业务的发展。待该业务发展成熟后，可以继续探讨与会客商的需求弹性，从而决定是否进行调价。

3. 服务受理渠道

可以考虑采取更多样化的服务受理渠道，尽量提高与会客商租车服务申报的便捷性。

4. 租车服务宣传渠道

（1）广交会客商

针对广交会的客商，我馆应考虑在广交会主页（开展前一个月）刊登租车服务宣传页面，在开展第一天对展馆内的所有手机发送租车服务介绍短信[①]，在广州市内的酒店摆放租车服务宣传单，并在展馆内的LED屏幕或其他位置发布租车服务广告。

（2）日常展客商

针对我馆日常展览的客商，应考虑在展馆网站主页（http：//www.21cantonfair.com）刊登租车服务宣传页面，并要求日常展主办在其展会主页上刊登租车服务宣传页面，同时在展馆内的LED屏幕或其他位置发布租车服务广告。

---

① 群发短信发送费用约为0.1元/条，国内三大运营商中，中国移动不能提供该项服务，中国电信以及中国联通可以提供该服务。

从"囚徒的困境"分析展位设计行业的恶性竞争

——关于"收费策略"的实证分析

展览总公司　刘晓敏

随着中国经济的持续、快速增长，对宏观经济依存度颇高的会展业近些年来也取得了长足的发展，这已是不争的事实。然而，毋庸置疑的是，会展业的竞争趋于白热化。这一点不仅体现在上游会展组织机构之间在吸引目标企业参展方面的斗智斗力，更直接贯穿于下游展位设计公司对于相对更有限资源（已确认参展企业）你争我夺的"肉搏战"中。后者将是本文进行分析的对象。

一般来说，当一家参展企业确定以自行装修展位的形式参加展览会后，很快便会收到四五家乃至更多消息灵通的展位设计公司伸出的"橄榄枝"，竞相表达为其设计展位的意愿，有些急性子甚至在取得对方首肯前便主动奉上了穷设计师之心力的展位设计图。然而，残酷的现实是只能有一家公司获得最终的青睐，而其余无疑只能充当"陪太子读书"的角色，劳心劳力之后得不到任何形式的补偿。即使如此，众多展位设计公司似乎仍然乐此不疲，一次又一次重复做着无用功，而参展企业也在这种你情我愿中悠然享用着市场经济条件下已十分难得的"免费的午餐"。

前一段时间，笔者参加了展位设计公司的行业性会议。当与会者谈及当前的恶性竞争状况，一个个都不堪忍受其苦却似乎又无可奈何。其间，不乏有识之士大声呼吁实行行业自律，制定行业标准，团结起来一致对外等，如统一向参展企业收取 300 元的设计费，以应对其"不负责任的"随意发标行为，从而可以对最后没有中标的设计公司的付出给予一定程度的补偿。此言一出，便在与会者中间产生了巨大的共鸣，尤其是针对"收取设计费"的设想，更是响应者众多。在一片热烈的讨论声中，这似乎便成了解决目前这一难题的灵丹妙药。作为一名非专业人士，笔者深深理解这些展位设计公司的苦处，竞争的加剧进一步分薄了利润，而多数情况下沦为无用功的劳心劳力无疑使公司的经营雪上加霜（展位设计公司语）。在这样的情况下，通过行业内部的约束争取应得的利益无疑是市场经济条件下"经济人"正常的理性行为。但同样经过理性的分析后，笔者认为，考虑到这一行业目前的发展尚不成熟，短期内针对参展企业的收费策略实际上得不到贯彻落实，从而并不能有效改变展位设计公司面临的现状，这一论点可以从经济学的重要分支——博弈论中的经典案例"囚徒的困境"中得到论证。

所谓"囚徒的困境"事实上分析的是个人理性和集体理性之间的悖论。两个嫌疑犯（A 和 B）作案后被抓获，隔离审讯，警方的政策是"坦白从宽，抗拒从严"。如果两人都坦白则各判 8 年；如果一人坦白而另一人抵赖，坦白人只需服 1 年刑期，抵赖者则要遭受 10 年牢狱之苦；如果两人都抵赖，则可能因证据不足而各判 2 年。在这个案例中，每个嫌疑犯都有两种选择：坦白或抵赖。对于两人而言，最优的结果无疑是都抵赖从而只需要在狱中待 2 年。而研究结果表明，不论对方如何选择，任何一方的最优对策都只能是坦白：对 A 而言，如果 B 抵赖，A 坦白将被判 1 年，抵赖则被判 2 年；如果 B 坦白，A 坦白将被判 8 年，抵赖则被判 10 年。这样，无论 B 如何选择，坦白就是 A 的最优对策。同样，无论 A 如何选择，坦白也是 B 的最优对策。结果是，每个人各获刑 8 年。很显然，这一案例中存在着个人理性和集体理性的矛盾，如果 A 和 B 都抵赖，则各获 2 年的刑期，无疑都比 8 年的最终结果要好。但这一帕雷托最优难以实现，因为这不符合"经济人"的理性本能，博弈的最终结果是个人理性压倒集体理性。

将"囚徒的困境"的分析过程运用到本文案例中，假定展位设计行业内只有 D、E 两家展位设计公司，F 为参展企业。F 向 D、E 分别发出设计要约，D、E 有三种情况可以选择：同时向 F 提出收取 300 元的设计费，则 F 不得不接受这一要求，从而 D 和 E 均受惠；一家提出收取设计费，而另一家承诺免费设计，则前者可能失去这一商业机会，后者中标可能性大大增大；二者都不收取，则现状依然维持。根据这三种可能的情况进行分析，对于 D、E（整个展位设计行业）而言最为理想的结果无疑是第一种，因为无论中标与否，都可以获得一定程度的补偿。然而，由于信息不对称，无论是理性的 D 还是 E 在向 F 提出收取 300 元的设计费之前，都会首先考虑到对方可能选择的行为。如前所述，博弈的最终结果只能是第三种，二者都不敢向 F 提出 300 元的设计费，现状依然故我。

这一点也同样为其他行业中的许多案例所证实，如彩电企业峰会、汽车价格同盟、空调行业协定等都曾轰轰烈烈一时，与会者大都信誓旦旦，"同心协力一致对外"。但最终还是难以走出"囚徒的困境"，所谓的"同盟"或"君子协定"终究难以抵挡利益各方追求自身利益最大化的理性行为。

综合上述分析，展位设计行业目前尚难以摆脱这一"囚徒的困境"。但应该清楚的是，"困境中的囚徒"所达成的非合作均衡是针对有限次合作（大多数情况下为一次）而言的，因为一般来说，囚徒只面临一次博弈的机会，所以在做出最有利于自己的理性选择时，是不会考虑对方以后的报复行为的。

博弈论还认为，如果博弈重复无限次，那么情形就会有所不同。此时，任何短期的机会主义行为的所得都可能会相对长远而微不足道，从而参与人有积极性为自己建立一个乐于合作的声誉，并且也有积极性惩罚对方的机会主义行为。在这种情况下，博弈各方参与者有可能达成一种合作均衡，个人理性和集体理性也在一定程度上得到了统一。从这个意义上讲，随着展位设计行业的不断发展，业内从业者经营理念的不断成熟与长远战略思维的形成，针对参展企业的收费策略就有可能产生实际效果。

浅议展览并购需注意的若干问题

余意　郑建滨　王宝德　魏杭杭

一、引子

2011 年 12 月，商务部发布了《关于"十二五"期间促进会展业发展的指导意见》，意见明确指出，"鼓励大型龙头骨干会展企业通过收购、兼并、控股、参股、联合等形式组建国际会展集团，打造具有较强竞争力的会展领军企业，发挥示范和带动作用。"外贸中心未来要创新业务发展模式，兼并优势展览项目，增加新展，力求在自办展业务上实现跨越式的突破。

展览项目并购作为展览机构迅速做大做强的最有效方式之一，不仅可以增强展览机构的核心竞争力，加快发展速度，实现迅速扩张的目的，而且可以促进展览行业整合，推动产业结构调整和升级。同时，展览项目并购又是一项复杂而专业的系统工程，不仅涉及并购方的战略目标、并购策略、并购成本、被并购项目质地及并购后整合等问题，更涉及并购协议、支付手段、财税法律等方面的一系列工作安排。

当前我国展览行业正进入集约化和品牌化发展阶段，实施并购更要慎之又慎，必须充分做好可行性论证，妥善做好各方面的工作安排。在外贸中心（集团）提出并购战略的大背景下，本期脑力风暴编辑组采访了中心相关部门，汇集了他们关于并购动因、需求分析、题材选择、目标确定、法律尽职调查等方面的思想和观点，现将精彩呈现。

二、并购动因的确立

并购的动因是指促使并购产生的动力和原因。并购的动因多种多样，涉及的因素方方面面。纵观国内外展览项目并购的案例，结合当前国内展览行业的特点，特别是外贸中心（集团）的实际情况，外贸中心（集团）可基于以下几方面来考虑并购动因：

（1）巩固领头羊地位，提高市场份额，加快战略布局步伐。外贸中心（集团）未来将实现环渤海、长三角、珠三角的展馆空间布局，但拥有一流的场馆，还不足以发展成为国际一流的基地型展览机构。如能成功实施展览项目并购，外贸中心（集团）将有望从空间布局迈入市场布局，进一步统筹和协调场馆运营与项目运营之间的发展关系，最终实现可持续发展的目的。

（2）实现品牌经营战略，运用品牌移植、嫁接等方式获取超额利润。上海的五金展、广州的照明展等通过并购手段实现国际展览品牌的移植，或与本土展览品牌的嫁接，使品牌价值得到了最大限度的提升，为并购方带来丰厚的经济附加值。为加快异地办展的步伐，家具展、建材展、汽车展等外贸中心（集团）自办或合办的品牌展可根据项目的实际情况，考虑通过异地并购实现品牌的移植和嫁接的可行性。

（3）通过并购，探索进入战略性新兴行业，实现展览题材多元化，从而优化自办展结构。与国际知名的综合展览机构相比，外贸中心（集团）自办展的题材结构较为单一，层次高低不一，一旦产业经济形势发生转变，可能会给自办展的经营发展带来一定风险。因此，通过并购手段，及时进入新的行业，逐步优化项目结构，将有利于提高自办展的抗风险能力。

（4）获取资源特别是数据资源，提高数据在展览营销、出版资讯以及电子商务等领域的使用效率。从一些国际展览机构并购的案例分析来看，他们会并购个别规模及发展前景一般，但专业采购商、参展商或合作伙伴资源丰富的展览项目，其目的就是为了获取客户数据或政府关系资源，并将获得的数据和资源与旗下相关展览、电子商务、出版资讯等业务板块相结合，最大限度地通过数据杠杆提升机构的整体协同功能。

因并购方的背景不同，并购目的也各有侧重。有的并购目的还可能是建立一个营销网络和渠道，有的还可能是消灭竞争对手。总之，确立清晰的并购目的是启动展览并购的前提。

三、并购需求的分析

在实施展览项目并购前，我们要清醒地认识到自己的优劣势，明白自己凭什么要什么和放弃什么，也就是说要进行全面、客观的需求分析，形成并购目标的特征与模式以及并购方向的选择与安排。并购过程就是寻找双方资源需求的对接点，是双方资源重新整合、实现优势互补、达到取人之长补己之短的过程。

经过 50 多年发展，外贸中心（集团）已在展览品牌、展馆资源、办展经验、政府资源、公关关系、人才、资金、数据等方面占据了其他展览机构不可比拟的绝对优势，但是我们也必须看到，随着外贸中心（集团）发展战略的逐步推进，加之展览竞争日趋白热化，外贸中心依然存在"可圈可点"的不足和劣势。例如：缺少市场化的海内外营销网络；国际资源不充沛；办展对政府的依存度较高；展览题材相对单一；对一些国家战略性新兴产业的发展趋势缺乏深度研究；数据资源利用率较低等。

深入分析外贸中心在展览业竞争中的优势和劣势，明确自身在展览并购中的需求，将有利于外贸中心在未来并购中拥有更强的主动性与灵活性，掌握更多的谈判资源，降低收购成本与风险，提高并购的成功率。在很多展览并购案例中，展览项目的估值并不是对过去盈利及未来营收的简单测算，而是对双方所拥有资源和彼此需求的综合评估。有的展览并购一掷千金，而有的用很少甚至不花钱就能实现并购，关键是所拥有的展览核心资源在起决定性作用。

四、并购题材的选择

并购题材的选择是对并购战略执行情况的具体体现，应根据自身需求，并紧密结合国内展览行业的特点与现状特别是展览业发展的普遍规律。

一是题材的选择要与区域经济发展特征相适应。以长三角地区为例，结合地区产业发展的特点，展览题材的选择应重点关注轻工、纺织、机电、化纤、信息技术、新能源、新材料等产业。

二是展览题材所涉及的行业要有稳定良好的发展前景，有较大的市场体量。从 UFI2010 年的统计数据来看，欧洲与亚洲在以休闲娱乐为题材的展览净面积差距较大，在中国经济由外向型向内需主导型过渡的过程中，以休闲娱乐为题材的展览项目将会保持稳定的增长。而反观近几年曾十分火爆的光伏产业，现由于多晶硅的生产成本过高陷入寒冬。当年很多相关的展会现在也所剩无几。所以了解题材所属行业的发展特征及市场前景才能更好地规避并购风险，获得收益。

三是优先并购与现有展览垂直一体化的题材。按产业链培育垂直的展览已经成为国际展览机构抢占市场份额的重要手段。以博闻为例，其依托自身在珠宝、家具、孕婴等展会题材的资源优势，在近年并购了土耳其珠宝展、马来西亚家具展、上海国际儿童、婴儿、孕妇产品展，不断完善其在相关产业链的延伸和布局。

五、并购目标的选择

确定并购题材后，要通过定性定量的分析，对行业内同质展会进行横向和纵向的比较，优中选优。我们关注的维度不仅在参展商、采购商、展览面积等方面的显性数据，更要重视展会发展的可持续性、成长性和盈利性。据不完全统计，过去十年外资公司在中国大陆并购的展览项目主要涉及轻工消费品、医药、机械装备、广告、休闲等成长性优良的行业，收购后展览规模普遍增长强势，其中广州照明展在收购后的 3 年间规模年均增长率达 21％，深圳礼品展在收购后的 3 年间规模年均增长率达 18％，估计大多数项目 5～8 年便可以收回投资成本。

除了经济和财务指标外，并购目标还要切实符合中心发展战略。并不是任何一个成长性、盈利情况良好的展会都是我们的并购目标，要统筹展馆运营与自办展、并购展的发展，要权衡局部发展与整体发展的关系，要协调现有服务价值链环节的发展，确保增量，避免此消彼长。总之，应紧紧围绕外贸中心发展战略目标缜密甄别并购对象。

六、并购时机的选择

通过对目标展览进行持续的关注和信息积累，准确预测目标展览进行并购的时机也非常关键。

确定目标展会后，要特别关注展会在成长期和转型期的经营与管理。针对成长期，要分析其成长主要是基于市场因素还是非市场因素。有些展览因为顺应自身发展规律而得以良性发展，有些展览因为产业一时的膨胀而制造虚假繁荣，也有的展览成长完全是因为政府作为推手。针对转型期，要深入分析其转型的背景、方向及手段。一度是世界最大并拥有 24 年历史的电脑展——拉斯维加斯 COMDEX 因个人电脑产业的变化而未能及时转型，于 2004 年 6 月宣布停办。创建于 1974 年的欧洲著名家电展——科隆 DOMO-TECHNICA 也因家电流通渠道的骤变而被迫于 2008 年宣布停办。然而，同样服务于电脑产业的拉斯维加斯 CES 消费电子展和服务于家电电子业的柏林 IFA 家电电子展却抓住了产业转型升级的机会，顺势而为，分别发展成为行业的标杆性展览会。

七、法律尽职调查

在激烈的市场竞争中，信息不对称往往导致不公平交易或者交易失败。尽职调查就是为了解决并购中的信息不对称而特别设立的，其中，法律的尽职调查则能有效地防范潜在的法律风险，减少不必要的损失。

目前，股权并购模式是国内会展并购中最常用的一种方式。在这种并购模式中，并购方的法律尽职调查至关重要。一般涉及被并购方的主体资格、资产及财务情况、债权债务情况、担保与纳税情况、重要交易合同、知识产权、劳动和人事、法人治理结构、重大诉讼或仲裁等方面。其中，对目标公司主体资格的调查是确保交易合法有效的前提基础，主要包括调查其成立情况、注册登记情况、股东情况、注册资本缴纳情况、年审情况、公司的变更情况等。虽然这些活动并不实际产生法律风险，但却是控制并购法律风险不可或缺的环节。另外，对目标公司的成立合同、章程以及董事会和股东会决议的调查也是至关重要的环节。我们要关注成立合同与章程中是否有防御收购的条款、内容或规定；是否存在禁止更换董事或轮任董事的限制，确定可否在并购后获得对董事会的控制权；是否存在高薪补偿被辞退的高级管理人员制度，确保公司进驻后实现管理不因人事变动而付出沉重的代价；是否存在股权权利计划，以正确分析目标公司被并购的难易程度，以及在兼并的情况下，董事会和股东大会决议通过所必须的法定或章程中规定的同意票数。

在国内会展项目的并购中涉及国有资产转让的，还需调查是否具备相关国有资产管理部门的审批意见；涉及外资企业股权转让的，还需调查是否取得其他股东同意并经原审批机关的批准等情况。对国外会展项目实施并购时，则需做好东道国的法律环境的尽职调查，尤其是东道国有关外资企业投资的规章调查。

八、需要注意的其他问题

在展览项目并购中和并购后，依然需要解决一系列复杂而艰巨的问题，例如：确定并购方式、定价模型、并购的支付方式（现金、负债、资产、股权等）、法律文件的制作、并购后企业管理层的人事安排、整合与制度设计等。要充分掌握展览题材所属行业的发展趋势、展会背景、股东及组织架构等第一手资料。整合的关键环节是制度设计，主要涉及业务整合、管理体系融合和文化融合三个方面。从励展、博闻的成功整合案例来看，首先双方对展览的发展目标要保持一致，其次组建独资或合资的经营实体，保留对方的经营团队，副总经理和财务总监通常由并购方委派。

广州建筑照明展并购成功案例分析[①]

客户服务中心　司徒毅　姚壮波

广交会工作部　杨锐

由广州光亚法兰克福展览有限公司举办的 2012 年第十七届广州国际照明展览会、广州国际建筑电气技术展览会（简称建筑照明展）于 2012 年 6 月 9 日至 12 日在我馆举办，面积达 20.57 万平方米。作为中国本土展览企业与世界展览巨头的经典合作案例，建筑照明展中照明展区的规模已于 2010 年超过了在法兰克福举办的 Lighting＋Building 展照明展区的规模，成为世界第一大照明展。

回顾建筑照明展的发展历程，可以发现许多值得我们细细品味的展览会运营智慧，本文将从行业环境、展馆选择、项目并购情况、展会主办方的经营手法等方面来描述世界第一照明展的成功之路。

优越的行业发展大环境以及展馆的支持

一场展览会的成功，最需要依赖的外部因素就是行业的发展环境以及举办地展馆的支持。

从图 1 可以看出，建筑照明展近年来的高速发展与我国照明电器行业的发展密不可分。

---

①　特别感谢客户服务中心展馆销售部陈舒冬、黄利红为本文的完成提供宝贵资料。

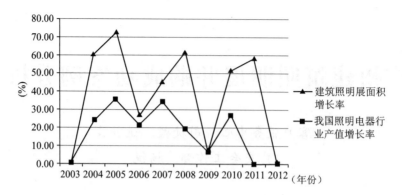

图1 建筑照明展面积增长率与我国照明电器行业产值增长率对比图

支持建筑照明展高速发展的另外一个重要的外部因素就是我馆为其量身定做的最优发展路径以及近年不断扩大的展厅规模。在2009年及2010年建筑照明展希望扩张至B区时，展馆销售部从该项目的长远发展出发，建议其应先行积蓄力量，再作扩张。经过两年的积累与沉淀，2011年建筑照明展同时使用A、B区展厅时，其面积增长率几乎达到了60%，实现了近10年来该项目最大的年度增幅。

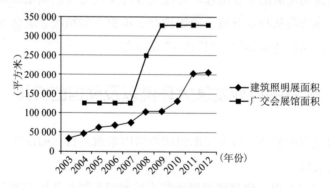

图2 广交会展馆面积与建筑照明展面积对比图

另一方面，建筑照明展主办方的展馆选择也奠定了其成功的基础。2006—2007年照明展加速发展期间，深圳高交会展馆曾经以极低的场租报价为条件拉拢建筑照明展到其场地举办，但建筑照明展主办单位经过详细考虑，最终还是以项目的长远发展为重留在我馆，从而避免了日后遭遇展馆面积瓶颈的尴尬，获得了今天的成就。

适时及深思熟虑的强强联合

一、适时的强强联合

广州光亚展览贸易有限公司以下（简称"光亚公司"）成立于1995年，是广州展览行业成立最早的民营展览公司之一，旗下的照明展1996年起在流花路展馆举办，最初的规模只有3 000多平方米。经过光亚公司的精心培育，照明展在2002年发展至2.2万平方米。

鉴于照明展的高速发展，2001年法兰克福展览公司（简称法兰克福公司）开始注意到这个项目。2002年法兰克福公司开始与光亚公司频频接触，探讨合作的细节，2003年双方正式在照明展项目上达成了合作协议，法兰克福公司出资约1 000万美元购买该项目50%的股份。在项目运作过程中，光亚公司负责国内展商的招展以及观众组织工作，法兰克福公司负责国际观众的组织工作。

经过两年的项目合作磨合，光亚公司以及法兰克福公司均认为应进一步加深合作程度，来谋求更长远的发展。于是双方在2005年10月11日共同组建了中外合资的广州光亚法兰克福展览有限公司（简称光亚法兰克福公司），共同举办当时已成为全球第二大照明展的广州建筑照明展，并研究开发其他展览题材。

回顾这段合作历程，我们可以发现法兰克福介入光亚公司照明展的时机选择非常独到：法兰克福开始与光亚公司接触时，照明展虽然已显露出非常优异的成长性，但面积却仍然不算太大，只有2.2万平方米。在这个规模选择介入，既规避了小型展览培育期长、发展缓慢、运营团队不稳定等风险，又不至于开出过高的并购价码，是项目合作比较合适的规模介入点。

自从光亚公司与法兰克福公司在照明展项目上进行合作之后，该项目便同时拥有了稳定的本土化运营团队以及国际化项目管理经验两大优势，展览规模开始一路高歌猛进。

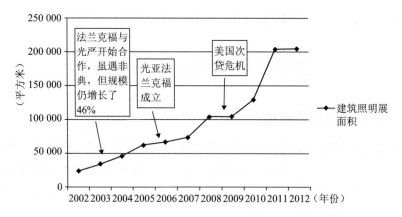

图 3　建筑照明展发展过程中几大里程碑事件示意图

二、优势互补所带来的叠加效应

在进行项目合作之后，光亚公司稳定的团队以及本土化的营销模式与法兰克福公司丰富的海外采购商资源以及先进的展会运作经验优势互补，相得益彰，极大促进了展览会规模的扩张。

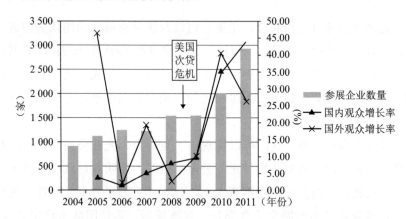

图 4　建筑照明展 2004－2011 年参展企业数量以及观众增长率示意图

从图 4 可以看出，由光亚公司原有团队负责的招展以及国内观众组织工作富有成果，参展企业数量以及国内观众数量几乎一直处于增长的态势。而由法兰克福公司负责的国外观众组织工作则有较大起伏，国外观众增长率时高时低，这应该是受全球经济波动的影响，但总体来说国外观众的增长率仍然非常高，2011 年比 2004 年增长了近 4 倍。

三、周详严谨的合作协议

光亚公司与法兰克福公司在照明展合作协议框架基础上经过半年多的反复协商，最终形成合作协议，成立合资公司，协议有效期为 50 年。该协议内容丰富严谨，涉及合资公司今后各方面运作的细节问题。如新开发项目的操作细则，合资公司在华南地区举办展会的题材排他性，董事会、业务部门架构，决议方式，中层及员工的人员组成及其职责、待遇、权限，内部运作方式，绩效评价标准等。

如此周详的合作协议，充分体现了法兰克福公司在项目合作以及建立合资公司方面的丰富经验，也在合作伊始就避免了日后在公司运作层面可能出现的常规性问题，保证了建筑照明展的稳定发展。

合作双方的远大抱负及运营团队的高超智慧

一、合作双方的相互信任及团队管理智慧

在光亚法兰克福公司的股份中，光亚公司以及法兰克福公司各占 50%，单从双方所占股比的数字就已经可以看出彼此之间的合作诚意以及相互信任的程度。

双方在成立合资公司之后，国内招展招商工作仍然由光亚公司的原班团队来负责，法兰克福公司则是引进了项目预算管理等制度，负责合资公司的远期战略规划及实施等，这一分工体现了法兰克福公司对光亚团队的充分信任。正是这种信任，使得建筑照明展的招展以及观众组织工作一直没有停止过增长。

另一方面，光亚公司的运营团队十几年保持稳定，这在我国民营展览公司里面是非常罕见的。这一成果归功于光亚公司的团队基本来自于同一个地区，彼此关系密切，团队凝聚力强大。运作团队的稳定，间接保证了建筑照明展的稳定发展。

二、法兰克福公司对项目发展的远大战略胸怀

法兰克福公司在与光亚公司合作之后，并没有因为担心损害德国的母展Lighting＋Building而对广州的建筑照明展进行打压。这种远大的战略胸怀使得建筑照明展不断获得发展，并于2011年在照明展区的规模上超越了法兰克福的母展，成为世界第一大照明展。

清晰的客户定位，多方位的培育手段

一、明确定位目标客户群

建筑照明展近年来经过不断的发展，已确立了自己的招商目标客户群，并将其细分为产业链相关客户，行业相关客户，商业、贸易相关客户以及政府、机构等。

二、多元化的展览配套会议及活动

自从光亚公司与法兰克福公司合作以来，建筑照明展开始重视展览同期的活动，2012年建筑照明展的同期活动超过100场，丰富而多元化，引领行业发展潮流，备受业界推崇，有助于吸引大量专业观众。

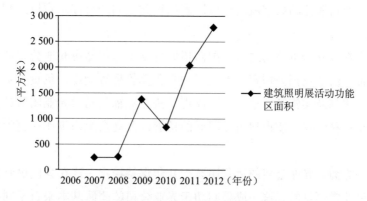

图5 建筑照明展活动功能区面积示意图

三、庞大的长期合作伙伴队伍

法兰克福展览集团在全球设有 28 个子公司、5 个办事处及 52 个国际销售伙伴，业务覆盖 150 多个国家及地区，与多家行业协会、机构等建立了长期合作关系。截至 2012 年建筑照明展为止，其支持单位已达 18 家，分担了相当一部分采购商的组织工作。

四、大胆的展会现场服务创新

光亚法兰克福公司在本届建筑照明展大胆采用了我方客服中心快捷的端到端催单业务模式：由客商致电广交会客户联络中心，提出服务诉求，联络中心通过端到端系统下发工单给施工人员，并同步发送短信。短短几天便受理了近 150 宗业务，为客商解决了一些老大难问题。

展览移植需考虑的若干问题

展览总公司　叶志群

当一个展览办得比较成熟，规模、质量都达到一个相当水平时，一个问题往往会摆在办展方面前：这种成功能否移植到其他地方予以延续？能否使这个题材的展览市场占有率更大从而获得更多利润？这就需要考虑展览移植的一系列问题。

问题一：能否立足当地行业与市场去创造价值

展览的存在和发展不是因为主观上想办一个展或仅仅因为具备硬件条件，它的存在一定是因为它能为行业创造独特的价值，没有这种供需双方的强烈需要，一个展览很难以一种良性循环的形式存在。这也是为什么产地办展、销地办展较为常见的原因。橘生淮南则为橘，生于淮北则为枳，原因是水土不同，套用到展览上，这里的水土指的则是行业的需求、市场的需要，在此地资源配合完好的展览到彼地不一定就能保持这种优势。展览平台可以引导市场，可以因势利导重组行业资源，但很难凭空创造需求，因而项目启动前对行业和市场的了解是必不可少的环节。考察当地行业与市场，包括但不限于产业基础、行业在地域上的辐射力、行业销售模式等，看上去很美不一定能带来真正的商业价值，小商品之乡、家电之乡也没办出真正具有影响力的展览就是例证。近年，随着科技的进步，电子商务的快速发展，很多行业随之发生了深刻的变革，传统的展览模式在一些行业的匹配性也在改变，及时捕捉其中的变化，对于准确把握行业大局必不可少。

问题二：竞争者的状况

这种移植是否有竞争者？移植的目的是要消灭竞争者还是进入自由竞争？如果是前者，要考虑自己的实力能否做到这一点，俗话说"强龙难压地头蛇"，要把会遇到的问题多考虑进去。如果是后者，可能要更多从差异化经营着手，或是题材上的各自侧重，或是产业链上下游的相对融合，抑或是辐射市场的相互补充。竞争展会的存在必然造成参展商、采购商等资源的分流，无论采取哪种策略，都要未雨绸缪。客观评价自己，客观评价对手是我们要做的第一步，从而避免错判形势。狮子追逐羚羊的故事告诉我们，一只求活命的羚羊是会迸发出无法想象的能量的，即使作为强者的狮子也不能对其掉以轻心。其次是根据竞争态势制定有针对性、系统的应对措施，保证移植项目的成功。

问题三：新展览地点的城市条件和政府资源，包括交通、金融、海关、物流、政府及行业、公共关系等方面

例如，展览业经过多年的发展，在题材上各地都趋向饱和，移植的项目在题材上是全新的可能性不大，作为后进入者，如何与当地政府达成共识，取得当地行业协会的支持，是展览能否迅速站稳脚跟所必须面对的问题。初到异地办展，除了广而告之，更少不了要借助媒体广泛传播，迅速建立新的知名度与美誉度，媒体资源的积累与运用就显得很重要，拥有一个相互理解、默契的传播环境有时会事半功倍，否则，小的事情也可能酿成大的危机。

问题四：母展与移植展的关系

展览移植目的是为了迅速复制成功，获得更多利润，如果 $1+1 \leq 2$ 或者只是最终等于1，或者这种移植导致母展资源向移植展转移，此消彼长，那

就失去了移植的意义。纵观国外知名展览公司在进入中国市场时，对于展览品牌输出非常审慎，它们通常只是输出展会名称、办展理念，但不会直接动用母展的参展商、采购商资源，尤其是合作展，他们更要小心翼翼地保护母展资源，毕竟母展是他们安身立命的根本，移植展只是在这个基础上的新的增长点。即便是顺应原有参展商开拓新市场的要求，它们也谨慎从事，分步实施，通过举办研讨会等方式先行试水，这也是保护参展商的一种体现，毕竟新市场充满变数。比较理想的一种状况是母展和移植展能够形成以地域为依托的各自的核心资源，而两种资源又兼容于产业上下游的延伸，这样既实现了商业上的目的，又加强了题材展览的纵深发展，巩固在行业的影响力，利于企业的长远利益。

问题五：是否具备成熟的经营理念、管理流程和便于复制的核心竞争力

展览项目涉及众多行业商协会、参展商、采购商、服务商，环节不少，事务细碎，没有管理上的固化优势，在异地要重新配置人、财、物各项资源势必大大增加管理成本。项目移植考验的是系统、标准化的管理和操作模式，成熟、富有经验的宣传沟通体系等，以此来应对在新市场中的挑战。如果一个展览项目本身的成功更多的是依赖当地的行业与市场的自发状态，处于粗放发展阶段，那么对于异地办展有必要持审慎态度。

问题六：展览项目的团队

是否有能胜任的团队，关系到展览项目的成败。即便是欧美知名的展览公司，当其进入新的市场时，也不能总是获得成功。固然他们拥有成熟的理念与管理模式，但这些既定的东西能否与当地市场、行业资源完美融合，管理团队很关键。他们既能熟谙展览业务，也能在当地独特的环境下长袖善舞，这就要求责任心与执行力缺一不可，是个不小的考验。

当世界展览格局日渐东移，国内的展览业伴随改革开放经历了超过 30 年

的发展逐步走向成熟，国内展览市场格局即将发生变化之际，展览移植不约而至，渐行渐近。我们要看到机会，也要清醒地意识到蕴藏的风险。我们仍然需要大胆假设，小心求证，扎扎实实地调研，通过一个又一个细致、深入、全面的方案，把可预见的风险降到最低。

创新展馆营销策略
提升综合竞争实力

客户服务中心展馆销售部

2013 年是"国际会展突破年"。当前会展业发展迅猛，竞争更加激烈，中国会展业进一步发展的机遇与挑战并存。广交会展馆作为全球办展规模最大的展览馆，要继续保持行业的竞争优势，持续引领我国展览业的发展，就必须解放思想、与时俱进、优化展馆定位、创新营销策略、全面提升展馆的综合竞争实力，才能坚守行业领军地位，步入可持续发展轨道。

当前营销的基本形势

会展业的繁荣与经济发展息息相关。党的十八大开启了中国经济社会发展新的历史篇章，对会展经济的发展也提出了新的更高要求。当前，世界经济复苏势头放缓，低速增长仍将持续。中国企业将继续面临海外市场份额减少、国内需求不振、融资风险加大等多方面的压力，经济形势直接影响会展发展的态势。与此同时，中国展馆经营市场日趋成熟，新的竞争对手和竞争格局将给未来行业发展带来新的变化。

一、展馆经营市场新进入者的趋势[①]

自 2010 年进入新一轮场馆建设投资热潮以来，一批以"高标准、超大规模、全产业链配套"为特征、展览面积在 10 万平方米以上的会展综合体相继

---

① 数据来源：中国国际贸易促进委员会出版的《中国展览经济发展报告 2012》，第 3 页。

投入使用。目前国内超过 10 万平方米展览面积的展馆已达 10 个，未来还将有更多超大型展览馆投入运营。在我国展馆总量已经相对过剩的背景下，展馆在总体上的闲置现象将难以避免。

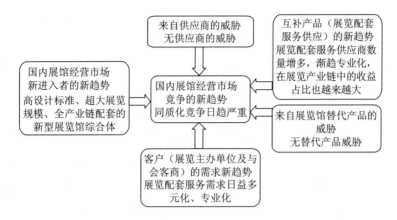

2010 年上海国际展及境外参展商所占比重

二、国内展馆经营市场竞争的趋势

经过近几年的快速发展，国内一线城市的展馆经营市场已非常成熟，先进的硬件设施配套以及日益完善的展馆基础服务，使得展馆所提供的产品及服务趋向同质化，未来国内展馆间的市场竞争将更加激烈。

三、展会发展的新趋势

办展主体呈现多元化发展；会展业的重新洗牌不可避免，部分实力较弱的展览企业和质量不高的展览项目将遭遇市场的淘汰和重组；展会全球化、品牌化、资本化、产业化、集群化、市场化、专业化和智能化发展趋势明显。

四、展览主办单位及与会客商的需求趋势

2012 年，国内展览市场总量稳中有升，随着国内一线城市展览项目的增多，主办单位及与会客商的基本展示、参观需求已得到较好的满足，进而对展览配套服务提出了更高的要求，即服务的专业化及多元化。

五、展览配套服务的发展趋势

随着展览主办单位及与会客商对服务需求的增加，展览配套服务供应商也日益增多，少数领域的服务已趋向专业化（如展览门禁系统供应商），这些服务供应商在展览产业链条上的收益占比也越来越高。

综上所述，国内展馆经营市场的这些新趋势，将会使展馆间的竞争从"硬件实力"转向"服务软实力"的提升。正如2013年初召开的第九届中国会展经济国际合作论坛（CEFCO 2013）上，与会专家一致认为，在目前展馆供过于求、硬件设备条件逐渐趋同的竞争形势下，展览馆以硬件优势占领市场的传统方式已越来越难以奏效。未来展馆间的竞争将由硬件上的比拼提升至"软实力"的较量，主要包括服务质量的稳定可靠、服务提供过程中的专业化水平、服务项目的多元化、展示环境的人性化体验等。

广交会展馆的主要竞争优势

相对于国内大多数的展览馆，广交会展馆在运营方面的主要优势有以下几方面，见下表：

优势资源		优势能力	
类别	资源	类别	能力
有形资源	资金	企业职能	多部门及子公司间的协调能力
	展馆、酒店等物业		财务管控能力
	展览服务链条上的多个子公司	调研能力	调研、信息收集能力
无形资源	企业品牌、声誉	运营能力	大型展览会运营
	评估及改善服务的流程及经验		服务质量的监控能力
	与全国顶尖展览主办单位的良好合作关系		服务质量的持续改善能力
人力资源	高端行业人才的积累	营销能力	有效响应市场变化的营销策划及执行能力

经过多年努力，广交会展馆凭借以上优势资源及能力逐渐在行业内树立了良好的口碑，培育了一批诸如家具展、建博会、汽车展、照明展等国际知

名品牌大展，市场认可度和占有率较高。目前，展馆营销业绩已赶超北京、上海位居全国第一，并正牵头成立中国展览行业协会，行业龙头地位已逐步确立。未来中心将拓展布局京津沪，扩建广州展馆，继续打造会展航母，形成错位经营、优势互补的发展局面。

但在新的经济环境和竞争态势下，广交会展馆经营也受制于一些不利因素。比如："搭车展"现象愈演愈烈，市场环境趋于混乱；广交会展馆盘子大，经营成本居高不下；展馆可经营期有限，适用展期日趋紧张；展馆硬件存在较大差异，部分展厅利用率偏低；大型固定展扩张空间受限，发展放缓等。只有通过不懈努力尽可能地降低不利因素对展馆经营的影响，才能保持在激烈的竞争中立于不败之地。

创新展馆营销的几点思考

作为中国展览市场领导者的基地型展览机构，广交会展馆的战略选择必然是基于成本控制的差异化，而不是成本领先或仅仅专注于细分市场。创新展馆营销，以创新驱动发展优势，以创新促进转型升级，以创新增强持续发展的后劲才是根本出路。

一、建立整体服务解决方案提供能力，提升展馆"软实力"

目前，国内的展览馆主要围绕展览主办单位的核心及必备服务需求进行竞争，但该领域的产品及服务已趋向同质化。为巩固市场地位及保证展馆运营收益，广交会展馆未来应在可选择性服务及定制服务这两大领域获得竞争优势。因此，建立广交会展馆展览整体服务解决方案提供能力、全方位满足展览主办单位的各种需求、体现软实力对客户的吸引力、实现我馆从展厅及必备服务提供者向展览整体服务解决方案提供者的转变，这对我馆发展具有重大意义。

根据主办单位对展馆可提供的服务期望程度，可将其需求分成以下4个层次，见下图：

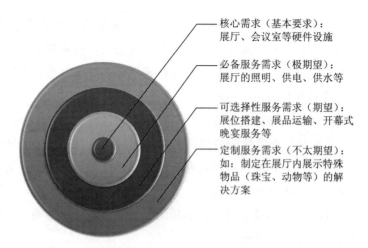

核心需求（基本要求）：
展厅、会议室等硬件设施

必备服务需求（极期望）：
展厅的照明、供电、供水等

可选择性服务需求（期望）：
展位搭建、展品运输、开幕式
晚宴服务等

定制服务需求（不太期望）：
如：制定在展厅内展示特殊
物品（珠宝、动物等）的解
决方案

二、开展精细化管理，优化展馆营销方式

精细化管理是社会分工以及服务质量精细化对现代管理的必然要求，是建立在常规管理的基础上，并将常规管理引向深入的基本思想和管理模式，是一种以最大限度地减少管理所占用的资源和降低管理成本为主要目标的管理方式。在中国经济及会展产业进一步转型升级的驱动下，广交会展馆营销朝着精细化管理方向转变也势在必行。我们将重点围绕题材规划、展览准入与退出机制、展览评价体系、展览结构优化及加强量本利分析等方面开展精细化营销。

三、整合资源，积极培育新的利润增长点

外贸中心展馆蕴含巨大的资源，但长期以来这些资源都以多种形态分散在各个层面，部分资源均以单个项目的形式开展运营或对外合作，资源发挥的增值效应并不明显。一些资源也并未充分展现其本身所具备的市场价值，故整合资源的意义，在于能有效实现 $1+1>2$ 的效应。战略赞助营销是基于资源置换的理念运营，即合作伙伴通过提供一定价值的产品或服务，获取相应价值的展馆资源回报。应在现阶段外贸中心赞助营销展馆授权称号、广告资源和公共关系资源等的基础上，采取精准营销的赞助营销理念，着力推动合作计划的品牌建设。整体上，针对不同合作伙伴的市场属性，细分每个合作层级的营销目标和资源回报内容，精准定位各层级的营销对象和营销方法；在个案合作项目上，则以个性化定制方案的形式为合作伙伴服务。

会展业赞助营销

客户服务中心展馆销售部　崔少君

　　战略合作、赞助管理是一项较为领先的展馆、展会营销理念。赞助营销是基于资源置换的理念运营，即合作伙伴通过提供一定价值的产品或服务，获取相应价值的展馆资源回报。赞助营销的资源回报内容主要包括展馆、展会授权称号、广告资源和公共关系资源三项内容。通过赞助营销，展馆或主办方可以较低的成本使用了合作伙伴提供的产品和服务，既有效降低了采购成本，提高了效益，同时也改善了展馆、展会的服务水平，优化了服务，实现了"降本增效、提升服务"的初衷。

　　赞助营销的策略需要配合展会各运营部门整体服务解决方案发展，可围绕项目主题重点推进资源整合和品牌建设。资源整合将是赞助营销业务工作的重中之重，也是关系到如何增强效益的关键所在。资源整合分为内部资源整合和外部资源整合两部分。内部整合方面，将根据市场调研的结果，结合市场需求，梳理出各板块的资源，并将各项资源按优劣分级，根据赞助营销产品需要有机整合，达到与展馆、主办方内部相同或类似性质的资源有机结合的垂直整合效果。外部整合方面，将逐步挖掘展览业上下游的配套服务供应，并制定筛选和准入、退出标准，将区域内优质的服务供应商纳入整体服务解决方案，以期更好地为展览主办机构服务。

　　各个展馆和各展会主办都拥有着巨大的资源整合能力，将这些长期以来分散在各个层面的资源加以整合利用，以整体的项目形式开展运营或对外合作，便可充分发挥资源的增值效应，使资源充分展现其本身所具备的市场价值。故整合资源的意义，在于能有效实现 $1+1>2$ 的效应，这也是赞助业务的精髓所在。

关于广交会招商组展模式的几点思考

董事会办公室　吴伟坚

总体而言，目前广交会摊位仍处于供不应求的局面，但按展期、展区细分则其参展效果、摊位供求却存在冷热不均的情况。如何保障广交会的参展效果，提升摊位的含金量是会展行业发展的重中之重。尤其当前会展行业的竞争正如逆水行舟，不进则退，更需要我们居安思危。这种形势下我们更要不断优化、创新，努力在招商和组展模式方面取得新的突破。

根据当前所作的调研，结合工作中的一些积累，建议在抓准参展商的核心需求基础上，以参展效果指数体系为突破点，建立一套科学量化、决策支持的业务数据模型，扎实做好底层运作的框架设计，逐步形成协同互动、持续优化的招商组展模式。具体建议如下。

一、以50个展区为对象建立参展效果指数体系，为招商组展确立量化依据

在整体供不应求的格局下，厘清哪些展区热销，哪些展区滞销，各自程度如何。参考国际会展效果评估指标和广交会自身特点，需建立展区参展效果指数。主要数据参数和计算方法建议如下。

（一）各展区参展企业平均可接触采购商数量

可通过登记报到时选择该展区的到会采购商人数除以该展区参展企业数量计算。一般而言，参展企业一届下来能拿到的采购商名片数量直接影响其对参展效果的整体感受。这一指标能从大的方面反映各展区之间效果差异，代表摊位的含金量。也可通过现有问卷调查的方式对该参数进行匹配和修正。

（二）展区一般性展位溢价比率

计算方法为市场平均交易价格除以与交易团的结算价格。尽管不断加强管理和处罚力度，但由供求关系决定的摊位倒卖情况依然会存在，这也从一个侧面反映广交会摊位的价值。因此，这个倒卖市场的真实交易价格也是展区摊位供求关系和参展效果最好的试金石。

（三）展区参展企业平均成交订单数

计算方法为该展区成交统计的订单数除以参展企业数量。成交统计为广交会特点，能在一定程度上反映参展企业的成交趋势。

（四）展区展位需求缺口率

计算方法为该展区申请摊位数除以每展区实际供应摊位数量。需求缺口率基本反映了我们目前实地展在摊位供给上的供求关系，反映出目前制约供给关系的瓶颈所在。

上述指标可按设计的权重加权计算，并与目前已开展的现场调研问卷情况相验证后，汇总得出各展区的量化参展效果指数，该指数能较全面反映各展区的实际供求关系和实际参展效果。再以此指数为全局工作的指导性依据，将展区划分为不同等级，如领先、优势、普通和待优化等，开展招商和组展工作。

二、以科学量化指标为依据，构建新型招商组展模式

广交会的招商和组展工作目前主要以服务对象为区分，国际联络部面向采购商，广交会工作部面向参展商，业务上分属不同条块，各自相对独立开展工作。这种方式运作有一定的局限性，使我们的招商部门对参展商的需求现状未能直接深入了解，而组展部门亦难以与采购商建立及时充分的沟通渠道。

要对目前的运作情况进行优化完善，就特别需要尽快建立展区参展效果指数这种贯穿全局的科学量化指标，作为指导招商招展业务的共同依据。以此打通条块束缚，理顺横向协同机制，再通过引进新的技术和服务手段，最终建立一套由广交会工作部和国际联络部为龙头，促进彼此协同互动，通过数据抓取实现持续自动优化的新型招商组展模式（如下图）。协同方式简要介绍如下。

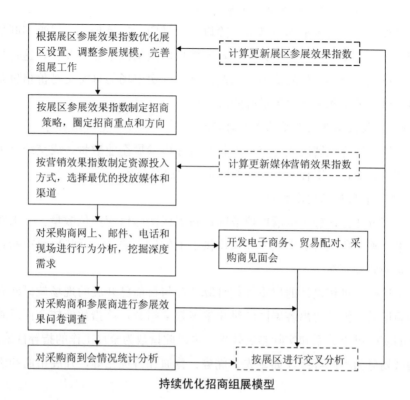

持续优化招商组展模型

（1）广交会工作部根据最新展区参展效果指数拟定展区等级，优化展区设置，与国际联络部共同设定招商目标。如处于领先、优势的展区，重点考虑优化参展商和展品质量，严格要求所在展区的参展企业达标率和更新率。对于供不应求情况突出，即参展效果指数超过特定标准的展区，可考虑拆分，加大专业化程度，或者适度扩容。如部分待优化展区，则考虑适当减少参展企业数量，或对关联展区进行合并，并对该部分展区的采购商提出倾斜招商要求，与国际联络部共同拟定培育目标和策略。

（2）国际联络部同样根据最新展区参展效果指数优化宣传招商策略。如处于领先、优势的展区，可采取巩固策略，在行业媒体投放和招商路线上适度控制投入资源和费用。招商资源重点考虑向待优化展区倾斜，针对这类展区所处的行业、采购商主要来源地和潜在市场，加大行业媒体和网站投放，拓展所在行业的合作机构数量，在出访线路和会议安排上力争邀请行业相关媒体和工商机构。通过针对性的细化、调优，完善目前全覆盖式的招商模式，使招商工作针对性更强，集中有限资源提升个别薄弱展区的参展效果。

（3）以展区参展效果指数为指针，由国际联络部和广交会工作部共同建立定期沟通会议机制，研究讨论各展区招商招展策略，包括新老客商构成比例、地域分布情况、有效媒体和渠道、展商构成、成交情况等，每届只选择一家专业机构总体规划设计可供交叉、双向分析的调查问卷。

三、以展区参展效果为衡量，力促招商精准化营销

采购商到会人数是广交会成功与否的关键因素，为此我们做了广泛、有效的宣传招商工作，包括电子邮件、平面媒体、网络广告、海外展会宣传、软文发布、机构合作和出访路演等，投入巨大，也取得了较好的效果。虽然目前各项工作都有统计分析报告，如每届采购商到会情况统计分析、海外媒体投放反馈报告和现场采购商调查报告，但大多数报告主要侧重于该项工作的结果和情况统计，采购商具体是从哪些宣传招商渠道有效获得的，由此到会多少，就难以得知。这说明采购商到会人数和营销渠道进行关联性分析的功能不强，较难反映当前我们在营销方面的"投入—产出"效益。因此，我们从优化宣传招商的角度，亟须制定出一套对营销工作进行定量分析的方法，以进行精准营销。可考虑以下思路。

（一）以参展效果指数中的参展企业平均可接触采购商数量为量化指标，评定营销效果和目标

每届宣传招商工作可根据展区参展效果指数，圈定招商重点展区，以此制定倾向性资源投放政策，对费用、数量、人力进行调配；会后再根据各展区采购商实际到会人数评定营销策略的有效性。根据多届采集的"投放—效果"历史积累数据，可进行建模关联分析，系统逐步得出各类媒体资源的营销效果指数，从而渐进提高下一轮营销投放的有效性和精准度。研究和建立这一循环优化的业务数据模型是关键。

（二）建立具有细分属性标识的营销媒体数据库

对已有的营销方式进行分类汇总，如电子邮件、平面媒体、网络广告、

海外展会宣传、软文发布、机构合作和出访路演等，细化以上分类中营销工具的属性指标，如某类刊物、某个网站或某个机构的地域性、行业性、影响力大小等，并记录每届投放费用。

这项工作通过数据的持续积累和智能分析，将逐步得出我们自己各种营销渠道的"投入—产出"效果指数，最终我们可以弄清楚哪些营销方式对老客商起主要作用，哪些更容易吸引新采购商，我们所投放的超过 150 多个媒体资源，在各个展区的招商效用是如何分布的，投入产出的效果如何，从而实现招商工作的精准化营销。

四、应用新技术新服务，为业务模型注入分析数据

广交会拥有超过 100 万的采购商数据库，但我们对其了解主要局限于国家、城市、性别、公司等个人基本信息以及用于邀请发帖的联系方式，部分有展区记录。但对于其中最具有商业价值的采购商所关注的展品、企业和采购意向等信息，我们尚未有深入研究策划和组织采集，这是一个很重要的缺憾，也是限制广交会今后向纵深发展的一块短板。

因此，我们应当尽快布下天罗地网，真正深入地了解我们赖以生存发展的客户。构建这样一张网已经有成熟和先进的技术手段，并且在诸多行业得到成功应用。例如，我们在上网买书的时候发现网站推荐您恰巧喜欢阅读的书籍，电话购物的时候，推荐您也感兴趣的物品……这些都是通过对客户的消费行为进行长期跟踪分析的结果。同样，我们从现场、网上等业务服务过程中，持续、系统地跟踪采集采购商的行为数据，再把这些数据不断充实到上述的展会招商招展的业务模型中，按展区进行智能关联性分析，就可以不断更新修正参展效果指数，并分析产生展区关联度等系列重要指标，以此形成持续自动优化的循环模式。目前，可考虑从以下方面开展采购商行为跟踪分析工作。

（一）网站应用

在目前最多采购商使用的 Best 系统和 Search 展会查询系统设计开发采购商行为跟踪功能，记录每个登录采购商或潜在采购商关注的产品、企业情况、发布的供求信息。

（二）呼叫中心服务

通过人工坐席、邮件、留言等深度沟通方式，重点记录采购商咨询、投诉等内容，与统一的采购商数据库互联互通，成为客户行为分析的重要补充部分。

（三）展会现场

重点研究在门禁系统和手机移动终端两方面的应用突破，利用 RFID 和无线 WiFi 定位技术监控采购商馆内的行踪，采集展区停留时间、采购路线等数据。

（四）电子商务

通过为采购商提供个性化有偿增值服务，如电子商务、贸易配对、采购对接和现场见面洽谈等，深入发掘采购商的采购需求、周期以及后续贸易成交等信息。

通过以上方面的海量数据，运用数据仓库技术建模分析，可以分析出各展区的相关性、各国别地区采购的行业产品分布等深度价值的商业数据，一方面为电子商务运营打下坚实的基础，另一方面实现招商招展模型的自动优化完善。

上述建议主要考虑招商招展工作全局性的框架和流程设计，作为设想供大家讨论参考。相关核心指标的制定仍需业务部门结合实际情况研究细化。

关于广交会"创新驱动"的思考

董事会办公室　吴伟坚

广交会在过去、现在和将来都处于外贸中心事业的核心地位。过去的 10 多年，广交会抓住历史机遇，不断改革创新，质量和规模得到了蓬勃发展，为外贸中心成为世界会展业领先企业奠定了牢固的基础。当前，国际产业、分工和消费格局将出现深刻变化，外贸驱动的红利不复存在，会展业的竞争日益激烈，广交会蓬勃发展的势头遇到新瓶颈，如何才能实现再次腾飞？实践证明，唯有因势利导、创新驱动，才能破茧而出。因此，广交会如何"创新驱动"是需要我们长期研究的问题。

创新驱动的发力点

创新驱动要抓住两个发力点。一是客户资源和隐藏其内的需求，二是有效满足客户需求的方式和手段。

广交会最核心的资源应当锁定在客户资源，尤其是数十年积累的有品牌黏性的优质客户资源。作为一个混业经营的基地展览公司，我们拥有的展馆、资金、人才、行政等众多资源都是为了满足客户的需求而存在的。因此，把客户资源打造为核心竞争优势，牢牢抓住并坚持这个竞争发展的着力点，是推动外贸中心会展航母加速前进的核心动力。

广交会盈利模式的本质是为满足客户需求提供了有效的实现手段。当前的主要方式是以"现场展览"来较为有效的满足外贸供采双方洽谈成交的需求。因此，只要抓住"满足需求"的本质，着力创新"方式和手段"，就可以创造更大的发展空间。

256

客户资源的开发思路

广交会的客户资源包括参展商和采购商，其中采购商是广交会的生命线，是我们研究的主要对象。现有历史积累的采购商数据约为 100 万，设想可分为两类目标客户（须经科学分析确定一个划分期限，下文假设为两年）。

第一类为两年内曾经到会的采购商，属于活跃客户。活跃客户重点在于"提炼"。在不断提升广交会质量的基础上，主要通过延长展会贸易服务链条，深化客户关系，提升客户的满意度和黏性，拓宽活跃客户的开发价值。

第二类为两年内未曾到会的采购商，属于沉寂客户。沉寂客户是 100 万中的大多数，这个群体重点在于"激活"。对于这部分有真实采购需求，但最终由于各方面原因，没能从现场展会得到有效满足的客户，应主要通过创新贸易方式和手段，提供多元化服务等措施，使客户差异化的需求在外贸中心一揽子贸易解决方案中得到满足。应考虑向这部分客户开放广交会以外的中心旗下自办展、合办展、电商业务甚至展馆的经营业务，通过二次开发来充分激活沉寂客户的价值。

客户从活跃到沉寂是一个动态过程，没有明显的划分界限，我们的客户资源开发工作就是要尽最大可能维持客户的活跃程度，增加客户黏性，使其各种潜在的需求都在中心创造的价值链条上得以有效满足，以避免最终完全沉寂。

创新的两个方向

现在看来，广交会在相当长的时期内依然会是最有效的进出口贸易平台，是外贸中心的主要依存力量。但是，从长远发展来看，我们需要在此基础上尽快发展出新的增长极，及时应对由信息技术浪潮、贸易市场工具多元化以及产品生命周期规律带来的不可回避的冲击。

广交会作为实地展览有两个最突出的特点：一是其具有时间和空间高度集中的、面对面的贸易方式；二是其主要处于客户洽谈和达成交易为主的贸易环节。下一步创新的思路可以尝试对现有模式进行互补和拓宽，具体有以下两个方向：

一是创新多元化贸易方式。可以尝试把服务时间从 15 天拓展到全年——依托各类移动终端、把大空间划分为小空间——举办小型买家对接会、把现场面对面延伸到互联网——提供 B2B 电子平台、把 VIP 服务点拓展到产业集群区——大客户专场采购会。通过对广交会大集中的模式进行互补，提供多元化的细分贸易方式，可以满足更多客户尤其是沉寂客户在时间、空间、规模、门槛等方面的差异化需求。

完善创新各种贸易方式，就是为客户需求提供更多的选择，减少客户被同质化竞争分流，最大限度地把客户留在我们的业务链条之内。

电子商务公司的成立就是我们在创新贸易方式上的重大突破。其意义不仅仅在于增加新的经济增长点，更重要的是顺应时代发展趋势，主动应对因第三次工业革命引起的贸易方式的深刻变革。无独有偶，中国最大的商业连锁企业苏宁，在霸主地位依旧无可撼动之时，更名为苏宁云商，打造"苏宁易购"全面发力电子商务，创新网上虚拟和实体店协同运作的连锁模式。

二是拓宽贸易链条的盈利环节。把盈利业务从展会环节上溯到市场分析、外贸咨询环节，向下延伸到设计、认证、交易、物流、金融、保险等配套服务环节，甚至拓展到外围的酒店、商旅、购物等衍生环节。

PDC 项目、会议论坛就是广交会在贸易链条上进行的实质性开拓创新，也许短期而言这些非主流利润点从单个项目看规模不大，但是长远看来，将产生累积的"长尾"效应。更重要的是这些贸易链条上的拓展延伸将对我们主业的巩固和发展起到强有力的支持作用。

客户价值开发的方法和工具

在信息时代，客户价值的开发可以在以下三种管理方法和工具上进行创新突破，分别为大数据、客户关系管理和数据驱动型业务创新。

大数据概念这两年很火爆，被誉为改变世界的技术之一，这种技术可用于对客户及其需求进行深度了解和挖掘，并作出科学的决策分析。大数据的核心在于"大"，就广交会而言，纵向的"大"在于时间延续性的积累，横向的"大"在于信息全面覆盖。广交会客户数据我们一直在采集，但存在一些需要改进的重要问题。数据采集的面较窄，主要集中在展会邀请报到等相关环节；层面不深，信息内容以公司基本资料为主；数据存储分散，不同的业务数据成为信息孤岛掌握在各部门手中；可追溯的时间有限，缺乏长期积累的历史数据。从客户数据资源整体状况来看就是不"大"，仍处于粗放阶段，与外部先进水平相比有很大差距。

所谓实现大数据，简而言之就是把与客户交往的所有细枝末节都集中记在一个方便查阅的本子里。这是一个细致、烦琐、基础的系统工程。大数据的建设首先要达到这样一个阶段，通过这一建设，我们可以轻而易举地了解到任何一个客户到会了多少届，关注什么产品，接触了哪些企业，有咨询过什么问题，有没有投诉或者被投诉的历史，住哪种档次的酒店，在哪个展区停留的时间最长，有没有使用优惠去消费……而所有这些信息，我们需要通过设计业务流程，从现场、网上、电话、邮件、短信、无线定位、数据共享等方面进行采集、汇总、加工，最终才能深入了解到每一位客户，真正从他的行为中挖掘到深藏其后的需求。就如同当你在网上购物的过程中，惊讶于网站为您推荐的称心如意的商品，这就是大数据发挥的威力，很可能大数据会比你更了解自己的需求。

客户关系管理（CRM）早已不是新事物，已经在服务行业得到了广泛的成功应用，主要解决的是客户黏性的问题。先来理清一下容易混淆的"客户数据"、"客户关系"、"客户资源"等概念。我有你的名片（数据），但彼此不熟悉。然而我通过主动联系拜访、邀约活动、分享信息等方式，发展了我们的关系，最后你决定购买我公司的产品，真正成为客户。也就是说，数据通过发展良好的关系才有可能转化为客户，其中关系发挥着核心作用。

客户黏性是客户关系的衡量指标。黏性的提高在于创新完善服务，形成良好的互动，不断提升满意度。我们与客户的关系可以考虑从以下三个层次渐进发展，不断紧密。

首先，最重要的就是在核心需求区域的服务完善和创新。譬如我们的采购商和参展商 VIP 服务计划、PDC 设计和贸易中心就是这一类，根据前文所述的两个创新方向，推出更多有针对性和特色的服务内容，满足客户的洽谈、成交及其延伸需求，这个层次的目标就是把那些有可能被同质竞争分流的老客户留在我们的服务链条之内。

其次，是展会附加价值的服务创新。例如，我们感觉中国移动的服务好，不仅仅是通过在移动通信方面获得的，感受可能来自于它在机场的易登机服务或者日常举办的高端文化讲座。也许这些附加服务你从来不曾使用，但是你能感受到来自企业对客户的关注和用心。我们也可尝试学习这种方法，为客户提供愉悦的附加服务，增进彼此的互动关系。例如，可否利用政府关系和本土地利优势，为客户争取"广交会地铁多日套餐卡"，或以时下流行的团购方式搞"小蛮腰之旅"、"长隆之夜"、"泛舟珠江"等客户活动，或策划推出天河城、广百、友谊、太古汇等商家的餐饮购物优惠联盟等，通过类似活动既可以充实客户的商旅生活，又能够带动当地的经济消费，最重要的是体现了我们对客户的关怀，增加了彼此互动的机会。

再次，要开发和建立社区。社区的概念是指人们实现彼此交流互动的生活单位与空间，这里包括了现实和网络空间。社区的前景有多大？2011年知名社区网站Facebook的估值曾经高达900亿美元，超越亚马逊成为美国互联网企业中仅次于谷歌排名第二的企业。抛开估值合理与否，这给我们带来一个发展趋势的启示。依靠某个共同圈子的人与人的互动，将开发出更多的价值潜力。

对我们而言，建设"社区"就是一个把服务由企业客户向个人客户的深化过程，这又产生了一个新量级的广阔发展空间。以2.5万家外贸企业每家4个从业人员进行简单计算，就是10万个人客户的规模。为这些有共同事业领域、知识结构、从业经验和生活话题的人群创造彼此沟通交流的渠道、空间和服务，建立"外贸人社区"。针对这个社区的群体，可以在各地举办"外贸企业家论坛"、"外贸经理专家讲座"、"外贸业务员培训与认证课程"乃至外贸人员的中介服务；提供外贸政策、国际市场分析、海关统计数据、经验分享等外贸资讯产品等，促使外贸人群乐于在我们创造的空间中充分交流与分享。而我们能从社区中得到的回报，不仅仅是客户对我们的信任和依赖，甚至可以从客户交流的信息中开发出各种带来收入的增值业务。例如"福步论坛"专注于外贸人群，从提供交流分享经验的BBS发展起来，2012年注册会员到达100万，通过客户资源与各方合作，为外贸人提供一站式服务。这个论坛每逢广交会都会推出专栏，成为参展商人气最聚集的地方。其实，外贸人无不知广交会，可以说广交会就是外贸人心中的一座丰碑，以中心今日的地位、品牌和资源，一个巨大的外贸商业社区有待开发。

数据驱动型业务创新和传统业务创新的区别主要在于以下两方面。

一是业务创新（项目和产品）有量化科学的方法。其实就是在大数据基础上利用数据挖掘技术，把已经广泛搜集的个别需求进行汇总分类，得出一个共性的规模需求，再与已经了解的市场情况和具备的资源进行综合判断，就可以做出是否具备商业开发价值的较为科学的决策判断。这种新的开发方式主要依靠定量分析，比传统依靠经验或抽样调查的定性分析方式更为科学准确。

二是业务推广可实现精准营销。由于业务源于单个客户的需求，所以可以清楚的知道适合用什么方式、向哪些群体、以何为卖点进行宣传推广，从而提升营销的精准性。再加上由客户关系发展而来的品牌信任以及黏性客户的相互影响，会为业务推广带来额外的效果。

举个例子对上面的描述进行说明：譬如近期我们通过邮件、呼叫中心和网站查询的汇总信息，发现市场上有部分中山小榄厂家想打开巴西市场的需求，于是我们可以利用大数据，把产地设定为"中山小榄"，终端市场设定为"巴西"，根据生产产品和采购类别进行数据聚合，就匹配出相应的厂商和采购商范围，如达到一定规模以上，我们便可考虑策划一场"中山小榄—巴西市场对接会"，随后通过邮件、短信、网站在圈定的客户范围内进行有针对性的宣传推广，并在社区中进行主题邀约活动。这样整个项目的策划和营销就在数据驱动的模式下完成了。

"大数据＋客户关系管理＋数据驱动型业务创新"是信息化时代客户价值开发的方法论，它的优势和价值将随着数据的建设、积累逐步显现出来，将会是未来各个行业竞争的重要工具。

广交会求新求变，既是展会自身生存发展的需求，更是中国外贸转型升级的要求。只有抓住创新驱动、转型升级，积极落实国家领导人提出"更有特色、更有影响、更有成效"的期望和要求，广交会才能在新时代再创辉煌。

看看汉诺威　想想广交会

展览总公司　霍瑞

此时正值第 111 届广交会第二期开幕，回想自己前些年参观汉诺威工博会时的所见所闻，不由得将两个展览加以对比。

相似的名称和办展初衷、一样的国家所有

汉诺威工博会的德文简称是 Hannover Messe，广交会的英文简称是 Canton Fair。可以说是约定俗成，两者的地点即代表了展览的名称。首届汉诺威工博会在 1947 年举办，目的是为了在第二次世界大战后尽快恢复经济，通过展出被官方称作"德国制造"的产品来发展出口贸易。广交会则是在 1956 年为了突破贸易封锁、赚取外汇而创办的。两者的起源何其相似。

汉诺威工博会的主办单位是汉诺威展览公司，其 4 个股东分别为下萨克森州政府（49.832%）、汉诺威市政府（49.832%）、不莱梅市政府（0.207%）和汉诺威大区政府（0.129%%）。广交会也一样，百分百国家所有。

先看看汉诺威

汉诺威工博会于每年 4 月中下旬举办。因为不同题材的举办周期不尽相同，单年为大年，净面积约 20 万平方米左右；双年为小年，净面积约 15 万平方米。以 2011 大年为例，共有 6 500 家企业参展，净面积达 22 万平方米，到会观众约 23 万人次。当届包括 13 个题材，分别是 8 个单年展（工业自动

化展、能源展、混合驱动及能源移动存储技术展、线圈技术展、数字化工厂展、工业零部件与分承包技术展、微系统技术展和研究与技术展）和5个双年展（动力传动与控制技术展、风能展、电厂技术展、表面处理技术展和真空与空压技术展）。

一、发展中的大事件

1947年第一届汉诺威工博会开幕，展品范围几乎涉及了当时德国所有的工业领域。这是与当时工业水平和展览市场相适应的。经过60多年的发展，其涵盖的产品范围也在不断变化。例如，目前世界最大的信息通信展CeBIT，就是从1970年开始的"办公室工业"展区，于1986年独立出来的。而目前的柏林航展也曾经作为工博会的一部分在汉诺威举办了30年，于1992年正式迁往柏林。

二、题材布局有需要就调整

每届汉诺威工博会都会在题材布局方面有所调整或创新。例如，2008年增加了电厂技术展，2009年新添了风能展。2010年设立了线圈展和能量移动存储技术展，后者在2011年改为混合驱动及能源移动存储技术展。到了2012年，这个子展则进一步升级为热门的新能源车辆展。这些都不是全新的领域，是随着应用技术的不断进步和工业产品的不断细分，从能源展中衍生出来的针对特定工业领域的题材。汉诺威敢于如此自信地频繁调整展区，关键在于其能够准确地把握技术发展方向和市场需求变化。

三、形散神不散地向前发展

汉诺威抓住了工业生产的核心——自动化，同时覆盖了能源、动力传动、零件分包等应用范围和市场需求都较大的工业领域。在上述各个展区，技术可以共享，产品可以互通，展商与展商、展商与观众互为客户。汉诺威展览公司不是技术专家，但是他们与德国工业联盟（BDI）、德国工程联盟（VD-MA）和德国电气电子制造协会（ZVEI）有着深度合作。同时，重要的参展企业，如西门子、ABB等，成立了参展商委员会，对展览会的发展起到了重要的谏言作用。可以说，汉诺威是跟着行业走、带着企业走。

四、国有的就是要为国家服务

汉诺威每年都会选择一个国家作为工博会的合作伙伴国，同时开放更多面积给该国企业，举办众多相关领域的多边投资论坛，签署国家级的合作文件等。例如，2012 年的合作伙伴国就是中国。汉诺威为此整合了部分原有项目，新增了绿色环保技术展和新能源车辆展两个题材，既符合行业潮流，又针对中国市场，可谓对症下药、一举多得。俄罗斯是 2005 年的合作伙伴国，普京与默克尔签署了一项价值 30 亿美元的俄德能源合作协议。

五、关于专业技术的通俗理解

我们对科学技术的复杂概念比较陌生，总觉得工业题材展览的每个领域都很难懂。的确，我们缺少专业技术知识，但是这并不妨碍我们理解技术分类与展览题材的关系。

汉诺威通过各领域专业展相对独立地发展，到今日整合成一个庞大的工业博览会，最突出的两个特点就是新技术和自动化。简单来讲，技术是在运用自然科学解决实际问题时引申发展出来的自成体系、相互作用的应用科学。往往因为有了新的实际需求，老技术通过优化原有解决方案、借用其他领域技术或发展自然科学理论，得到完善与提升，进而演变生成新技术。一个企业对不同技术的需求也是多种多样的，要做到规模化或标准化，必须实现生产自动化，从而提高生产效率，降低成本，减少人为误差，降低废品率等。规模越大，集约因素越多，生产流程越复杂，对自动化的要求就越高。汉诺威工博会自创办之日起，各子展就随着工业和市场的发展而不断增减、独立或整合。前述的两个特点作为核心要素有机地延续了其总体脉络并联通了所有展区。

总体上，汉诺威工博会根据世界发展潮流、德国领先技术及国家战略需要，按照以核心工业技术为主体、不同应用领域为形式的发展模式，通过大的项目分拆和小的展区调整，保持着非常活跃的创新能力，可谓不断与时俱进。

再想想广交会

广交会的举办背景、重要意义和国际影响我们都已经非常了解，这里不再赘述。回首广交会几个重要的时间节点，2002 年春一期改两期、2003 年秋两馆两期、2007 年春设立进口展区、2008 年秋两期改三期。直到 2011 年秋交会，总展览净面积已达近 53 万平方米，展商近 2.5 万家，到会客商超过 20 万人，题材涵盖了中国出口商品的主要类别。总的来讲，广交会近些年的发展思路基本是以时间换空间，不断扩大展览面积，努力实现各展区在规模上的专业性。

通过仔细观察汉诺威工博会，可以非常清晰地看到一个综合性专业展成功的发展路径。对比熟悉的广交会，我们可以有一个借鉴的思考方向。

一、专业是骨架，综合是外表

汉诺威工博会的各个题材都在其相关领域占据着世界领先的位置。各题材的组织都是以专业性考虑作为基础，同期排布只是因为这些题材能够产生聚合效应。广交会是不是可以通过适当减少部分弱小且相对游离的题材，进一步做大做强几个核心领域？少点分散，多点聚焦，不用大而全？

二、行业是核心，市场是导向

汉诺威工博会不同题材的行业规律不同，举办周期也不同。单年展基本上是技术更新较快、市场需求较大的题材，双年展则是技术相对成熟或在短时间难有突破性发展的题材。相同的产品或技术也可以根据市场需要的变化组合生成不同新的展区。广交会是不是可以根据各行业的需要确定各题材的举办周期？部分展区是不是可以根据不同的终端需求重新加以整合？不用整齐划一？

三、贸易是基础，沟通是重点

根据德国展览业协会（AUMA）对汉诺威工博会的展商调查，绝大多数企业将参展目标量化分解到四个方面，按照其重要顺序依次为提高企业认知、获取新客户、展示产品和招呼老客户。实现参展目标的核心是与客户进行面对面的沟通。西门子参展难道就是为了看样成交？这太难以想象了！广交会是不是可以突破简单贸易对项目发展的禁锢，除了规模，再多一点专业性的元素？成为行业的多元平台？

四、发展是内因，独立是选项

信息技术脱胎于传统工业技术，CeBIT 脱胎于汉诺威工博会。广交会是不是可以分拆出几个具有独立发展需求和明确市场前景的专业展？通过破与立、分与合，突破瓶颈以谋取更大发展？

广交会因为其特殊背景，过去的成功让人望而却步，短时间内实现变革难度很大。这里只是提出自己的一些片面理解，也是个人对中心的美好期望。

简而言之，综合性是广交会的优势，但专业性更有前途。广交会完全有能力成为多个行业的多元专业平台，以贸易洽谈为基础，兼以品牌展示、潮流发布和行业交流。这样可以扎根于行业，用行业的进步来推动展览的提升，并在一定程度上规避贸易波动的风险。

从某种意义上来讲，企业参与市场竞争是一项基本权利。想想中国移动、联通与电信的分分合合，中石化与中石油的划江而治，这些涉及国家安全与国计民生的行业，已通过公司化来建立市场机制。广交会的产品基本都属于充分市场竞争的行业，采取顺应市场需要的办会方式更有助于发展。广交会若能华丽转身，外贸中心未来要实现大发展也就迈过了最难也是最容易的一道坎。

展览出版物调查与对比分析[①]

展览总公司　张冬云

概　况

一、分类

按功能可区分为：招商宣传出版物（包括预告与回顾）、获得客户资料的出版物（包括参展申请与参观登记）、发布信息的出版物（包括名录和展区平面图）、定期出版物（包括展览日刊和期刊）和向导手册 5 种。其使用贯穿了一个展览从筹备、举行到结束后的各个阶段，如下表所示：

使用时间	出版物名称	出版目的	广交会对应出版物
筹备期间	回顾	回顾上次展览的成功举办	
	期刊	加强与客户的联系	
	展览预告	预告展览的举办	客商与会指南
	招商册		宣传画册
	参展申请	给参展商申请展位用	无（现为网站电子申请）
举行期间	参观登记	取得客商资料	来宾登记
	名录	查找参展商资料	参展商名录
	日刊	发布每日信息	广交会通讯
	向导手册	帮助客商参观展览	客商与会指南
	平面图	展览现场指引	展区平面图

[①] 展览出版物在展览会中的作用不容忽视。本文以 8 个国家（地区）20 个大型国际展览会逾 50 份展览出版物为研究对象，了解各类展会出版物概况，并与广交会出版物作对比分析，以期取长补短，有所启发。

二、形式

各类出版物规格多式多样，有的厚达一公分以上，有的一页单张；有的A4大小、风格正式，更多的却是风格活泼、大小不一而足（如大幅展区图类会被折叠成方便携带规格），并体现出一个明显的趋势：外观越来越精美，纸质更优良，色彩更丰富，附有更多的生动图片。一些出版物设计还带出了人性化的潮流，无论是栏目顺序还是标题设计，处处从阅读者角度出发考虑。

出版物风格还因展览题材不同而有所区别。消费品、工艺品展览由于当季的潮流和设计者的意念是展品是否有吸引力的关键因素，出版物也非常讲究创意与形象，尽力表现本行业的最新潮流。其标记可能和展览本身没有任何关系，却表现了其独特之处或核心意念。如巴黎消费品展的明信片和网页封面都是同一幅图片：一个仰头荡着秋千的长发女郎。

出版物的精美细致使阅读者倍感受到重视，人性化的设计还能使展览主办方与各类客户保持良好关系。出版物的多样化和形式的改进，是展览主办方在展览发展过程中根据实际效果，以及客户品位的提高、需求变化等不断调整的结果，从一个侧面反映出了展览业发展的成熟和竞争的激烈。

三、发布渠道

各类出版物的发布渠道有四种：一是在其他相关展览的现场，或者在某些存在大量目标读者的商务活动场所免费派发；二是向老参展商和老客商邮寄；三是订购或在现场付费购买；四是在展览现场派发。一些导向、指引等有关展览场所的信息通常会在展览举办现场，如来宾登记处、入口处或咨询处派发。

个别特殊方式：如巴黎消费品展出版一种明信片，以上述第一、第二种方式送达客户手中，并期望该客户将明信片转寄给生意朋友，针对性强，并有效扩大了受众面。

四、费用

展览主办方有两种直接通过出版物获得收入的方式：一是该出版物须付费购买，二是刊登收费广告。需付费购买的只有参展商名录，参展商名录除了免费派发给部分参展商外，都由客商付费。付费刊登广告与其说是出版者为了获得收入，不如说是为了满足客户通过出版物宣传的需求。

可见，为展览服务仍然是出版物的第一目的。出版物的费用，通常都放在组展成本中去考虑，成本与展览规模成正比。越是大型的展览，越是需要通过多种类型的出版物、多个渠道去接触客户，信息发布，费用也越高。

各类出版物的分析及其与广交会出版物的对比

一、招商宣传出版物

这类出版物主要在筹备阶段使用，也可用于开幕期间现场派发。

（一）展览预告与回顾

预告（preview）内容包括展览时间地点、展区展馆简介、印刷物预订、各馆简介、交通等；回顾（review）内容包括各类统计数据，各展区、各类来宾及参展商有代表性的赞扬。预告侧重于发布最新信息，回顾则侧重于通过展示上次的成功而对展览进行宣传。

广交会的出版物中与展览预告对应的是客商与会指南，没有展览回顾的对应出版物，只是在广交会的宣传画册中有部分类似于展览回顾的内容，例如列举上届广交会的统计数据等。广交会已有50多年历史，举办时间与举办地点相对固定，如果我们定位目标是老客户，对出版展览预告的需求不是很大。但如果我们希望画册能吸引对广交会毫不了解的新客户，还应提供每个展区有多少参展商、每届有多少采购商到会、来自哪些地区等信息。这些统计数据是新采购商判断一个展览吸引力的关键指标。

（二）招商册及其他宣传单

招商册展示出一个展览的定位、概念，内容包括一切有吸引力的、优势的展会因素，如主、承办或协助机构、场馆、宣传等。对定期举办或已有悠久历史的展览而言，招商工作往往包含在常规宣传当中，如宣传小册子或宣传单。这类出版物形式多样，根据各个展览的特点设计外观和内容。

广交会承担这一功能的出版物是广交会宣传画册。内容包括展会简介、展会功能和展会服务等，最后一页还附上客商与会指南、情况简介的单张和上一届的光盘。这本画册的特点是：历史图片比较多，体现了广交会的历史地位；无论封面还是内页，除了必要的图片与文字外，留空多，色彩通常较庄重，显得非常简洁。但简洁的另一面就是传达的信息量不大。广交会是个综合展，下设多个展区，没有哪个采购商是对所有展区都感兴趣的。如果一个玩具买家翻遍一本小册子，只找到玩具的展出时间段、地点两个有效信息，而参展企业数、参展的领头企业、本国前往采购的买家数量等关键参考信息都没有，很难让他作出赴会决定。可考虑按相关行业归类，设计一系列更详尽、更有针对性的宣传小册子或单张（如电子家电单张），以吸引新的专业买家到会。

（三）参展申请

参展申请表格实际上就是一份展览主办方和参展商签订的格式合同，是明确参展商与主办方之间权利义务的一个凭证。广交会展位通过网站在线申请，参展商与展览主办方订立规则的凭证主要是展位使用责任书。

（四）期刊与展讯

两者都在非展览举办时期出版。目的是维持与客户的联系，稳定原有参展商和客商，并争取新的参展商和客商。内容除了展览本身的必要信息外，还会有行业资讯、生活、时尚等围绕展览的一些其他信息。广交会没有此类刊物。

二、展览举办期间使用的出版物

这类出版物包括参观登记、名录、展览日刊、向导手册以及展区平面图单张等，针对性和目的性非常强。

参观登记、参展商名录和展区平面图三种最基本的出版物广交会都做得较完善。下面通过知名展会的样刊，对向导手册和日刊进行分析。

（一）向导手册

向导手册，英文名称为 Guide Book、Pocket Guide、Show Guide、The Little Black Book 等。50％以上的国外大型展览都会出版这种专门向导功能的小册子，其最明显的特点是体积小，非常适合放入口袋，可一边翻看一边参观展览。

以伯明翰春季消费品展 Little Black Book 为例，规格为手掌大小，内容分为"做好准备 Getting ready"和"在展览现场 At the fair"两大部分，包括对该展综合实力的简述、开放时间及登记时间、各展区介绍、当地交通食宿资讯、馆内餐饮咨询点、参展商名称与展位号列表和各展馆单独的平面图、整个展览平面图等，不仅涵盖展前准备的所有内容，而且展览现场的内容也十分丰富。该手册的成功之处不仅在于其内容包罗万象，更在于编排合理和人性化风格。许多栏目都以照顾客商感受的语句开篇；在各馆参展商名称列表中，每页或每隔一页都会有小块的空白，留给客商边参观边作记录。

广交会对应的出版物也是《客商与会指南》。内容有：展会简介、展期与展品、申领请帖、办理签证、住宿与交通、报到登记等，内容大多属于展前准备部分，展览现场的内容比较薄弱。

（二）展览日刊

展览日刊中的代表是香港贸发局出版的 Daily Issue。贸发局主办的展览一般都会每天出版一份日刊。各展览都有自己的徽标和主体颜色，因此不同日刊虽然规格与印刷风格统一，读者仍可轻松分辨出所属的展览。日刊的规格较大，总页数约十页。封面是最重要的致辞或评论，以及开幕期间的日程安排如会议、讲座、表演等。内页则包括交易团、商会、客商等各界的赞誉、最新款式的展品简介、商务、餐饮、旅游服务等信息、香港贸发局展览排期和广告。展览日刊从封面到内容都是彩色印刷，附有大量的图片，文字、栏目之间间隔宽松。这些特点都给读者以良好的阅读感受，同时又能从中获得有用的商业信息，是展览主办方和参展商、客商之间沟通的桥梁。

广交会对应的出版物是《广交会通讯》。目前广交会通讯的职能是"管理工具、服务指南"，相比之下，内容和形式都比较简单，重管理而轻商务。

综上所述，展览出版物为展览服务，它与展览的整个组织工作浑然一体、密不可分。展览主办方通过发行出版物连续不停地宣传展览、发布信息的行为，贯穿了展览从筹备到结束的全过程。

一 些 思 考

一、关于出版物的费用

俗话说人靠衣装，我们不需要一味地追求出版物的豪华精美，但的确需要有一套风格统一的、与广交会的水平相符的出版物。国内展览和国外展览之间有一个很明显的差别就是在出版物的投入上。可将广交会出版物的成本纳入到组展招商成本中统筹考虑，通过加大投入来提高档次。另外，在不破坏出版物功能与风格的前提下，适当引入广告，也是解决资金来源的通常做法。

二、关于出版物的服务对象

从为参展商服务角度看，广交会的出版物有参展手册和广交会通讯，基本能满足参展商的需求。但在采购商服务方面，广交会的出版物还有可提高之处。目前，我们有广交会宣传画册、客商与会指南、名录和展区平面图四种，在采购商现场向导方面还是空白。

三、关于展览出版物的其他作用

在所收集的各类展览出版物中，都可见到一些如酒店、旅游、住宿、展览预告等信息。这不仅是展览主办方为参展商和客商提供的资讯服务，同时也是对自身渠道资源的利用。广交会可通过印刷物更多地宣传外贸中心所能提供的其他服务。

关于专业展会采购商邀请的思考

展览总公司　叶志群

采购商是一个展会的生命线，如何邀请到高质量的采购商，一直是展会组织者最关心的问题之一。邀请采购商是篇大文章，需要做的事情很多，可以采取的方式方法有不少，宣传推广组合五花八门。在探讨如何做好采购商邀请工作之前，有必要厘清几个概念。

如何评估采购商状况？

数量多寡是评估采购商状况的唯一标准吗？采购商的质量又如何界定？

一般而言，人们很容易单纯以数量的多寡去衡量一个展会的采购商状况，但展会的效果往往体现在是否达成贸易意向，是否实现了解行业信息、产业发展趋势的目的，是否与业界人士实现有效交流。因此，展览平台的供需双方是否匹配，能否产生更多的关联，才是展会存在及发展的根本。匹配本身就反映了采购商的数量与质量的动态平衡，但匹配不是一个简单量化的指标，我们该如何衡量呢？通常我们需要数据报告的支撑，具体到人数、地域、停留时间等指标，有的展会还统计成交量。一般会将近几届的相关数据进行比较，才能对采购商到会的状况及趋势有个比较全面的认识。同时也要借助调研，通过对参展商、采购商、行业商协会等各方的情况调研，从而对展会采购商的状况做出一个较为全面的评估。

决定采购商到会的因素有哪些？

宣传推广是决定因素吗？是否多花钱、多打几个广告就管用？

一个展会能否对采购商产生吸引力，是一件复杂的事情，涉及的因素很多。第一，有什么可看，这是首要的。参展规模、展品具有可看性、龙头企业阵容、吸引业界的同期活动、权威性的评奖等构成核心吸引力。第二，宣传推广的力度。是否广而告之，让该来的人都知道了？宣传推广的方式、途径是否正确，是否奏效？第三，友好的现场服务。是否有便捷的公共交通到达展会？进场是否方便？现场指引是否清晰？别小看这些鸡毛蒜皮的小事，当服务上的瑕疵超过采购商可以为达到其首要目的的容忍程度时，服务就有可能是导致采购商不到会的直接原因。邀请采购商其实是一盘很大的棋，需要发挥协同效应，只有将可看性、宣传到位和没有明显瑕疵的现场服务等几方面结合在一起，环环相扣才能发挥最大效应。

如何有效邀请采购商?

邀请采购商既然有那么多事情要做，是抓胡子还是眉毛？

一、抓住采购商的三大来源

毫无疑问，采购商首先是因为展会上有东西可看、可买而来的。就一般专业展而言，到会的采购商有三大来源：参展商邀请、行业口碑、主办方邀请。抓住这三方面，就解决了采购商邀请一半以上的问题。因此，围绕这三方面，我们要有相应的措施。

（一）参展商邀请

主办方要持续吸引参展商参与到邀请采购商的工作中，特别是参展商中的龙头企业。例如：通过在主办方印制的邀请函上为参展商留出个性化宣传的空间，以提高他们在自有客商中更广泛发放展会邀请函的积极性；在特定地域联合参展商共同举行招商发布会；为参展商邀请的采购商提供增值服务等措施，让参展商更多参与到邀请工作中。

（二）行业口碑

这是一个比较复杂的问题，一般是参展商、采购商的反应、行业商协会的评价与认可、媒体的传播报道等的综合体，往往与展会效果有较大关系。

（三）主办方邀请

在展会筹备期内不同时段制作不同内容的宣传资料向采购商发放，除传统的纸质邀请函，电子版本也应用得越来越多，主要针对数据库内的客商。广义来看，主办方邀请还包括主办方通过商协会在其会员单位中的发放、通过行业杂志等媒介的夹发、夹寄资料等。

二、做好两件事情：告知与说服

告知，主要针对已有数据库内的采购商，他们已经来过展会，对这部分人要及时告知下届展会的时间、地点、新的变化等，以便他们及早计划自己的行程。说服，主要针对留住原有数据库中的客商及拓展潜在采购商，发展新的细分市场等。有时，告知与说服不能截然分开。这两件事情都需要把握好"对谁说？怎么说？说的效果"等几方面因素，只有解决好如何告知、如何说服的问题，采购商邀请才能取得效果。

三、相应的宣传组合、渠道选择

告知与说服离不开宣传组合、广告投放等的配合。在人力、财力等投入资源有限的情况下，抓住影响采购商到会的核心因素并就此采取相应的措施，合理配置资源显得至关重要。目前的宣传推广媒介众多，如平面媒体、网络媒体、户外广告等，传播范围也进行了专业与大众、国内与国外市场的划分，如何选择适合的传播方式是一个考验。在兼顾宣传面广的同时加强针对性是取得好的宣传效果的关键，例如在生产基地专门针对制造商的户外广告、针对某竞争展会在多个专业杂志（它们会在该展会上发放）集中广告投放等，这些都是经常采用的宣传方式。

采购商邀请是措施还是策略？

虽然采购商邀请在每届展会都采取了若干措施，但需强调的是，这是一个持续的工作，不是通过一两个措施就能一蹴而就的，因此，工作的计划性、连贯性就显得很重要。同时这也是个循环往复的工作，我们需要借助每届展会的数据报告、基础调研来及时调整，并不断修正我们的措施，无限贴近市场、贴近需求，从而使展会朝着健康的方向发展。

正确选取展览目标市场提高参展效益

展览总公司　宋明春

一、为什么要参加国际展会？

1851 年 5 月在英国伦敦举办第一个博览会，至今，国际展览业已经走过了 160 年的历程。由于其悠久的办展历史和经验积累，欧洲展会的专业化水准相对较高，很多专业展会，无论从整体实力还是在规模上，都居世界首位，展会对其本国的经济起到了巨大的推动作用。随着全球经济格局的变化，很多国际展览巨头，如励展展览集团、法兰克福展览公司、博闻展览公司等都纷纷加快了对亚洲和全球新兴市场的并购和开拓步伐，通过展览搭建的交易平台，已成为全球化的商品交易市场。

国际性展会不仅是企业展示品牌和形象的好机会，更是生产商、批发商、分销商交流沟通贸易的汇集点，调查观察有关信息的场所。帮助参展商、客商准确把握行业发展趋势，制订符合实际的生产、经营战略、策略和计划。全球最新的流行趋势和新产品也往往会选择在展会上进行发布。国际性展会是低成本的营销中介体，据悉，展会上寻找一个客户的平均费用，只相当于通过推销员推销、公关推销、广告推销等手段寻找客户费用的 1/6。它在市场营销中占有重要地位，发挥着重要作用。因此，现在有越来越多的国家和地区、越来越多的行业通过举办各种形式的商业展会，展示新科技和新产品，促进贸易与合作。

参加国际性的展会费用相对比国内高，又有语言的门槛，把很多没有实力的小经销商和厂家挡在了门外，减少了同行间恶性竞争、盲目压价的行为。对中国这样的全球制造大国而言，出国参展能减少像在国内的广交会那样多家比较压价的机会，很多采购商甚至也没有到过中国，对价格的敏感程度还停留在跟自己国家的产品进行比较的阶段。打个通俗的比方，就像钓鱼，到了稍远的很少有人去过的地方，当然容易有收获。

随着我国对外开放的日益扩大，越来越多的企业已经认识到了国际性展会的重要性，但是在如何选择一个最有效的国际性展会的问题上，认识却比较模糊，不少参展企业在海外进行的展览，往往历经坎坷，花费巨大，却收效甚微。究其原因，当然有产品、市场、包装、价格、广告和销售网络等多方面的问题，但是，展览不能达到预定的展览目标，却大多出于展览本身的组织实施问题了。因此，事先对展览会调查与市场调查，选对展会就非常关键。

二、如何有效的选择国际性展会？

（一）明确参展目的

赴国外参展是企业迈入国际市场的有效渠道，在选择国外展览会之前，首先要搞清楚参加国际展览会的主要目的：是宣传企业？还是通过展览会这个平台，获得更多客户，进而寻找自己在国外的代理商或是设立国外的分公司，逐步打进国际市场？是否想要介绍新产品或提供新的服务项目？是借此机会作为观众去观摩学习？还是通过展览来研究和开发市场？

尽管当前全球经济处于触底反弹的阶段，还有很多复杂的不确定的因素，全球频繁的自然灾害对经济的整体恢复带来了不少消极的影响，但是危中有机，企业要做好准备，积极应对，变危为机。有长远规划的企业更应该注重提升自身实力，应该宣传的时候要做好宣传。当经济形势一旦好转，买家想采购产品的时候，首先想到的应该是经常做宣传的企业。因此，在国际大环境下，选择合适的国际展会，接触到合适的目标客户，显得尤为重要！

（二）选定目标市场，做好相应的市场调查

有了明确的参展目的，进而要根据自身产品选择目标市场，即明确想要开拓的市场范围，并做好相应的市场调查，需要考虑以下几方面：

（1）要送展的产品在展览会即将举办的国家或地区有无潜在市场？

（2）如果收到订单，履约有无困难？

（3）能否迅速组织到需要的货源？

（4）在运输、付款、出口等许多方面是否有障碍？

（5）你的产品若销往该展览举办地区或国家需缴纳什么样的税？税会不会太高？

（6）你的产品是否对许多行业有用处？

（7）是否需要特殊的产品认证？

（8）同时还要了解当地习俗、熟悉当地节日假期、市场的季节性及消费习惯等。

（三）详细了解展会规模和展览信息

明确市场后，要优选规模大、影响力强的品牌展。在目前全球经济危机的影响下，尤其凸显品牌展会的优势。如外贸中心（集团）已经连续15年组织参展的德国法兰克福春季消费品展，是全球最大、最重要的消费品展，2011年展览毛面积达到320 000平方米，净面积约180 000平方米，共有来自86个国家的参展企业达4 338家，来自世界各地的专业观众达144 000名，云集了世界上最有购买力的高素质买家，90％的展商对参展效果表示满意。我们发现往往在经济低迷时期，买家在考虑参观展会时，都会首先保证到世界一流展览的参观采购，所以该展自2009年的金融危机后，其专业观众反而还呈逐年上升的趋势。

因此，要尽可能多地了解目标展会的以下方面的详细资料：

（1）了解这个展览会覆盖的地区范围；

（2）了解展览会的办展历史、规模、影响力；

（3）参展商数量以及分布国家；

（4）专业买家数量以及分布的国家：平均分配到每个摊位接待客户的数量越高，则表明该展览会越繁忙，价值也越高；

（5）展出内容（每届主题）；

（6）举办周期、地点等；

（7）还要了解展览主办方的资质及上一届展览会的总体情况；

（8）展览会预订场地的费用；

（9）展览会时间安排情况。

展会的时间安排大有文章。首先要充分考虑到参展商、专业观众全年的时间分配和出差分配情况。在重大节日前后，国际买家一般不会选择出差。此外，在展览会结束之后的 1 个月内，要避免参展商和专业观众的假期。

（四）要尽量选择参加分类明晰、专业性强的专业展

对于有些被笼统称之为博览会的展览会，尽管展出的面积不小，规模也较大，但参观者的水平参差不齐，专业人士不多，这样的展览会，企业选择时要慎重，切忌盲目参展。为更好的保证参展的效果，建议企业都尽量选择参加分类明晰、专业性强的专业展。如美容的企业参加美容展，消费品企业参加消费品展、电子的企业参加电子展等。越是细分的市场，专业类别越明确，参观者是专业人士，往往能取得明显的效果。

（五）选择参加辐射面大的展览会

企业参展的目的是促销，应考虑展览会的辐射面。国际展览会有的是洲际性的，例如美国的展览会，会辐射到加拿大、墨西哥和拉美的一些国家。欧洲的展览会，可以辐射到欧洲直至北非的一些区域。这类展览会辐射面广，周边国家的客户也会参展，可大大增加企业商机，有利于促进贸易成交。

（六）在选择展会可综合考虑的其他方面

（1）了解自己公司的买家或公司想与其建立贸易关系的买家，它们一般会去哪一些展会寻找产品？

（2）通过会刊、网络、国际行业组织或派人参观等方式，收集展会相关参展商资料，为今后是否参展提供决策依据。

（3）了解企业的目标市场以及竞争者是否参展？

企业可以从会刊的参展商名录中检查企业的竞争者是否参展。其他通过会刊或展览会官方网站无法获得答案的问题，可以直接洽询主办机构或本地的代理机构。

（七）考虑展会成本和企业市场推广预算来做决策

企业需要考虑展览会的参展成本，然后再对开发新市场还是巩固已有市场的需要作出选择。根据企业的市场战略，确定要开发的潜在市场，进而选择准备参加的国际展览，也可以请主办单位或本地的代理单位帮助企业制定详尽的参展预算。需要特别注意的是，大型国际展览的展位租金通常比国内要高出数倍，参展成本除了展位租金外，还包括差旅费、展品运输、宣传品

制作与印刷以及其他应酬费用。

（八）要结合企业的目标市场，阶梯式持续参展

出展效果的直接体现是现场定单、开拓市场和促销，潜在的还有企业实力和形象的展示和宣传。我以前在德国科隆家具展参展时，有这样一个客户，是在考察了某参展企业 3 年的参展情况后才决定正式洽谈合作，并发展成为合作伙伴，原因有三个：一是合作者认为这家企业参展的展品每年都在更新并逐渐系列化，由此确定该公司是在迅速发展的；二是认为企业连续阶梯式参展，说明其目标市场确定并一直为之努力，这种企业有合作前景；三是认为该企业经过几年的尝试，已能适应目标市场的质量要求并已了解贸易习惯。这个例子体现了一个企业连续阶梯式参展所带来的潜在效果。

每个地区的买家所要求的都有一定的代表性，如非洲和中东地区的买家往往要求价廉物美；欧洲地区的采购商在选择时非常注重产品品质、诚信；亚洲如日本的客户在选择合作伙伴时就非常的慎重，通常要半年到几年，经过多次的谈判、参观工厂等才能达成合作的协议，而一旦能达成合作意向，可能会长久的维系下去。所以要开拓新的地区和市场，一定要有耐性和长久的计划，打一枪就换一个地方的展览方式往往难找到持续和稳定的大客户，我们建议对需要开拓的目标市场一般至少持续 3 年连续的参展。

（九）政府资金支持对参展目标重要的影响

2009 年全球金融危机造成中国出口的急剧下滑，国家为鼓励出口，带动内需，加大了对出国参展的资金支持力度，特别是重点省份。如广东、浙江等省都纷纷推出鼓励企业出国参展的专项资金支持，凡是列为重点支持计划的出展项目，在申请国际中小企业资金支持的基础上，还可享受高额的资金支持，如在展位和人员等方面的支持，极大地促进了企业参展的积极性，特别是推动了新兴市场如巴西、俄罗斯、南非等国家的参展力度，如每年 8 月举行的巴西家庭用品展的中国企业由前期多年稳定的 150 家企业跃升到近300 家企业参展，对企业的出展目标市场选择起到了积极的引导作用。如企业在出展时能结合自己开拓市场的需求和政府的出展导向，既能节省资金，又能达到预期的参展目标，值得企业予以重点考虑。

（十）国外主办方和国内组展方

展会是一个庞杂而繁复的系统，作为一个专业的国际性展会，主办方的资质和信誉都非常重要，主办方的机构性质以及资源拥有状况、专业水平能基本判断出展会的效果，在一定程度上决定了这个展会的质量。通常由专业的协会、专业的展览公司或者政府支持的展会的信誉更高。如外贸中心集团常年组团约 60 多个海外展会，大部分都是在行业或者当地最有代表性的专业展会，参加美国的五金展就是美国五金工业协会举办的，在巴西的文具展也是巴西文具行业协会协助举办、德国的消费品展览是由德国法兰克福展览公司举办，美国芝加哥的家庭用品展也是由美国家庭用品协会主办，这些展览都非常成功，在行业中无可替代。所以在选择展会之前，要尽可能多的收集主办方的资料，考察展会主办方的专业水平。

同时对国内的组展方，也同样有这方面的考虑，选择正规的组展单位或者在行业中有较高知名度的公司参展来规避风险，这类公司往往经验丰富，能保证展览的各个环节顺利进行。近年来，国内的组团单位越来越多，竞争也越来越激烈，价格成为竞争的关键的环节，特别是一些私人的小展览公司，常以低价格来吸引客户，但却不能保证服务质量，各种方式的欺诈事件时有发生。如我们有家老客户迫切想参加德国春季消费品展，因该展在市场上供不应求，有的私人展览公司却用了往年的图纸来欺骗客户，客人去到现场才发现是受骗上当，"竹篮打水一场空"。因此，企业在选择参展时，不能只从价格考虑，应更多的去关注价格内所包含的附加值，或者通过有参展经历的企业相互沟通和了解，选择有经验和有规模的组团单位，以实现规模效应，从而获得参展的最佳效果。

三、结合企业自身需要，做好计划和各种准备工作，达到参展效益的最大化

企业最好能提前一年初步确定全年的参展计划，并至少在展前 6 个月能与展会的组织方联系，以保证热点展会的场地确认，展团组织方通常在展前 3 个月会截止场地申请，并开始具体的筹备，如涉及展览报批、展品的运输、展位的设计，出访人员的安排、签证、出团等工作，组团方通常会提供一条

龙的系列服务，确保企业的顺利参展。参展企业在整体的流程中，只要确保和组团方或者博览会的顺利沟通，通常都能如期顺利参展。我中心集团在多年的组展中，积累了丰富的经验，注重细节，凡事都以参展企业的利益为出发点，赢得了客户的认同和多年的支持，很多展团的规模都名列前茅。根据多年的带团经验，我想重点谈谈如何在展会现场吸引买家，展后如何跟进来提高参展效益。

（一）展会现场如何吸引买家进入展位

参展企业要学会换位思考，关注买家参观展会的目标和需求，并通过布置吸引买家眼球的产品展示，赢得买家的关注，拓展不断接触新客户的机会。买家通常希望在展会上收集目标产品供应商的尽可能多的信息，也可能关注市场新产品的发布，并尽可能的了解供应商的各种能力，不仅仅是收集一大堆的宣传资料带回，然后再决定和什么供应商进行联系。中国企业在海外参展的总体费用较高，做特殊装修的费用高昂，大部分的企业还是延续了海外集体形象的展位装修风格，怎样的展位布置才能在众多展位中脱颖而出呢？首先要合理的利用展示空间，挑选最有吸引力的产品参展，吸引买家进入展位。买家通常希望展示架中有丰富的产品展示，并成系列化、品牌化，重点突出。如果陈列架上有空位，买家往往认为供应商不够专业。所以海外参展开展前约2个月时，组团方往往需要企业提供的展位设计和产品准备是非常重要的环节，能够重视展示的设计和产品挑选，在参展现场通常能达到事半功倍的效果。而在产品的提供和准备时，也要留意相反的另外一种情况，很多第一次参展的企业往往希望能将公司所有的产品都进行展示，而实际上杂乱无章的产品摆设往往却会适得其反，反而导致了糟糕的企业形象，淹没了企业可能最好的产品。其次，随着全球信息透明度的提高，买家也不断面临经济成本的压力，贸易公司和中间商的竞争力在不断下降，买家通常更希望直接与工厂做生意。所以，如果展位的海报中包含了工厂、车间的图片，并详细说明了其使用的设备、员工人数、建厂时间以及创始人等信息，则想寻找工厂的买家就可能缩短判断的时间，从而产生尽快直接交谈的兴趣。

（二）展会结束后的巩固也是成功的重要环节

海外专业买家通常会在展会上确立3～5家潜在的供应商。展后两个月持久的谈判非常关键，所以展览会结束之后，参展商必须要乘胜追击，要在最短的时间内再次加深自己公司在买家心中的印象，就有关价格、服务、样品质量等方面展现自己公司独到的优点。相反，如果展览会结束之后，由于工作繁忙，疏忽了与客户的进一步沟通，由于客户假期或者参展商自己假期而不能进行连续性的谈判。假日归来，一些国际买家则早已忘记了谁是谁了，那么展览会的效果也会大打折扣。

选择一个好的国际性展会，是成功参加展会的一半。对于参展商来说，需要通过展会对全球的流行趋势、对整体的市场变化作出快速的反应，不断根据客户的需要推出新的产品和技术，是参展商赢得客户的关键。对于专业买家来说，能否充分利用全球资源、以最直接的方式采购到最具有竞争力的产品，意味着能否在市场的竞争中抢得先机。因此，只有选对了适合的展会，展商和买家都能提高参展效益，达到理想的参展效果。

打造中国最大规模的商贸电子平台

电子商务公司筹建小组

导言：第 111 届广交会期间，外贸中心（集团）与佛山市昶汇投资有限公司签署广交会电子商务平台合作备忘录，双方决定共同出资，成立由外贸中心（集团）控股的"广交会电子商务有限责任公司"，运用市场化手段，充分发挥广交会的资源优势和社会资金优势，大力发展广交会电子商务。2012年7月27日，广州市广交会电子商务有限公司取得了营业执照，这标志着公司的正式成立。本文主要介绍公司成立的背景和发展愿景。

广交会的发展面临挑战

第一，广交会已遇规模瓶颈，短期内难以扩容。广交会目前每届三区三期的展览面积已达 116 万平方米，在单年展规模上已居世界第一，且场馆容量基本上已挖潜用尽，难以再扩大实体展览面积。

第二，实体展受时空限制，难以充分体现广交会的全价值。广交会场馆规模宏大，每届 20 万采购商难以在开幕期间参观全部展样品并与参展商充分洽谈，而 2.4 万参展商也难以全面接触到会采购商。

第三，部分机构千方百计收集广交会采购商数据，用于发展自身业务。周边展及其他电子商务机构在每届广交会期间不断蚕食、吸收广交会到会采购商的数据。特别是电子商务机构在展馆周边，甚至千方百计进入展馆内，收集广交会采购商数据，用于发展自身业务。

第四，电子商务机构持续向实体展会渗透，谋求线上线下同步发展。近几年，各大电子商务机构加大了向实体展会渗透发展的力度，阿里巴巴、环球资源等电子商务机构纷纷以线上资源为基础发展实体展会，谋求线上线下同步发展。

发展电子商务是广交会转型升级的必然选择

广交会现阶段迫切需要通过自身发展转型来突破规模瓶颈和应对新的挑战。

第一，要主动适应社会新形势的变化。我们要创新办会理念，把广交会办得更有特色、更有影响、更有成效。发展广交会电子商务，可使广交会更好适应社会新形势的变化，达到基业长青，实现可持续发展。广交会电子商务公司的核心任务之一是服务于广交会的发展，为广交会增值，为广交会带来更多的采购商，为采购商带来更多的方便，为参展商带来更多的客户；充分利用资源，提升广交会的信息化水平。

第二，推动中国对外贸易的发展，更好地发挥广交会作为外贸晴雨表的作用。发展广交会电子商务有利于通过线上线下结合的方式推动中国外贸发展，覆盖中国对外贸易的各个环节，不但使广交会更接近外贸实际，而且符合当前国家倡导、商务部重视的高效商务形式。国家部委出台的扶持政策正是发展广交会电子商务的契机。

第三，能更好地促进贸易成交，充分发挥广交会的全价值。看样成交是广交会的法宝，按照会展行业信息化的发展趋势，广交会传统的看样成交与新兴电子商务的有机结合将会形成更具竞争优势的综合体，可使客商在全年365天内参加广交会，扩大了广交会的有效时间和空间，有利于充分发挥广交会的全价值，促进贸易成交。

第四，有利于优化组展业务，促进广交会的良性发展。发展广交会电子商务可以实现用市场化的手段进一步提高采购商、参展商等核心数据的有效性和鲜活度，为广交会不断优化展品结构、提升服务水平、提高招商效果提供科学依据，促进广交会的良性发展。

第五，行业发展前景美好，后发优势明显。国外专业展注重与电子商务结合，提供线上线下的一站式服务。阿里巴巴等电子商务机构也开始注重服务落地，逐步开拓实体展。电子商务行业发展日渐成熟，前景美好。广交会以丰富的资源和坚实的发展平台为基础发展电子商务更有后发优势，可借鉴行业成败经验，实现对参展商、采购商服务的无限延伸，与实体展相辅相成、相互促进。

第六，打造又一核心竞争力，增强发展后劲。从外贸中心（集团）的长远发展规划来考虑，发展广交会电子商务可作为我们新的经济增长点，为集团未来的发展带来更强劲的动力。

广交会电子商务公司的发展愿景

广交会电子商务以"打造中国最大规模的商贸电子平台、服务中国商务"为己任，力争做到立足于广交会，服务于广交会的发展，将来考虑纳入商务部的统一平台规划，对接公共信息服务，并通过广交会电子商务的发展来推动中国贸易的发展，最终达成建立国家级诚信电子商务品牌的发展愿景。

广交会电子商务平台将按照"着力打造'e市场'核心业务、聚集'云服务'资源、形成'大数据'格局"的步骤分阶段建设，最终建成具备以下三大功能的服务平台。

一、以在线商贸活动为主线，打造诚信"e市场"

广交会电子商务平台按照"诚信为本，活跃有序、虚实相间"的宗旨建立"e市场"。采购商与供应商通过注册申请以会员制形式加入"e市场"，通过平台提供的产品服务开展在线商贸活动，包括进行公司宣传、商品展示、浏览信息、贸易匹配等。

二、以贸易服务链条为主线，建立综合"云服务"

广交会电子商务平台将争取自建电子支付平台，并计划以开放、分享方式，吸纳国际贸易服务链条中的保险、货代、银行、物流等环节的电子商务服务商共同向商户提供线上线下服务，逐步建成知名的国际贸易电子商务"综合体"。

三、形成商业"大数据"，逐步提供数据分析服务

伴随着商户从平台的"e市场"、"云服务"中受益，平台逐步形成蕴含外贸特征和行业信息的大数据。电子商务平台根据预定义的策略和知识库对这些大数据进行深度分析、提炼形成一系列的行业分析报告和客户需求分析报告，从而有能力向商户、服务商、客户提供个性化、富有竞争力的 Aaas（分析即服务，analytics-as-a-service）服务，使其利用数据和商业分析来指导品牌运营、设计、生产、销售、服务等供应链环节的决策。

我们坚信：广交会电子商务平台将打造集团的核心竞争力，延伸广交会服务全价值，使广交会线上线下相辅相成、相互促进，形成时间空间极大延伸的服务格局；该平台提供的优质服务将实现广交会采购商、参展商及平台商户、客户、服务商的价值最大化，实现各方共赢的最终目标。

第四篇

前进中的广交会

本篇结合外贸中心和广交会的实践成果选取文章8篇，内容包括广交会的区域经济影响、知识产权保护、展馆运营和绿色低碳环保建设。

广交会区域经济影响
研究评估报告摘要

中国对外贸易中心（集团）　　中山大学会展管理系

中山大学会展管理系受中国对外贸易中心委托，对第104、105届广交会区域经济影响进行评估。项目组通过问卷调查、深度访谈、文献等方法收集信息，采用模型分析法进行评估，评估内容包括参展企业、参展个人、采购商、承办方、交易团的消费支出结构及其对广州市的直接及间接经济影响，广交会对广州市税收、就业、相关行业的影响等。

一、研究目的

广交会创办于1957年，从小到大，发展成为世界第一大展。第105届广交会面积达112万平方米；境外采购商达165 436人，境内采购商为9 483人；境外参展企业395家，境内参展企业为21 709家；境内参展代表160 504人，境外参展代表1 605人；工作人员总数36 268人；筹撤展人员总计58 274人[①]。广交会汇集了大量的人流、物流、信息流、资金流。几十年的历史长河中，广交会极大地促进了中国外贸事业的发展，推动了中国的改革开放，提升了广东省、广州市的国际形象，给区域经济带来巨大的拉动效益。每逢4月、10月广交会开幕，广州市房价高涨、人流密集、商潮涌动，商界人士纷纷为广交会所带来的区域经济的繁荣欢呼，感叹"广交会已自成一个产业"！

然而广交会对区域经济的带动效益到底有多大？一直并无较准确的评估。造成各地会展热的主因——政府官员对会展业具有1∶9带动效益的联想，最

[①] 多次参加各期筹展或撤展的人员，各按1人计算，不重复计入总人数。

初来源出自会展业最发达的国家德国的统计。我国限于发展水平的不同，会展业尚难达到 1∶9 的拉动效益，即使同一地区，不同展览的拉动效益也有天壤之别。

为了较准确地评估广交会对区域经济的拉动效益，重新认识广交会在新时期经济发展的重要作用；为了掌握国内外访客对广交会配套服务设施的满意度评价，与广州市政府良性互动，进一步优化广交会的软、硬件环境；为了掌握广交会参展企业、采购商、采购代表的消费结构和规模，为我中心的会展配套业务的发展提供数据支持；为了以实证形式较为准确地评估中国展会对经济的拉动效益，掌握会展对经济拉动的基本特点，深入了解会展访客的消费习惯，为各地政府进行会展业配套设施建设提供实例指引，为中国会展业的健康发展出一份力。中国对外贸易中心（集团）与中山大学合作，进行了广交会区域经济拉动效益研究项目。本项目仅仅针对广交会对举办地广州的经济影响进行研究，未涉及广交会对广州市外其他地区的经济影响。本项目历时一年半，进行了大规模的现场调查和大量的数据收集、分析，项目研究的调查面之广，数据之详尽，国内尚未有先例。

二、过程概要

本项目于 2008 年 4 月正式确定。中国对外贸易中心（集团）负责项目的投资，负责把握项目的整体研究方案，负责现场调查工作的协调，负责与广州市相关部门的联络和数据收集，对研究报告进行审定和修改。中山大学利用学术和人才优势，负责拟订项目工作方案，负责经济学模型的选择，负责派出学生进行现场调查和统计，负责数据的处理和分析，负责拟写研究成果报告。中山大学除了会展系的师生外，经济学、统计学方面的专家也参与了本项目。

2008 年 4 月至 9 月为准备阶段，期间，中山大学组织部分学生到第 103 届广交会现场进行了预调查。赴港与曾做过"香港会展业经济影响评估"项目的毕马威公司进行了交流。初步确定利用的经济模型和调研方案。

2008 年 10 月至 11 月第 104 届广交会期间，中山大学派出 50 名学生，分别对采购商、参展企业、交易团、参展代表进行抽样问卷调查与深度访谈，并收回参展企业问卷 1 347 份、交易团问卷 33 份、参展代表个人问卷 1 542 份、采购商问卷 7 855 份，访谈了 49 位外商、17 家参展企业。

2009 年 4 月至 5 月第 105 届广交会期间，中山大学派出 35 名学生，针对参展企业进行抽样问卷调查，收回 6 023 份有效问卷。

第 104 和 105 届广交会布展和撤展期间，对搭建商、物流商、搬运工、中国对外贸易中心（集团）部分部门负责人和工作人员进行访谈，合计访谈 40 人，并通过观察法对展馆的搬运工流量进行现场记录。

2008 年 10 月至 2009 年 3 月，中国对外贸易中心（集团）向广州市相关部门收集各行业数据。

2009 月 8 月 26 日，完成了《广交会区域经济影响评估报告（初稿）》。2009 年 9 月，合作双方对报告初稿进行了详尽地审核和修改，最终形成了《广交会区域经济影响评估报告》。

此研究项目中，研究方案参照了香港会展业经济影响研究模式，数据的处理和分析采用了经济学中常用的"投入产出模型"和澳大利亚会展经济影响评估软件 encore。

三、研究成果

（一）广交会的总体经济效益

以 2008 年秋第 104 届广交会和 2009 年春第 105 届广交会的现场调查和数据为依据，每届广交会给广州带来的直接经济效益为 55.25 亿元，间接经济效应为 107.97 亿元，直接效应与间接效应合计为 163.22 亿元。一年两届的直接经济效益总和为 110.5 亿元，间接经济效益为 215.94 亿元，直接效应与间接效应合计为 326.44 亿元。按照德国的计算标准，广交会对区域经济的拉动效益约为 1∶13.6，高于一般展览。2008 年广州市国内生产总值（GDP）为 8 215.82 亿元，第 104 届广交会的直接与间接效应总和占广州市全年 GDP 的 1.98%。由此推算，一年两届广交会则占广州市全年 GDP 的 3.96%。

一届广交会给广州带来的各相关行业的营业税收入约为 2.14 亿元，一年两届合计约为 4.28 亿元。按单届计算，各行业因广交会举办上缴的营业税分别为：交通运输业 487.83 万元，文化体育业 526.27 万元，娱乐业 2 592.38

万元，邮电通信业 227.89 万元，服务业 11 357.31 万元，中国对外贸易中心（集团）上缴营业税额约为 6 180.00 万元。

一届广交会直接带动的全职或兼职就业人数为 5.4613 万人；间接带动的全职或兼职就业人数约为 97.078 万人。一年两届广交会直接拉动全职或兼职就业为 10.92 万人，间接拉动全职或兼职就业人数为 194.16 万人，直接和间接带动的就业人数合计为 205.08 万人。广交会间接拉动就业人数的辅助性行业包括零售、酒店、餐饮、交通、货运、展位搭建和广告。带动岗位最多的分别是餐饮业、零售业和酒店业。

参加广交会的境内外客商与日常境内外的访穗游客相比，逗留时间长，日均消费多。广交会采购商在穗停留时间为 7.27 天，入境游客仅为 3.9 天；广交会采购商人均每天消费 4 068.8 元，入境游客人均每天消费仅是采购商的 29.47%，为 1 199.2 元。广交会参展商在穗停留时间为 7.5 天，国内游客仅为 2.33 天；广交会参展商人均每天消费 2 956.4 元，国内游客人均每天消费为 882.3 元，参展商人均消费为国内游客的 3.35 倍。

广交会对广州的酒店业房价影响显著，4 月和 10 月是广州酒店业的旺季，季节因素分别达 170.8% 和 144.1%，这两个月的开房率略高于全年平均开房率。广交会对广州酒店业的营业收入影响明显，这两个月广州酒店营业收入的季节因素分别为 144.8% 和 142.1%，这两个月的营业收入总和占全年的 23%。广交会对酒店的客房收入影响明显，4 月和 10 月的酒店客房收入总额占全年的 28%~30%。广交会对酒店的餐饮收入和商品销售影响不明显。

广交会对景点游客接待量并无积极影响，广交会期间房价大涨，住房紧张、交通拥堵，对广州的一般游客具有挤出效益。

报告中的各个分报告，分别从各个层面研究了广交会对广州经济的影响。

（二）境外采购商对广州的经济影响和支出结构

第 104 届广交会 174 562 名境外采购商在广州的直接消费总额达 25.83 亿元（以人民币计算，剔除长途交通费用，剔除不在广州住宿的采购商的相关消费，下同）。按照投入产出模型测算，第 104 届广交会采购商对广州的间接消费效益为 47.04 亿元。第 104 届广交会境外采购商对广州市的经济效益总计为 72.87 亿元。

采购商平均在广州的逗留时间为 7.27 天，大洋洲的采购商逗留时间最长 10.21 天，其次为非洲 9.24 天，欧洲 7.74 天，美洲 7.14 天，最少的为亚洲采购商 6.17 天。

采购商在广州市人均消费额为 1.84 万元。非洲采购商人均消费额最高达 2.46 万元，其次为大洋洲 2.14 万元，美洲 2.11 万元，欧洲 1.9 万元，亚洲 1.51 万元。

采购商对广州的经济影响，间接效应与直接效益的比率为 1.82。各大洲比较，欧洲的这一比例最高，达 1.92；其次为美洲 1.86，亚洲 1.78，非洲国家 1.73，最小的是大洋洲 1.7。这表明欧洲采购商的消费拉动效益大。

采购商的直接消费结构中，占主导的分别是住宿消费，占 35%，9 亿元；购物消费占 30%，7.7 亿元；餐饮费占 14%，3.6 亿元；当地交通占 6%，1.4 亿元。以上 4 项占总消费额的 85%。随后各项分别为旅游 0.9 亿元，娱乐 0.7 亿元，商务 0.6 亿元，临时人工 0.4 亿元，其他 1.4 亿元。

约有 84.8% 的采购商选择在广州住宿。15.2% 的采购商住宿于广州市周边地区，主要为东莞、佛山、深圳、顺德等。

（三）国内参展企业对广州的经济影响和支出结构

第 105 届广交会 22 104 家国内外参展企业（其中境内参展企业 21 709 家，境外参展企业 395 家），剔除长途交通后在广州的消费总额为 22.96 亿元，间接效益为 51.29 亿元。第 105 届广交会国内参展企业对广州的直接与间接效应之和为 74.25 亿元。

主要的消费项目为展位费 11.95 亿元，占参展商在广州消费总额的 52%。其余比重较大的消费分别为：搭建费 2.65 亿元，占 11.75%；相关活动费 1.88 亿元，占 8.19%；住宿费 1.43 亿元，占 6.2%；广告宣传 1.27 亿元，占 5.5%；娱乐宴请 0.95 亿元，占 4.1%。

每家参展企业的参展人员平均为 5.1 人，在广交会的逗留时间为 7.5 天。81.67% 的参展商选择住在广州，其余 18.33% 的参展企业住在广州市外。参展企业主要选择三星级、四星级酒店，两者比例合计为 52.7%，有 29.6% 的参展企业并未住酒店。所在地在广州周边的参展商选择每天接送参会人员，有部分参展商在展馆附近购房。约有 14% 即 3 039 家参展企业在广州购置了房产,主要来自广东、浙江、山东等地。参展企业广告宣传平均费用为 5 767 元,不同参展次数的参展商其广告宣传费用差别不大。但不同次数参展的企业,其举办相关活动如会议、产品推介会、企业形象宣传的费用差别很大。首次参展的企业的平均举办相关活动的费用为 3 948 元,而多次参展的企业该项费用平均为 10 290 元。

(四)参展代表[①]对广州市直接和间接经济影响评估

第 104 届广交会参展代表在广州市的直接经济效应达 4.427 亿元,间接效应为 5.756 亿元,直接与间接效应之和为 10.183 2 亿元。参展代表人均私人消费为 2 990 元,个人支出中最多的消费项目是购物费用,占了总体消费的 49%。参展代表对娱乐行业、餐饮业、旅游业、居民服务业、批发零售业等具有经济拉动作用。

参展代表的年龄主要集中在 20～40 岁之间,此年龄段所占比例为 79.20%,超过 50 岁的仅占 3.7%。参展代表职位以中层管理者居多,所占比例为 37.2%,高层管理者所占比例为 14.5%。从受教育状况来看,以本科为主,占 55.8%。

(五)交易团对广州市经济影响评估

第 104 届广交会除广州交易团外,共有 47 个外地交易团,每个交易团团部平均在广州消费 97.13 万。47 个交易团一届广交会在广州的直接经济效应为 0.4224 亿元,间接效应 0.887 亿元。直接和间接经济效应合计为 1.3 亿元。花费最高的是住宿费用,占总体消费额的 34.95%;其次是其他开支占总体消费额的 16.63%;广告宣传费用占 15.1%;餐饮费用占 10%;交易团其他的各种消费水平较低,其中通信花费与临时用工花费最少,仅占总体消费额的 1.25% 和 1.46%。

第 104 届广交会交易团部工作人员的平均逗留天数是 28.13 天。

(六)承办方对广州市直接和间接经济影响评估

第 104 届广交会,剔除商会管理费和出国招商费,承办方中国对外贸易

---

① 参展代表指参展企业派出的在广交会的业务洽谈工作人员。

中心在广州的费用支出为 1.62 亿元，间接经济效益为 3.2 亿元。① 直接效应与间接效应之和为 4.61 亿元。

承办方的消费支出带动广州的电力、热力的生产和供应业、批发与零售贸易业、印刷业和记录媒介的复制业、信息传播服务业、商务服务业、居民服务和其他服务业、租赁业等七个部门，具有间接作用。

（七）广交会对广州市的税收收入影响评估

第 104 届广交会给广州带动的营业税收入为 2.14 亿元。

广交会的举办对广州餐饮业、交通业、零售业的税收具有明显的影响，使广州的相关行业税收在 4 月和 10 月形成峰值；对建筑业具有一定的影响；广交会对广州的娱乐业、广告业装饰业、旅游业的税收收入影响甚微。广交会的举办对广州住宿业的税收收入并未产生明显影响，而广交会对广州酒店业的营业收入却产生显著影响，两者的差异明显，原因有待进一步查明。广交会对广州的综合税收效益影响明显，2001 年至 2007 年 8 年间，广州 4 月和 10 月的平均税收收入高出各月的总体均值的幅度分别为 23.42％ 和 20.19％。广交会举办期间的 4 月和 10 月，分别是广州综合税收收入的 4 个高峰点之一。

（八）广交会对广州市直接关联产业的影响评估

由于数据的可获得性，本报告仅对广交会直接影响的产业——酒店业和旅游业进行深入分析。

广交会对酒店业影响明显，影响突出的是其房价及客房收入，以及总体营业收入；广交会对酒店的餐饮收入、销售商品收入影响不甚明显。广交会对广州市酒店的房价影响明显，4 月和 10 月的平均房价均高于全年平均价一半以上（2002 年 10 月除外，但也高出 45.90％，接近 50％）。广交会对旅游业的影响不突出，甚至产生挤出效应，无论对景点游客接待量还是旅游业营业收入都无明显积极作用。原因主要有：其一，广交会客商行为的主要目的是经贸洽谈，旅游活动并非必需；其二，广交会的客商很大部分为老客户，

---

① 每届的广交会费用支出，并不包括中国对外贸易中心全体员工的工资支出、建设展馆的资金支出，以及庞大的展馆维护费用支出。

对旅游景点缺乏新鲜感；广交会期间广州酒店的房价涨幅较大，开房率较高，交通拥挤、航空价高、火车票难求，增加了一般观光游客的旅游成本，降低其旅游体验，广交会对旅游业具有挤出效应。

（九）广交会对广州市就业影响评估

广交会对广州的就业具有很强的带动效益。每一届广交会直接与间接带动的广州市全职或兼职就业人数约为102.5万人。

第104届广交会的承办方、采购商、参展企业所带动的全职与兼职就业分别为3.178万人、1.29万人及0.92万个，展馆周边社区非正式搬运工数量至少达300人以上。每一届广交会直接带动全职或兼职就业人数合计为54 613人。

根据香港展览业就业结构表，广交会带动辅助性行业全职与兼职就业人数为97.078万人。带动的大部分岗位来自于餐饮业、零售业和酒店业，分别带动33万、24万及23万人就业。广交会也为交通提供7.7万个职位，为广告提供约2.9个职位，为搭建及其他提供了约5.8万个职位。

（十）广交会采购商和参展企业对广州市服务满意度评价及改进建议

广交会采购商对广州市的服务设施和基础设施，包括酒店住宿、餐饮、休闲娱乐、交通和展馆服务五个方面，普遍表示比较满意。满意度平均值从"很不满意"到"很满意"分别对应数值"1"到"5"。采购商对五项主要服务的满意度平均值分别为：展馆服务4.41，酒店住宿4.08，交通4.05，餐饮3.73，休闲娱乐3.66。

采购商对广州展馆服务满意度很高，将近六成表示"很满意"，只有4％的比例表示"不太满意"或"很不满意"。

采购商对广州酒店住宿的评价满意度高，四成的采购商表示"很满意"，只有5.7％表示"不太满意"或"很不满意"。从很满意的比例来看，番禺区、越秀区、天河区的住宿满意度位列前三位。

近三成的采购商表示对广州的餐饮服务"很满意"，12.6％的采购商表示"不太满意"或"很不满意"。

采购商对广州交通的满意度比较高，近四成采购商表示"很满意"，7.8％表示"不太满意"或"很不满意"。

二成的采购商对休闲娱乐表示"很满意"，6.9％表示"不太满意"或"很不满意"。

广交会参展企业对广州市的服务设施和基础设施评价，五项主要服务的满意度平均值分别为：展馆服务 3.30，酒店住宿 3.23，餐饮 3.21，休闲娱乐 3.20，交通 2.86。

参展企业对广州服务设施的满意度比采购商低。约有七成的参展企业对广州的展馆服务、酒店住宿、餐饮、休闲娱乐的评价表示"满意"或"较满意"，近二成的参展企业表示对上述四项服务"不太满意"或"很不满意"。近六成参展企业表示对广州交通"满意"或"较满意"，近四成表示对交通"不太满意"或"很不满意"。

为提高国内外客商对广州服务的满意度，建议采取以下措施：

（1）改善广交会的交通设施，提高与会人员到广交会展馆的便利性，有效组织展览会期间现场交通疏导。

（2）完善琶洲展馆及周围的酒店、餐饮、休闲娱乐设施。在展馆附近开辟便于参展企业与客户进行商务交流的休闲场地。

（3）在市区和展馆内多开设不同地方特色的风味餐厅。

（4）做好星级酒店的规划和管理，重点规范三星级酒店。

（5）做好治安和卫生保障工作，营造安全和整洁市区环境。

（6）提高城市的外语沟通能力，树立城市国际化形象，确保相关工作人员的英语水平足以进行基本咨询以及引导。

此外，本项目亦对广交会迁移至琶洲后，对琶洲区域房地产的带动效益进行了初步研究。报告认为，广交会移师琶洲，产生了触媒效益，使琶洲成为广州的会展核心区。广交会展馆产生集聚效益和扩散效益，周边房地产形成两个主要区域：核心商务区与外围商业区；带动了琶洲房地产的开发和建设，仅展馆临近的商务配套总建筑面积已经超过 100 万平方米；提升了房地产价格，琶洲地区写字楼的价格水平已经接近或达到了广州天河 CBD 的价格水平，琶洲外围地区的住宅价格也水涨船高。

广交会在保护知识产权
工作中的探索与实践[①]

中国对外贸易中心副主任　王润生

广交会有"中国第一展"的美誉，多年来一直把鼓励、引导企业自主创新、提高产品质量作为自身职责之一，因此很早就开始探索展会保护知识产权的方式和途径。如果从 1992 年第 71 届广交会开展展品商标检查、规范商标使用管理算起，广交会迄今已是第 20 年开展知识产权保护工作。经过多年的探索、实践、改进，目前广交会基本形成了符合中国知识产权保护法律体系要求、又具有自身特点、比较行之有效的知识产权保护机制。

一、广交会知识产权保护工作组织体系

（一）广交会知识产权保护组织体系基本框架

自 2003 年以来，广交会开幕期间设 8 个机构分别负责各方面的工作。其中负责领导知识产权保护工作的是广交会业务办，业务办根据不同业务的需要设若干小组，其中知识产权组由商务部条法司及国家保知办、整规办、商务部和工商总局等派员组成，指导广交会保护知识产权的专门工作机构即知识产权、产品质量安全和贸易纠纷投诉接待站（以下简称投诉接待站）开展工作。除此外，广交会要求参展企业的各组团单位——目前共有 48 个交易团和 1 个进口展区招展总代理要建立维权办事机构，指定专人负责，协调知识产权保护管理，组织对参展商品进行自查，配合投诉接待站办案。对承担行

---

① 2011 年 4 月 18 日，中国对外贸易中心副主任王润生参加了"中日展会知识产权保护研讨会"，并在会上作了主旨发言。

业协调职责的商协会则要求其直接派员参加投诉接待站工作。投诉接待站内部分设统筹、专利、商标、版权和贸易纠纷等专业小组，分别承担各类案件的受理、查出及统计分析等工作。

（二）广交会投诉接待站的建设

1. 工作队伍

除第104—106届广交会由七大商协会负责牵头外，广交会投诉接待站均由承办单位外贸中心负责牵头组建。投诉接待站的工作队伍主要有四部分人员组成：外贸中心员工，广东省和广州市的专利、商标（即工商局）、版权等行政执法机构派出的专家，各期各展区所涉商协会的工作人员及外贸中心合作高校的实习大学生。投诉接待站充分发挥四部分人员的专长和优势，保证案件及时按广交会的有关规定处理。其中对被投诉企业是否涉嫌侵权由行政执法机构的专家裁定；外贸中心工作人员为整个投诉接待站的正常运转提供各方面保障，并和商协会工作人员一起，发挥熟悉广交会的优势，协助专家开展现场调查取证、向投诉双方询问调查等工作；外贸中心合作高校学生则协助投诉的接待和案件资料的录入、归档。为保证办案水平，外贸中心多年来一直努力保持投诉接待站非专业人员队伍的基本稳定，并注意加强培训，如第108届广交会就通过广东省知识产权局邀请国家知识产权局专利复审委员会派专家对全体工作人员进行了专利案件处理的培训。

2. 软件管理系统的开发运用

广交会从第98届起就自行开发了专门的知识产权投诉管理系统软件，并在此后的几年中一直根据实际需要进行改进。特别是广交会2008年秋整体迁至琶洲后，广交会进一步修订保护知识产权的相关规定，该软件系统亦随之进一步作了调整完善，并与广交会展位备案系统实行数据共享。投诉管理系统软件与全国专利登记检索等专门系统的结合运用，保障了投诉接待站运作的高效、规范。

3. 投诉接待站点设置

广交会投诉接待站点设置坚持以方便展客商投诉为原则。如第103届广交会随着琶洲展馆B区启用，我们即增设了B区投诉站点；第104届广交会

301

又增设 C 区投诉站点，形成了目前三馆三期设站点的格局。不仅如此，A、B、C 三馆的投诉接待站下均设有专利和商标、版权小组，按专业分类专职受理相关知识产权投诉。

二、广交会保护知识产权制度建设和办案程序

（一）广交会保护知识产权制度建设

为公平、公正地处理知识产权投诉，广交会在第 85 届就制定实施了比较系统的《保护知识产权管理规定》，作为处理投诉案件的依据。第 92 届广交会将该规定修改为《涉嫌侵犯知识产权的投诉及处理办法》。2006 年年初，国家四部委制订的《展会知识产权保护办法》出台后，根据广交会的发展需要，我们曾在第 100、101、102 和 107 届广交会 4 次修订完善了《涉嫌侵犯知识产权的投诉及处理办法》。第 108 届广交会前，经过投诉接待站专家、外贸中心工作人员及商务部条法司、外贸司近半年的反复研讨，我们又制订了《涉嫌侵犯知识产权的投诉及处理办法实施细则》（以下称《实施细则》），进一步统一了案件处理标准，细化、规范了处理程序，并在第 108 届广交会正式实施。

为促使参展客商重视并切实遵守广交会知识产权保护的相关规定，广交会从第 102 届起，将参展企业承诺遵守知识产权保护办法和措施的内容列入《广交会展位使用责任书》之中，每届通过组团单位和每家参展企业签署，以契约形式进一步明确参展商的维权责任和义务。

对工作人员，我们实行案件处理全程跟踪责任制，投诉接待站的软件管理系统对案件处理流程的每个环节和责任人都有清晰的记载，并分设了办案、监督人员的操作权限。另外根据每届广交会的新情况，我们还印发加强知识产权保护的意见或案件处理指导原则，以确保工作人员准确、规范、统一地处理投诉案件。

（二）投诉接待站办案程序

为保证投诉接待站严格按照《涉嫌侵犯知识产权的投诉及处理办法》及其《实施细则》办案，规范程序，方便展客商维权，广交会从第 103 届起每届在《参展商手册》中公布专利、商标、版权等各类知识产权投诉的受理流程图，并在投诉接待站设置相应的指引图。同时，严格实施《知识产权、产

品质量安全和贸易纠纷投诉接待站工作纪律》，明确投诉接待站工作人员岗位职责。

投诉接待站处理投诉案件一律遵循"审核—受理—查处—抗辩—结案"的处理程序，即首先审查投诉是否符合条件，提交的文件是否合法、有效、完整。第二步，对审核符合条件的投诉，请投诉人填写、提交《提请投诉书》，签署相关文件。第三步，投诉接待站安排工作人员到相关的展位按规定进行调查，被投诉方须向工作人员提交合法有效的证据及证明文件，作出不侵权的举证。否则，工作人员经过调查取证认定涉嫌侵权后，可责令被投诉方从展会上撤出涉嫌侵权展品。被投诉方须立即签署《承诺书》，承诺在本届广交会期间不再展出和经营该涉嫌侵权展品。第四步，被投诉人对投诉站的处理有异议的，可在规定时间内到投诉接待站提出不侵权的补充举证。举证有效的，投诉接待站允许其继续展出相关展品；举证无效、逾时举证或不作补充举证的，投诉接待站对责令自撤而未自撤的展品进行暂扣；在当期展会结束后，向被投诉人的组团单位通报情况，并给投诉人出具相关回执。案件处理完毕后，工作人员会对案件有关情况做详细记录，把卷宗交回投诉接待站统一保存。

三、广交会《涉嫌侵犯知识产权的投诉及处理办法》及其《实施细则》的主要内容

这两个规定既是广交会保护知识产权工作的依据，也是多年开展这项工作的重要成果，都是由中国的法律专家、多年参加广交会投诉接待站工作的执法专家共同反复研讨而制定、修订出来的。现行的《办法》共六章二十九条。第一章"总则"主要明确《办法》的宗旨、目的、依据，适用范围和参展企业义务；第二章"投诉管理"主要明确了投诉处理机构、对展商、展品的要求和投诉人应承担的义务；第三章规定的是投诉程序，上面已作详细介绍；第四章"处理办法"根据涉嫌侵权轻重，明确了对侵权企业的处理措施；第五、第六章分别为"术语解释"和"附则"。《实施细则》共二十六条，对《办法》的相关条款作了更便于统一标准、对照操作的解释和补充。

四、动员、鼓励各方参与，发挥合力，共同保护知识产权的机制

除了专门机构的工作，广交会经过多年的探索、积累，还建立了动员、鼓励各方共同参与、发挥作用的工作机制。一是每届广交会开幕前，通过筹备会、领导委员会会议等场合向各组团单位、商协会提出加强知识产权保护工作的要求。二是通过《展位使用责任书》明确参展商责任；第108届广交会期间，进一步组织组团单位签署了《广交会交易团保护知识产权承诺书》，明确了组团单位的教育培训和监督检查责任。三是指导组团单位加强展品审核，严把展品入口关，特别是根据投诉接待站的通报，对曾被投诉的展品重点审查，尽力制止侵权展品进入展场。四是强化沟通联络机制，由投诉接待站及时向各组团单位通报其所属企业涉嫌侵权及查处情况，向商协会通报行业典型案例，请其加强预防教育。五是必要时，实行联合办案，请组团单位、商协会协助处理案件投诉，发挥他们在协调工作中的优势，提高办案效率。通过这些办法，广交会基本形成了由业务办知识产权组指导、投诉接待站主办、各方共同参与、发挥专家和展会工作人员合力的知识产权保护工作机制。

五、处罚和宣传教育并举，提高参展商知识产权意识

一方面，在依法依规前提下，广交会根据涉嫌侵权企业情节轻重，明确了相应的展会处罚措施。如第107届广交会修订实施的现行《办法》第四章、第108届广交会修订实施的《实施细则》，针对侵权产品，规定了自撤、暂扣、没收销毁等处罚方式；对涉嫌侵权企业，建立"黑名单"制度，规定了组团单位通报、收缴参展证件、按比例扣减或取消下一届直至6届广交会展位并在整个广交会进行通报等处罚措施。第103届广交会就曾按相关规定取消了1家连续两届涉嫌侵权企业的6届广交会参展资格，取消了1家涉嫌侵犯3个权属号以上的企业后一届广交会的参展资格，起到了震慑警示作用。第107、108届广交会，我们也向组团单位发出了按规定对涉嫌侵权企业作交易团通报的通知。

另一方面，我们认为，处罚只是手段，提高参展商整体的知识产权意识才是我们的目标。因此，广交会非常重视知识产权保护的宣传教育，将这项

工作贯穿于展会的始终：一是根据情况在广交会开幕前把统计汇总的上一届投诉被侵权次数较多的知识产权的目录和图案附在当届《关于加强广交会保护知识产权工作的意见》后面，印发给各组团单位和商协会，以便其能有针对性、有重点地做好培训教育及展前展品的自查自纠工作。二是开幕期间，利用展馆信息屏、广告牌、网络、广播、报纸等媒介，通过投放宣传标语、规章制度、曝光典型案例、播放知识产权宣传片、开设知识产权保护专栏等方式加强宣传力度。三是每届广交会闭幕后，投诉接待站和组团单位都要就知识产权保护工作进行总结，并以适当方式将重要信息传达给参展企业。

最近两届广交会，我们进一步结合相关活动，丰富宣传教育手段，加强和企业的互动，提高了宣传效果。如第 107 届广交会期间的 4 月 18 日，外贸中心和广东省政府知识产权会议办公室在广交会联合举办了"2010 年广东省知识产权宣传周活动方案发布仪式暨'4·26 世界知识产权日'宣传活动"，活动中企业宣读广交会保护知识产权倡议书、演唱知识产权歌曲、签名等环节把活动推向了高潮，中央电视台、南方日报、广州日报等主流媒体争相报道，取得了较好的宣传效果。第 108 届广交会期间，开展了以"加强知识产权保护，提升产品质量和安全，促进外贸发展方式转变"为主题的宣传活动，举办了广交会展会知识产权宣传会。宣传会上，商务部代表在致辞中表示，广交会展会知识产权保护的模式和成功经验应当大力推广；来自各组团单位的代表郑重签订了知识产权保护承诺书。

六、成效初显，未来仍任重道远

广交会的知识产权保护工作历来受到上级的高度重视和各方的关注。在商务部和广东省人民政府领导下，在部、省、市三级专利、商标、版权执法机构专家的支持和全体工作人员的共同努力下，广交会的知识产权保护工作初显成效，主要体现在以下两个方面。

一是受到各方认可。中华人民共和国国务院曾于 2004 年 8 月印发《保护知识产权专项行动方案》，要求在中国会展业中总结推广广交会的经验，使广交会的知识产权保护工作对全国展会起到了很好的示范作用。广交会也为2006 年国家 4 部委联合出台《展会知识产权保护办法》提供了很好的参考意见。2007年，广交会被广东省认定为唯一一个省级会展知识产权保护示范单位。2009年，广交会被国家版权局认定为全国展会版权保护示范基地。

广交会知识产权保护工作更赢得了当事人的信任和赞许。每届都有不少参展商、采购商和权利人代表，如美国驻华大使、英国商务领事、美国宝洁公司、法国赛博集团、日本三丽鸥公司、包括本次会议的日方承办单位——日本贸易振兴机构等海外机构的代表到广交会投诉接待站表示感谢，赠送锦旗或纪念品。

二是近年来，广交会参展企业的知识产权意识普遍提高。体现在：不少组团单位布展时就派出人员到所属展位巡查，了解是否有企业涉嫌侵权；很多企业在参展前就准备好了自己拥有的知识产权的相关证书及资料；被投诉的企业提出不侵权抗辩申请的数量和成功率比以往有所增加，不少企业的抗辩针对性和技巧性有所提高等。

在各级领导的重视和有关各方的积极参与、帮助下，广交会的知识产权保护工作虽然取得了一些成绩，但仍有许多地方需要进一步努力，还需"百尺竿头，更进一步"。广交会将一如既往地加大知识产权保护工作力度，维护正常交易秩序，通过做好知识产权保护工作，充分发挥"中国第一展"的导向作用，引导、鼓励参展企业提升自主创新能力，影响、带动更多的中国企业尊重知识产权，积极创造知识产权。

广交会展馆运营成功
导入 ISO9001 质量管理体系[①]

中国对外贸易中心（集团）

2010 年，外贸中心实施机构调整，重新组建客户服务中心，并成立展览工程公司，改革迈出了重要的一步。经过第 108 届广交会的实践检验，客服中心和展览工程公司出色完成了繁重的现场服务任务，表现出了很强的创造力和战斗力。在此基础上，外贸中心决定，在客服中心和展览工程公司导入 ISO9001 标准，全面梳理、改造现场服务流程，大力促进提高展会服务水平与效率，打造与世界一流展馆相匹配的展馆运营体系。这是配合外贸中心改革发展的需要，也是实现外贸中心战略落地的重要步骤。我们在此召开这次动员大会，就是要进一步提高全体员工对质量管理体系建设重要性的认识，把思想和行动统一到体系建设的总体要求上来，切实增强紧迫感和责任感，推动体系建设工作的顺利开展。

一、统一思想，充分认识推进客服中心和展览工程公司进行质量管理体系建设的重要意义

第一，进行 ISO9001 质量管理体系建设是外贸中心（集团）提高核心竞

---

① 2010 年 12 月 15 日，中国对外贸易中心（集团）召开了客户服务中心与展览工程公司导入 ISO9001：2008、规范化管理项目启动大会，以此开始，广交会展馆的运营进入了标准化、规范化、现代化的新发展阶段。此后，广交会展馆服务的客户满意度不断提升，以广交会为例，第 111 届广交会现场服务的客户满意度总分为 81.15，第 112 届为 81.44，第 113 届为 81.81。广交会展馆服务品牌化建设不断走向深入，获得广大客户的认可和赞赏。此文是时任外贸中心（集团）董事长、客户服务中心 ISO9001 推行委员会主任王志平在启动大会上的讲话摘要。

争力，向现代企业转型的迫切需要。

党的十七届五中全会提出了加快发展服务业、把推动服务业大发展作为产业结构优化升级战略重点的建设目标，我们迎来了新的发展机遇。从前身中国出口商品陈列馆和中国（广州）对外贸易中心起算，中国对外贸易中心（集团）已经有 50 多年的历史。经过持续的发展，管理水平也在不断提高。但与现代企业相比，我们在管理的标准化、科学化和规范化上还存在一定的差距。在会展行业竞争日趋激烈的情况下，如何适应市场变化，全面提升管理水平，是我们在推进战略目标落地的过程中必须解决的重要课题。我们迫切需要一套成熟的管理理念和运行模式，以提高企业管理的针对性和有效性，质量管理体系建设正是外贸中心强化管理基础，提高核心竞争力，实现向现代企业转型的迫切需要。

第二，进行 ISO9001 质量管理体系建设是提升客户满意度的重要手段。

外贸中心未来 5 至 10 年的目标，就是要努力打造成为国际一流的基地展览企业。为了实现这一目标，服务好客商、提升客户满意度始终是我们的工作重心之一。ISO9001 质量标准体现的就是以客户为关注焦点并持续改进的管理理念，因此，要切实加强质量管理体系建设，通过落实岗位职责、完善服务标准、规范服务行为，并对服务全过程实施有效控制，来确保服务质量和服务水平得到不断提升，最大限度地满足客商的需求，促进外贸中心自身与服务对象的共同发展。

第三，进行 ISO9001 质量管理体系建设是提高全员素质的关键措施。

ISO9001 质量管理体系非常注重培训机制的建设，鼓励岗位成才，这种内在要求和工作机制，与企业对人才的需求是相同的，可以汇聚成为提高员工综合素质的强大推动力，进而提高员工的工作积极性和主观能动性。因此，推进体系建设，有利于坚持以人为本，不断提高全体员工的学习意识、质量意识和客户至上意识，实现全员素质的不断提升。

二、突出重点，稳定、全面地推进客服中心和展览工程公司的 ISO 质量管理体系建设

质量管理体系建设涉及展览现场服务的各个环节、各个岗位，点多、线

长、面广。本项目要围绕展会服务的主业务流程及价值增值需求进行系统的管理体系策划并制定管理文件。在整个项目推进过程中，我们既要保证全面、稳定，又要突出重点：

第一，ISO9001 质量管理体系建设要突出以客户为关注焦点，全面提高服务质量。

ISO9001 标准强调"以客户为关注焦点"，并把"以客户为中心"作为各项质量管理原则之首。因此，在体系建设过程中，要在更深层面上分析"计划"与"客户需求"之间的矛盾，有针对性地研究可能采取的措施，争取把客户的不满意程度降至最低，并努力将客户需求转化为客户满意的服务，进一步深化"始于客户需求，终于客户满意"的营销理念，正确处理好与客户的关系，不断提高服务质量，提升客户的满意程度。

第二，ISO9001 质量管理体系建设要突出优化流程，全面提高工作效能。

在整个 ISO9001 质量管理体系建设中，要特别重视利用信息化的手段对现场服务的运作流程进行改造和优化。一方面，要通过明确职责、规范工作来解决实际工作中存在的职责不清、流程不顺等问题，要把规范经营作为改进工作、提升员工素质的切入点，使职、责、权明确，运转有序，让现场服务运作的每个环节都有章可循、有规可依。另一方面，要抛弃原有那些落后的工作手段，多利用信息化的工具，与外贸中心 OA 系统和呼叫中心的建设相配合，努力提高现场服务的信息化水平。通过两方面的努力，逐步建立和完善与经营管理相适应的管理制度和程序，全面提高工作效能。

第三，ISO9001 质量管理体系建设要与企业文化建设相结合。

企业文化是企业广大员工所创造的精神财富、物质财富的总和，是一个企业区别于其他企业的核心标志之一，也是一个企业获得持续发展的动力源泉。在企业管理当中，企业文化也需要以制度规范的形式予以表现。因此，在质量管理体系建设过程中，我们就要通过 ISO9001 这个载体，把制度融合在一个良好的环境和文化氛围中，使之成为促进发展的最持久、最牢固的工具。让员工在良好的文化氛围中，既得到了深化教育，又在无声润物的培养过程中升华了精神境界和道德情操，从而自觉地树立起正确的职业理想和职业道德，最终达到提高企业管理水平、实现企业文化整合的目的。

三、ISO9001 质量管理体系建设要强调外贸中心自身和咨询服务单位的紧密配合

金品质公司是国内最早推行卓越绩效管理模式的咨询单位之一，曾经服务过众多国内知名企业，在企业尤其是会展行业 ISO9001 质量管理体系建设方面拥有丰富的管理理论和实践经验。广交会历经 50 多年的积累，依靠全体员工的聪明才智和敬业精神，我们自身也形成了一套展览现场服务的有效措施，但是，可改进的空间仍然很大。因此，在整个体系建设过程中，客服中心和展览工程公司一定要紧密配合咨询单位的工作，双方取长补短，共同促进。当项目结束的时候，我希望在咨询单位的帮助下，客服中心和展览工程公司实现三个目标：营造一种顾客至上、规范作业的管理理念；建立一套科学高效、持续改进的展会服务流程；培养一批积极创新、能力突出的管理人才。

我们要把客服中心和展览工程公司的质量管理体系建设当成一次全员接受先进管理理念的良机，使客服中心和展览工程公司更好地走上精细化、科学化管理的轨道。要通过全面建设质量管理体系，逐步形成一套行之有效的管理理念、管理方法和管理文化。我们不以认证为唯一目的，更要注重质量管理体系在运行过程中产生的全方位作用，从而真正达到提高运行管理水平、提升服务质量的目标。

搭建一流的展馆运营服务体系

客户服务中心

根据中国外贸中心的五年战略规划，客服中心于 2010 年 10 月启动 ISO9001 质量管理体系建设项目，初步建立起现场服务质量管理体系框架，并于 2011 年 7 月顺利通过了国际认证机构 SGS 公司的认证审核。2012 年 7 月，进行了年度监督审核。

为了总结经验，同时希望能为外贸中心的管理体系建设提供有益参考，在此对项目背景、组织实施、项目成果和未来设想作简单介绍。

重 要 意 义

2009 年 11 月，外贸中心确定了五年战略目标。在客服中心导入 ISO9001 标准，是配合外贸中心改革发展、实现外贸中心战略落地的重要步骤，它对于客服中心打造服务品牌、提升市场竞争能力有着非常重要的意义。

它是提升外贸中心（集团）核心竞争力、巩固和提高行业领先地位的迫切需要。广交会已经赢得"中国第一展"的美誉，广交会展馆也代表着国内一流的会展服务水平，但是我们还要向世界顶级的展览馆看齐，朝着打造国际一流会展平台的目标迈进，进一步巩固和提高我们在行业的领先地位，特别是在树立行业服务标准方面，要首先迈出第一步。

它是提升客户满意度的重要手段。ISO9001 质量标准体现的就是以客户为关注焦点并持续改进的管理理念，我们要通过落实岗位职责，完善服务标准，规范服务行为，并对服务全过程实施有效控制，确保服务质量和服务水平得到不断提升，最大限度地满足客商需求，促进外贸中心自身与服务对象的共同发展。

它是提高全员素质的关键措施。ISO9001 质量管理体系非常注重培训机制的建设，鼓励岗位成才，激发员工的工作积极性和主观能动性，可以不断提高全体员工的学习意识、质量意识和客户至上意识，实现全员素质的不断提升。

组 织 实 施

为切实推动客户服务中心 ISO9001 质量管理体系建设工作，外贸中心（集团）专门成立了客户服务中心 ISO9001 推行委员会，稳步推进 ISO9001 质量管理体系的建设项目。项目总体进程大致分为咨询服务单位选择、调研、培训、文件编写、体系试运行、认证审核、巩固提高 7 个阶段。

项 目 成 果

在项目建设过程中，按照策划、实施、检查和改进的"PDCA"模式，坚持全面推进的原则，员工思想意识、制度建设和内部管理等方面均取得了明显的成效。

员工思想意识方面：全员服务意识不断提高，逐步实现从"职能管理型"向"顾客导向型"转变。

具体措施如下。

一、提炼符合客服中心自身特点的文化理念，并在员工当中深入宣传

借助 ISO9001 质量管理体系建设的契机，在外贸中心和广交会的品牌旗帜下，第一次提炼出了符合自身特点的文化理念。经过大力宣传，"有我们的地方就有世界一流的展览"的愿景在客服中心已深入人心。

二、开展广交会服务之星评选活动

从第 109 届广交会开始，客服中心采用民主投票的形式，在基层员工当中推选"服务之星"。进一步彰显了客服中心的文化理念，使每一位员工都感

受到，即使你在最基层的岗位，只要脚踏实地、兢兢业业，一样可以成为企业的明星，成为大家学习的榜样。

三、统一制作胸牌

从第 110 届广交会开始，客服中心从总监到所有一线员工均制作了胸牌，标明个人的工号和姓名，并着工装统一佩戴，目的就是使大家都意识到自己是现场服务的有机组成部分，每个人都代表着广交会和客服中心的形象，以此督促大家提高工作责任心。

制 度 建 设

将管理要求切实转化为工作流程，形成了较为完善的工作标准和管理制度。

一、细化职能分工

逐条对照 ISO9001 标准，将每个标准条款分解为具体的现场服务工作任务，并以外贸中心机构改革确定的各部门职责为基础，将每项具体任务落实到各个部门，形成了系统的《职能分工表》。该分工表涵盖了展览现场从筹展到撤展的全部过程，以及客服中心内部管理的各个方面，确保不留死角，成为客服中心各部门职责界定的"宪法"，避免了以往出现的部分工作责任不清、相互推诿的现象。

二、建立工作标准

体系文件的重要作用之一就是设定工作标准和工作规范，为工作成果的考核建立依据。客服中心对各项业务流程及其服务标准进行详细分解，完成了质量手册、程序文件、作业规程和记录表格 4 类文件的编写工作，进一步明确了工作流程，建立了工作标准，规范地保障体系运行的效果。

三、完善质量目标

根据 SGS 公司的审核建议，在第 111 届广交会前对分散的质量目标进行了系统整合，对原有的"一小时响应，两小时到位"的总体目标进一步细化，根据服务项目的不同性质设立不同的时效标准，建立考核依据。质量目标在第 111 届广交会期间试行。

内 部 管 理

通过质量标准的落实、监督和考核，进一步强化了自我纠正、持续改善的能力。

一、建立现场服务的系统检查机制

建立了外包服务单位自查、归口管理部门巡查和综合管理部抽查的三级检查机制并将其常态化，每月还由总监带队，对较大规模的展览和现场服务当中的难题进行重点检查，对于现场服务中存在的问题层层把关。

二、完善对外包服务单位的管控手段

据初步统计，客服中心现有外包服务供应商达到了 102 家（建筑工程类项目除外），涉及安保、保洁、垃圾清运、展品搬运、餐饮、绿化、设备管理及维护以及呼叫中心等现场服务的各个方面。外包服务供应商的职责履行情况，对展览现场服务水平的高低有着重要的影响。为此，采取了建立客服中心外包服务供应商名录、完善外包服务单位评价机制、加强客服中心和外包服务单位的日常沟通等方式，强化对外包服务单位的管控。

三、进一步完善客服中心内部的沟通机制

为了进一步提高协调效率，保证客服中心的一体化运作，在 ISO9001 质量管理体系项目过程中，客服中心特别注重内部沟通机制的建设，通过质量会议、内部审核、管理评审、总监信箱等方式，丰富了内部沟通渠道，确保

对现场服务中存在的重点问题及时剖析原因，制定对策，跟踪改进。

四、建立并不断强化客服中心的主动改进机制

在整个项目过程中，客服中心一直在按照 ISO9001 持续改进的精神推动各项工作。第 111 届广交会前，客服中心重点启动了 QC（Quality Control）小组计划，建立了相应的组织架构，在客服中心的整体方向引导下，各部门根据第 111 届广交会现场服务的实际情况主动确定改进项目，制订改进计划，建立了客服中心主动改进的良性机制。

未 来 设 想

通过 ISO9001 质量管理体系的建设，客服中心在现场服务水平和内部管理方面确实取得了明显的成效。但是，要真正达到预期的目标，客服中心还必须对现有的管理体系进行持续的修正和完善。对下一阶段的质量管理体系建设，初步设想如下。

总体方向：

围绕搭建一体化的展馆高效运营服务体系和打造客服中心服务品牌的目标，借助 ISO9001 的质量管理工具，通过改善面客形象、提高内部管理效率、降低运营成本等方式，专注于提升展览专业化服务水平，努力树立行业标杆，实现卓越。

具体分解：

围绕总体方向，重点做好两个方面的工作，一个是巩固，一个是提升。

一、巩固：夯实基础，巩固现有的体系建设成果

（一）坚持现有的管理机制并使其不断完善

要继续通过质量会议、内部审核、管理评审、总监信箱等方式，将三级检查机制、内部沟通机制和外包管理机制等管理机制坚持下去，并不断完善。

（二）进一步完善现有的质量目标及其计量方式

目前客服中心已经建立了质量目标的基本框架，并在第 111 届广交会试

行，下一阶段，要根据试行的效果将质量目标进一步调整完善，并尝试尽量采用信息化的工具建立计量和考核体系。

（三）做好迎接年度监督复审的准备

在3年的有效期内，认证审核单位SGS公司每年都会对客服中心的体系运作情况进行监督审核，客服中心目前已经开始着手准备迎接首年度的监督审核，及时查找体系运行中存在的问题，不断改进，确保满足复审要求。

二、提升：通过改善服务形象、提高服务效率、降低运营成本等方式，进一步提升客服中心的服务水平和内部管理水平

（一）提升客户满意度：重点在服务形象、服务及时性和人员素质方面进行努力

对展馆的标识、广告等外部资源在统一整合的基础上进行专业的形象设计；提升关键岗位的服务形象；规范服务人员的语言和行为举止；进一步整合、改造外贸中心现有资源及业务系统，加强信息化建设，提高现场服务信息化水平；依托外贸中心资源，建立健全包括培训策划、培训实施、培训评估、培训改进的客服中心培训体系。我们已经树立了广交会的品牌，也要进一步打造广交会展馆的品牌。

（二）提高市场经营能力：进一步强化经营理念和效益观念，在努力降低运营成本的基础上，不断挖掘自身的利润增长点，提高展馆整体收益

客服中心需要进一步创新营销策略，多渠道地推介展馆品牌形象。同时，在确保服务的前提下，积极培育利润增长点，如努力寻求更广泛的战略、赞助合作机会，优化广告资源管理，提高广告的盈利水平，进一步提升客户联络中心的对外服务能力。

（三）降低运营成本

节能降耗：按照绿色节能建筑的要求，客服中心正在与相关的专业公司接洽，探讨更加科学、有效、成本较低的节能降耗方案。

尝试建立展会预算：在目前客服中心的预算管理体系中，展会预算项目是缺失的。展会预算是控制展馆运营成本的重要措施，客服中心目前已初步建立了日常展览收支统计的项目框架，下一步要重点落实，并努力在此基础

上建立科学的展会预算方案。

对外包服务管理进行统一规划：从外包项目的立项，到外包服务单位的引进和日常管理，以及外包服务单位的评价考核，建立统一的规则。一方面合理控制展馆运营成本，另一方面也可以提升外包服务供应商的质量。

倡导绿色布展
推进广交会低碳环保发展

客户服务中心综合管理部

外贸中心一直致力于推进广交会的低碳环保建设，先后出台了《关于推进广交会低碳环保发展的实施意见》和《广交会"绿色环保特装"评比实施细则》（以下简称《评比细则》）。在商务部的指导下，在各商协会、交易团的大力支持下，在全体参展企业和特装施工单位的共同努力下，广交会的低碳环保建设取得了初步成效。但是，在发展过程中，仍然存在着不少不环保、不绿色的问题，如废弃板材多、浪费严重、馆内空气质量差、安全风险高、撤换展难度大等。

作为国内层次最高、规模最大、信誉最佳的综合性国际贸易盛会，广交会在为国家的经济发展贡献力量，为企业和社会创造经济效益与社会效益的同时，理应承担起更多的社会责任，不断学习借鉴国际展会绿色管理和绿色发展的经验，强化广交会的绿色发展意识，进一步完善广交会的绿色发展标准，实现广交会的资源节约化与环境友好化，把广交会打造成低碳环保发展的典范，在引领我国展览行业低碳环保发展上，树立标杆，做好表率，从而带动整个行业的绿色和可持续发展，为党的十八大提出的生态文明建设做出贡献。

一、广交会低碳环保建设取得的初步成效

（一）导入理念，重点推进

首次明确导入"绿色环保特装"的发展理念。第113届广交会，专门制定了《关于推进广交会低碳环保发展的实施意见》和《广交会"低碳环保特

装"评比实施细则》，并在第113届广交会工作领导小组会议上讨论通过。在实施意见中首次明确提出"绿色环保特装"，并以倡导绿色布展为重点，积极推进广交会的低碳环保发展。

（二）制订标准，规范管理

首次尝试制定"绿色环保特装"标准。特别在第113届广交会后，进行了大量的调研工作，于2013年6月28日，在广州专门召开了"绿色环保特装"标准研讨会，进一步细化、量化了广交会"绿色环保特装"标准。我们希望通过对标准的制定和不断完善，可以进一步指导和规范展位搭建工作，这是推动广交会低碳环保发展道路上具有重要意义的一步。

（三）加强培训，提高认识

自第111届广交会开始，在广交会特装资质认证培训考核工作中，增加了绿色环保特装相关知识的培训，通过反复地宣传、考核，提高了施工单位的环保意识。

（四）奖罚并举，确保成效

奖励方面，第113届广交会加大了奖励力度，获奖的参展企业在同等条件下可优先安排展位位置。扩大了评比规模，将评选活动扩大到三期举行。首次邀请商协会、交易团领导担任评委，确保了评比活动更加公平、公开和公正。

处罚方面，在《广交会特装违规处理规定》和《广交会特装资质单位评估办法》（试行）上增加在现场大面积使用油漆和刷灰的违规处理条款，引导特装施工单位选择环保的施工工艺，优化施工方法。

经过大家的共同努力，低碳环保理念得到越来越多企业的认同和响应，可循环利用的环保材料所占比例不断上升，低碳环保特装展位数量逐渐增多。据统计，第113届广交会特装比率高达59.37%，创历史新高，而清运板材垃圾仅为4 206车次，与第112届广交会相比，在特装比例增加1.17%的情况下，清运板材垃圾的车次数量反而下降2.7%。伴随着特装垃圾的减少，展馆空气质量有了一定程度的改善，这说明广交会绿色布展工作已初见成效。

二、广交会低碳环保发展过程中遇到的问题

近几届广交会低碳环保平稳发展，并呈现出加快推进的态势。但是，面

对每届广交会约 3.5 万个的特装展位，高达 1 200 多车次的垃圾量和 4 200 多车次的特装废弃板材，广交会低碳环保发展之路仍然充满困难和挑战。

（一）低碳环保发展意识有待加强

思想认识尚不统一，低碳环保发展意识仍较薄弱，在行动中还没有形成共同参与、共同推进的合力。

（二）缺乏行业标准，形成发展瓶颈和监管盲区

目前，在展位设计和搭建、材料使用、工艺流程、垃圾量控制等方面还没有成形的经验可借鉴，更无相应的法规可参考，"绿色环保特装"标准还有待进一步细化和完善的地方，导致理解上"错位"、做法上"模棱两可"，同时也影响了评比活动品牌和公信力的建立。

（三）缺乏绿色设计的价值理念

部分参展企业，仍存在"比豪华、拼实力，才能吸引买家"的落后观念，认为"高、大、亮"的特装展位才能吸引客户的眼球。设计人员缺乏模块展架的设计知识和铝合金型材的使用意识，一定程度上影响了绿色布展工作的推进。

（四）缺乏全过程、全方位联合的执行和监督

目前，《评比细则》仍有待进一步完善，评比活动还缺乏展前、展中、展后全过程的、有效的执行和监控。获奖展位的奖励措施存在不能完全落实到位等问题，在一定程度上也制约了广交会的低碳环保发展。

三、继续推进广交会低碳环保发展的思路

低碳环保是世界经济发展的潮流，建议继续加快低碳环保发展步伐，以绿色布展为切入点，以制度完善为支撑，以奖惩结合为手段，以"绿色环保特装"评比活动品牌建设为抓手，以广交会"绿色环保特装"标准建立为基础，汇聚各方智慧，全面推进广交会的低碳环保发展。

（一）凝聚各方力量，加大推进力度

将"倡导绿色布展，推进广交会低碳环保发展"列入第 114 届广交会全国筹备会讨论议题，总结以往广交会低碳环保建设方面的经验和不足，探讨深入发展的有效途径，统一思想，明确职责，形成合力，推进发展。

（二）修订《评比细则》，创"绿色环保特装"评比活动品牌

2013年7月22日，外贸中心牵头组织召开了"推进广交会低碳环保发展研讨会"，交易团、商协会、参展企业代表、施工单位代表和特装布展专家围绕如何推进广交会低碳环保建设展开积极讨论。参会各方一致同意加大力度、积极推进，同时对《评比细则》提出了具体的修改意见。

综合各方意见，拟从明确"绿色环保特装"定义、量化评比标准、调整评委结构、加大奖励力度等方面着手，完善《评比细则》。

首先是明确"绿色环保特装"的定义。确定"绿色环保特装"是指在设计理念上体现减量化、再使用和再循环原则；结构上体现模块化、构件化、安全和轻质；材料上体现再生、可循环利用；展示效果上能充分表达企业理念、展示企业和产品形象的特装展位。

其次是制订并完善可量化、可操作、可监督的广交会"绿色环保特装"标准。从设计、效果、材料和施工等三个维度加以细化，提高标准的科学性和可操作性。如适当调整各个维度的分值比例，把材料和施工的占比从原来的50％提高到60％；明确规定材料回收率需达到85％以上，木质板材使用率低于30％，节能灯具使用率不低于80％等。

第三是调整评委结构。增加评委中的专家数量，逐步建立以专家为主，交易团、商协会和外贸中心等各方参与的评审组织，提高评比活动的公平性、公开性和公正性。

第四是加大奖励力度。继续推动展位位置优先安排的奖励措施；奖励获奖的施工单位评估分从2分提高到4分；获奖的施工单位，列入交易团和商协会的下一年度广交会特装资质认证推荐施工单位名单。

最后是明确职责。明确各方职责，相互督促落实，同心协力，共同打造广交会"绿色环保特装"评比活动品牌。

（三）继续加大培训和宣传力度，切实提高低碳环保意识

加大特装施工单位的培训力度，丰富绿色环保特装培训内容，扩大培训范围，考核和培训对象包括企业管理层、设计层和现场施工管理层等各个层面。此外，加大"绿色环保特装"评比活动的宣传力度和广度，加强在广交会各类信息平台的宣传。例如，在广交会官方网站增加绿色专题栏目，附设

"绿色环保特装"评比活动的评选细则、结果、获奖展位图赏，以增加关注度和普及低碳环保的常识。

（四）严格管理，从源头上推进低碳环保发展

进一步修订完善《广交会特装施工违规管理规定》。从第 114 届广交会开始，严格执行管理规定，在特装用料上，明确禁止使用有毒、有害材料；在施工工艺上推行模块化拼装，禁止在展馆现场使用油漆、刷灰和打磨；在施工工具上，禁止在展馆现场使用电锯等产生大量粉尘的施工工具。同时严格审核特装图纸，加大现场监督检查力度，对使用违规布展材料、违反大会施工管理规定、没有按时间节点将特装板材垃圾清理出馆的施工单位，一经发现严肃处理，真正做到从源头上控制垃圾量。

广交会的低碳环保建设是一个系统工程，离不开商务部领导的关心和指导，离不开交易团、商协会全力支持，也离不开参展企业和施工单位的大力配合和积极参与，只有统一思想，达成共识，形成合力，才能真正打造低碳环保广交会，为构建天蓝地绿水净的美丽中国出一份力。

关于推进广交会
低碳环保发展的实施意见

为深入贯彻落实党的十八大精神，进一步推进广交会的低碳发展、循环发展，提高资源的利用效率和效益，特提出以下实施意见：

一、推进广交会低碳环保发展的意义

低碳环保是世界经济发展的潮流，也是国家"十二五"规划的发展要求。近年来，外贸中心一直致力于广交会的低碳环保发展，从第 111 届广交会起，开展低碳环保特装评比，取得了明显成效。广交会作为中国第一展，倡导低碳环保理念，创新低碳环保办展模式，既是落实科学发展观，实现可持续发展的重要举措，也将对推动展览业的低碳环保发展起到示范和带动作用。

二、工作重点

目前，每届广交会特装展位数约 3.5 万个，特装比例约 58％。由于参展企业和特装单位的低碳环保意识较为淡薄，在特装施工方面，存在废弃垃圾板材多、浪费严重、空气污染、安全风险高、撤换展难度大等问题，在一定程度上制约了广交会的低碳环保发展。据统计，一届广交会清运的垃圾高达 1 200 多车次、特装废弃板材 4 300 车次。因此，转变发展方式，推行低碳环保特装，对推进广交会低碳环保发展，促进办展模式的转型升级将起到积极作用。今后，中国外贸中心在大会的统一领导下，在布展、参展、撤展等方面推进广交会低碳环保发展。

（一）低碳环保布展

1. 推行低碳环保特装标准。

鼓励参展企业采用无毒无害、可循环利用的环保材料，主体框架采用型材（钢结构、铝型材）；不产生特装板材垃圾；展馆现场不使用油漆和刷灰；展位照明灯具使用环保节能灯。

2. 利用经济杠杆进行鼓励。

在特装施工管理费等方面向实行低碳环保特装的施工单位倾斜，鼓励特装展位采取绿色环保的方式布展施工。

3. 开展"绿色环保特装"评比。

（1）组建评审机构。外贸中心负责"绿色环保特装"评比活动的组织、策划、实施和管理，组织相关业务部门和专家成立"绿色环保特装"评审委员会。必要时邀请交易团、商/协会专家参与。

（2）扩大评比规模。继续举行"绿色环保特装"评比活动，进一步扩大评比规模，在广交会三期均举行"绿色环保特装"评比，扩大评比活动的影响。

（3）完善奖励办法。在各类展位评审、安排标准中，增加在同等条件下，优先安排"绿色环保特装"获奖企业的展位及位置；对获得"低碳环保特装奖"的参展企业授予"广交会绿色环保参展企业"的牌匾；对获得"绿色环保特装奖"的特装施工单位给予广交会特装评估分奖励。

（二）低碳环保参展

1. 鼓励参展企业使用符合国家环保标准的展具和设备，实现低碳环保参展。

2. 鼓励参展企业采用可再循环或可降解材质的包装物，降低对环境的影响。

3. 鼓励参展人员尽量乘坐公共交通参展，实现低碳环保出行。

4. 控制展出期间的灯光、噪音等污染，营造舒适洽谈环境。

5. 实行垃圾分类和再回收利用，减少垃圾数量。

（三）低碳环保撤展

1. 遵守国家安全生产法律法规，严格执行操作规程，不违章作业；确保施工安全，做好施工人员的人身安全保护，禁止野蛮施工。

2. 优先做好可降解、可循环使用、可分解等材料的回收和利用，减少废弃板材和垃圾的产生。

三、相关职责

交易团、商协会负责落实在同等条件下，优先安排"绿色环保特装"获奖企业的展位及位置；向参展企业进行宣传和推广，鼓励参展企业积极参与广交会低碳环保建设。

外贸中心主要负责制定绿色环保特装评比的具体规定和实施细则，并组织实施。

参展企业主要负责按照方案的规定和要求，督促施工单位在设计方案、材料使用和施工过程等方面进行低碳环保特装的改进和完善。

四、工作要求

（一）统一思想，提高认识

各有关单位要从落实科学发展观的高度充分认识推进广交会低碳环保发展的重要性，加强对参展企业和特装施工单位的宣传、引导和培训，共同营造推进广交会低碳环保发展的良好氛围。

（二）抓住重点，有序推进

推进广交会低碳环保发展是一项长期的系统工程，要找准制约发展的突出问题，采取有效措施重点改进，并与广交会的其他业务工作同布置、同检查、同落实。

（三）明确责任，细化落实

各单位要加强领导，明确分工，落实责任，确保工作取得实效。

广交会"绿色环保特装"
评比实施细则

第一章　总　则

第一条　为了进一步推进广交会的低碳发展，鼓励采用低碳环保特装，外贸中心在广交会期间举行"低碳环保特装"评比活动。

第二条　根据《关于推进广交会低碳环保发展的实施意见》，制定本实施细则。

第二章　评比范围

第三条　评比的范围为广交会所有特装展位。

第三章　奖项设置

第四条　评比活动分三期分别进行，每期各设"绿色环保特装奖"15名。

第四章　评选参考标准

第五条　评选参考标准：

（一）设计（占25%）：密切结合展示产品的特性，在设计理念上能够突出节能环保。

（二）用料和施工（占50%）：采用可循环利用的、无毒无害的环保材料，主体结构使用型材（钢结构、铝型材等）可重复使用的材料，不产生特装板材垃圾；照明灯具采用环保节能灯；展馆现场不使用油漆（包括乳胶漆）和刷灰；在选料和施工过程有节能环保的具体措施；施工过程没有出现违规现象。

（三）布展效果（占 25％）：整体展示效果简洁、和谐、美观，施工精细，能充分展示企业和产品形象。

第五章　评委组成

第六条　邀请会展特装专家、外贸中心领导、客户服务中心总监、特装资质联席审核组（纪检监察审计部、广交会工作部、客户服务中心综合管理部、技术设备部、保卫部、展览工程公司）部门领导组成评委，必要时邀请各交易团、商协会领导参加。

第六章　评选程序

第七条　评选程序

（一）申报：参展商填写申报表格，同时准备两张展位特装效果图（电子版，JPG 格式），于广交会当期开幕第一天18：00前提交至客户服务中心。

（二）评审：

1. 初评

外贸中心客户服务中心组织广交会特装资质联系审核组人员，按照评选参考标准，对报名参选的特装展位进行综合评分，去掉一个最高分和一个最低分，最后以总成绩由高到低，每期选出 30 个候选展位。

2. 复评

外贸中心客户服务中心组织评委对候选展位进行综合评分，去掉一个最高分和一个最低分，以总成绩由高到低，拟出获奖展位名单，在广交会官方网站上公示。

3. 结果公布

公示过后，确定最后获奖展位和特装施工单位名单，在广交会官方网站和《广交会通讯》上公布获奖公告。

第七章 奖励措施

第八条 在各类展位评审、安排标准中，在同等条件下，优先安排"绿色环保特装"获奖企业的展位及位置。

第九条 获奖的参展企业和特装单位，分别授予牌匾和绿色环保标志。

第十条 获奖的特装施工单位给予奖励广交会特装评估分 2 分。

第八章 附 则

第十一条 本实施细则由客户服务中心负责解释。

第十二条 本实施细则自 2013 年 2 月 1 日起施行。

会展场馆绿色节能改造与
低碳运营建议

客户服务中心技术设备部　叶雁峰

　　会展业已被我国许多大中城市列入重点发展的行业，并日益向国际化、专业化、规模化和品牌化方向迈进。由于会展业的"富矿效应"，近 10 年来会展业作为一门朝阳产业在我国发展迅猛，以年均 20％的速度超速发展[①]，据统计资料显示，目前全国展览场馆共有 197 个，全国展览馆的总面积超过 876 万平方米，展览面积超过 1 万平方米展览场馆有 162 个，2009 年全国展会数量约 4 600 个[②]。会展场馆的建设现仍处于不断升温的过程，以广州市琶洲地区为例，除广交会展馆外，还有保利世贸博览馆、中洲国际商务展示中心、琶洲跨国采购中心、广州琶洲保利国际广场会展中心等多个大型展览中心。

　　随着节能环保、绿色低碳成为未来经济发展的主要趋势，新展馆建设从设计阶段便开始考虑这一趋势的要求，以期建成绿色环保的展馆。对于存量巨大、已投入运营的会展场馆，结合现状，采用更加绿色环保的技术进行节能改造，并利用技术和管理手段提升低碳运营的水平，已成为绿色经济发展的要求，也是展馆自身降低运营成本的需要。只有成为绿色展馆，才能为更多绿色新展会和活动提供一个绿色展示和交流平台，也为适应将来碳交易、碳标签等奠定基础。下面，将结合广交会展馆的节能改造及运营经验，为会

　　① 罗秋菊，陶伟 . 会展与城市经济社会发展关系研究——以中国出口商品交易会（广交会）为例 . 北京：北京第二外国语学院学报，2004（3）.

　　② 王方华，过聚荣 . 中国会展经济发展报告（2010）. 北京：社会科学文献出版社，2010：294—306.

展场馆绿色节能改造与低碳运营提出初步建议。

一、通过节能改造，建设绿色展馆

（一）会展场馆建筑能耗特点

会展场馆是典型的超大型、非常规公共建筑，建筑规模体量大、建筑空间高大、建筑物普遍采用大跨度钢结构与玻璃幕墙形式，其建筑形式及使用特点导致会展场馆成为典型的高耗能建筑。以广交会展馆为例，作为亚洲最大的现代化会议展览中心，展馆总建筑面积110万平方米，室内展厅总面积33.8万平方米，室外展场面积4.36万平方米，展馆分成三个区，共由37个展厅组成，展厅平均面积约1万平方米，展厅高度为11～21米，玻璃幕墙总面积约13.3万平方米。广交会展馆建筑结构形式采用钢结构外墙，外墙材料的传热系数大，且广州地区太阳辐射强烈，由外墙温差传热引起的空调冷负荷大。据实际数据统计分析，广交会展馆主要能耗为电力和自来水，按2011年数据进行当量折标准煤（kg）计算[①]，其中电力占总能耗99%，空调系统、照明系统、展示用电三个部分的用电能耗占总用电能耗的80%以上，其中空调系统又以40%比例占比最大。

（二）节能改造的主要内容

每个具体会展场馆的能耗特点与当地所处的地理环境、建筑特点、使用情况密切相关，进行节能改造需要进行具体分析及详细能源审计，得出改造的重点和目标。根据广交会展馆的能耗特点，按照建筑的年限及设备的使用状况，改造的重点内容是展馆空调系统和照明系统，改造的重点区域在使用时间已超过10年、设备技术水平较为落后且老化程度较高的A区，广交会展馆改造项目按分期进行的计划，采用合同能源管理的模式与西门子公司等专业节能公司合作，通过节能改造后，预计每年第一期可节省改造区域约10%的用电能耗，节能担保期约5年，节能公司提供分析、设计、施工及后续质保期服务等整体解决方案，确保节能担保量目标的实现。一般会展场馆节能改造的内容可包括以下几个部分：

---

① 广州市建筑科学研究院. 广交会展馆建筑能源审计报告，2012.

（1）绿色照明：可向更加智能、更加高效和更小维护成本方向进行改造，采用智能控制系统、高效照明灯具等技术进行整体分析与改造，直接降低展馆能耗。

（2）绿色制冷：改善展馆的围护结构，防止冷量流失；整体优化控制策略改善制冷站的运行，在不对冷水机组进行替换和改造的基础上，最大限度提高制冷效率；运用智能化控制的手段，提高制冷设备的自动运行效率，提升舒适度并节约能耗。

（3）绿化监控：建立完善能源管理系统，以提供更透明的用能和用水清单，使用户了解整个能源使用结构。能源的分配、使用、设备实际运行效率等都可以方便地采集、显示和分析。通过这个全新的能源管理平台，可以清楚了解能源使用基准并制定绿色发展规划。

（4）绿色用水：可考虑采用雨水回收、空调冷凝水回水、中水回收利用以及引用珠江水等方式，为绿色灌溉和中水系统提供水源；改造或更换卫生洁具，达到终端节水的目的。

（5）绿色能源：可考虑利用国家政策和行业资源，结合智能电网科技，进行太阳能和风能建设的可行性分析，探讨建成可再生能源展馆的目标，因为投资较大且存在一定的风险，宜专项进行立项建设。

（6）绿色认证：通过国内或国际的绿色建筑认证，树立展馆的绿色形象，并向全球客商展示可持续发展成果。目前国内绿色认证《绿色建筑评价标准》由住房和城乡建设部主导并管理，但一般只针对新建建筑。国际上比较通用的绿色建筑认证标准包括美国 LEED 认证、德国 DGNB 认证、新加坡 BCA Green Mark 认证，其中美国 LEED 认证适用范围和认可程度较高。

（三）节能改造的过程及模式

（1）改造过程：一般的节能改造项目包括前期准备阶段、确定合作方、项目实施阶段、后续维护运营期等四个阶段。其中，前期准备阶段包括通过内部能源分析初步判断节能空间及可行性，进而邀请专业机构进行能源审计，并进行市场调研特色专业节能服务单位；选择实施模式，并通过流程确定合作方进行实施；在实施阶段，一般由合作方进行项目分析、设计、设备采购、工程施工等工作；在后续维护运营期，主要进行项目的维护保养、持续改进和优化等工作，确保节能目标的实现。

（2）运作模式：可分为自行投资和合同能源管理模式。自行投资是一般建设工程项目的通用做法；合同能源管理模式是一种新型的市场化节能机制，其实质就是以减少的能源费用来支付节能项目全部成本的节能业务方式，也是国家鼓励推行的一种新模式，一般由节能公司先行投入改造资金和技术，在取得节能收益后双方进行分享，可以降低业主的初期投资和风险，取得双赢。具体的合同能源管理方式又包括节能效益分享型、节能效益支付型、节能量保证型、运行服务型等多种操作方式。

二、通过低碳运营，举办绿色展会

（一）运营特点

会展活动一般以 3~5 天的短期性活动为主，且活动规模大，人流、物流量大，布展、撤展等活动会造成一定的环境污染。虽然会展场馆的一般室内环境总体良好，但是由于频繁布展与撤展，车辆尾气、布展等临时材料导致的大量挥发性有害气体（挥发性有机化合物）散发污染了室内环境，造成室内空气品质的下降，对参展人员及展馆工作人员的健康是一个潜在的威胁。其次，会展等活动产生的大量展览垃圾、生活垃圾等固体废弃物，会对环境造成不良影响。以上都需要通过低碳运营的方式，举办绿色展会，改善空气品质，减少对环境的污染。

（二）改进思路

会展场馆空气污染及固定废弃物主要来自展览的特装板材，一般展览的特装摊位大量使用涂料、油漆、墙布、胶粘剂、人造板材等装修材料，此类材料与部分展览品（例如家具、建材等）均会不停散发出甲醛、甲苯、石棉粉尘、放射性气体等有害物质，导致空气品质下降，摊位拆除后会遗留大量的一次性装修材料，产生固定废弃物。根据实际经验，可考虑从以下方面改进：

（1）制定绿色布展管理规定：约束现场使用挥发性涂料、油漆，鼓励预制件现场组装，鼓励采用绿色环保新材料布展，支持采用可回收循环使用材料和模块化材料布展，减少展览固体废弃物，并规定由施工单位拆除特装材料等。

（2）引导参展商和布展单位从理念、设计、施工等环节提升绿色环保意识，采用绿色环保材料、设计新颖的环保展位可极大提升参展效果。

（3）通过绿色环保展位评比，出台相关激励措施，在展位分配、现场服务等方面偏向绿色环保布展方面领先的企业。

（4）可利用增加新风机、排风机等通风设备，提升展厅的固定时间的换气次数，把污染空气排出室外，提升空气质量，同时可利用增加的通风设备在过渡季节加强室内外空气流通，节省空调用电。

（5）在车辆环保及节能方面，可考虑用电动或燃气叉车替代柴油叉车。

三、小结

本文从会展场馆的能耗特点进行分析，提出节能改造主要包括照明、制冷、监控、用水、认证、能源等方面，并对节能改造的过程及模式进行了简单分析，对于低碳运营及举办绿色展览方面，也提出了简单要改进思路。但是，建设绿色展馆、举办绿色展览是一项系统工程，需要进行整体的目标规划，并通过现场调研制定完善的解决方案，在确定实施方案和运作模式后予以实施，并跟进后续监控、持续优化等工作，才能确定目标的实现。此外，项目实施还需要有足够的人力资源及资金支撑，业主也可借助国家对法规方面的支持，以及其他各方面的资源完成展馆节能工作，达到建设绿色展馆、举办绿色展览的目标，在实现企业经济效益的同时，推动展览行业绿色环保，并为全社会节能减排工作做出应有的贡献。